中铁设计集团隧道及地下工程技术丛书

近接工程对高速铁路隧道的影响及控制技术

谭富圣　周解慧　张　斌　韩　静　张矿三　刘建友　著

中国建筑工业出版社

图书在版编目（CIP）数据

近接工程对高速铁路隧道的影响及控制技术/谭富圣等著.—北京：中国建筑工业出版社，2024.5
（中铁设计集团隧道及地下工程技术丛书）
ISBN 978-7-112-29829-7

Ⅰ.①近… Ⅱ.①谭… Ⅲ.①高速铁路-铁路隧道-隧道施工-研究 Ⅳ.①U459.1

中国国家版本馆CIP数据核字（2024）第089862号

责任编辑：李笑然　毕凤鸣
责任校对：赵　力

中铁设计集团隧道及地下工程技术丛书
近接工程对高速铁路隧道的影响及控制技术
谭富圣　周解慧　张　斌　韩　静　张矿三　刘建友　著

*

中国建筑工业出版社出版、发行（北京海淀三里河路9号）
各地新华书店、建筑书店经销
霸州市顺浩图文科技发展有限公司制版
建工社（河北）印刷有限公司印刷

*

开本：787毫米×1092毫米　1/16　印张：14¾　字数：362千字
2024年5月第一版　　2024年5月第一次印刷
定价：136.00元
ISBN 978-7-112-29829-7
（42707）

版权所有　翻印必究
如有内容及印装质量问题，请联系本社读者服务中心退换
电话：（010）58337283　　QQ：2885381756
（地址：北京海淀三里河路9号中国建筑工业出版社604室　邮政编码：100037）

编审委员会

主　　任：谭富圣　周解慧
副 主 任：张　斌　韩　静　张矿三　刘建友
编　　委：曲　强　岳　岭　董沂鑫　侯　亮　祝安龙　张　延
　　　　　陈　慧　陈俊林　文　军　刘　洋　郭　磊　马鹏远
　　　　　刘淑芬　杨　修　雷思遥　角志达　夏梦然　康　佩
　　　　　郭苏锐　于　伟　倪　派　陈　爽　邹　超　彭　斌
　　　　　胡　晶　田　园　任　杰　房　旭　张恒睿　姜艳红
　　　　　丰　帆　张宇宁　张　冰　代　勇　曹志鹏　王　磊
　　　　　崔亚南　答子虔　杨甲豹　付泽宽　杨克文　凌云鹏
　　　　　金张澜
主　　审：于晨昀
主编单位：中铁工程设计咨询集团有限公司
　　　　　中国铁路北京局集团有限公司
　　　　　北京市机械施工集团有限公司
　　　　　中铁一局集团有限公司
　　　　　中铁五局集团有限公司
　　　　　中铁十四局集团有限公司

前　　言

建设交通强国是以习近平同志为核心的党中央立足国情、着眼全局、面向未来作出的重大战略决策，是建设现代化经济体系的先行领域，是全面建成社会主义现代化强国的重要支撑，是新时代做好交通工作的总抓手。中共中央、国务院印发的《交通强国建设纲要》中指出，2035年基本建成交通强国。在国家政策的大力推动下，铁路、公路、城市地铁等交通设施建设不断增加，由于规划实施落地时序及经济条件等因素的影响，出现新建工程与既有铁路交叉或平行等近接施工的情况不可避免。

近接工程中新建工程的施工，必然会对既有铁路产生扰动，扰动过大会影响既有铁路的安全运营，如果不采取合理的工程措施控制影响，将对既有铁路造成不可估量的损失。铁路运输由于速度快、运量大、运营复杂，一旦出现事故会造成极大的财产损失及社会影响，因此铁路管理对安全的要求非常高。就工程而言，新建邻近铁路工程对既有铁路的影响，往往都是控制到毫米级；另外在管理方面，铁路行业是全国集中管理，各个铁路局都有严格的安全管理流程，因此新建邻近铁路工程沟通协调周期长、难度大。

本人从参加工作以来，参与了大量铁路隧道、城市轨道交通的设计工作，同时参与了大量新建工程近接既有铁路（高铁）隧道、路基、桥梁工程的设计工作，在工作过程中发现大量年轻设计人员以及铁路外业主的管理人员由于缺乏经验及不熟悉流程，开展工作效率低，漏洞多，经常走弯路，为减少这些现象的发生，我们总结了一些经验汇编成此书。

本书围绕近接工程施工对既有高速铁路隧道影响的关键问题，分别从安全控制标准、影响规律及机理、安全风险评估、施工技术、监控量测与反馈控制技术等多个方面介绍所取得的成果，并紧密结合北京、深圳等地区近接工程实践案例，介绍现场实施效果。研究内容具有针对性、先进性、实用性等特点，丰富了近接工程对高速铁路隧道影响的理论，同时也可为类似工程控制技术的选用提供参考。

限于作者水平，书中不妥与疏漏之处在所难免，恳请各位专家和读者不吝批评指正。

目 录

上篇　近接工程对高速铁路隧道影响的理论与控制技术

第1章　绪论 ·· 2
1.1　研究背景及意义 ·· 2
1.2　近接工程对高速铁路隧道影响研究现状 ·· 5
　　1.2.1　高速铁路隧道的主要近接工程分类及特点 ······························ 5
　　1.2.2　新建地下工程对高速铁路隧道影响研究现状 ·························· 8
　　1.2.3　新建桥梁对高速铁路隧道影响研究现状 ······························· 12
　　1.2.4　新建基坑对高速铁路隧道影响研究现状 ······························· 16
1.3　高速铁路隧道典型近接工程案例 ·· 19
1.4　近接工程高速铁路隧道控制重难点分析 ······································ 20

第2章　高速铁路隧道结构安全控制标准 ······································ 22
2.1　管理制度与标准 ·· 22
　　2.1.1　管理文件 ·· 22
　　2.1.2　标准与规范 ·· 22
2.2　轨道变形控制标准 ·· 22
　　2.2.1　轨道静态铺设精度标准 ··· 22
　　2.2.2　线路静态平顺度标准 ·· 23
2.3　隧道结构变形控制标准 ·· 26
　　2.3.1　隧道变形控制标准 ··· 26
　　2.3.2　隧道结构纵向变形限值 ··· 26
　　2.3.3　隧道结构横向变形限值 ··· 32
　　2.3.4　结构构件变形验算 ··· 34
　　2.3.5　基于轨道平顺度要求的变形控制限值 ·································· 34
2.4　本章小结 ·· 36

第3章　近接工程对高速铁路隧道的影响规律及机理研究 ··············· 37
3.1　近接下穿工程对高速铁路的影响机理研究 ··································· 37
　　3.1.1　重叠近接 ·· 37
　　3.1.2　并行近接 ·· 40
　　3.1.3　正交近接 ·· 44

3.2 近接地表建筑物工程对高速铁路的影响机理研究 ··············46
　　3.2.1 基坑开挖引起的隧道竖向附加应力 ··············46
　　3.2.2 基于Winkler地基梁模型荷载作用下隧道变形理论 ··············48
　　3.2.3 基于岩石承载力荷载计算 ··············49
　　3.2.4 深埋高速铁路隧道结构变形分析及安全性评价 ··············50
　　3.2.5 浅埋高速铁路隧道结构变形分析及安全性评价 ··············56
3.3 上跨工程对高速铁路的影响机理研究 ··············61
　　3.3.1 上跨工程加卸载影响判据 ··············61
　　3.3.2 隧道围岩的应力路径 ··············63
　　3.3.3 上跨挖方条件下高铁隧道结构应力路径变化规律 ··············64
　　3.3.4 上跨填方条件下高铁隧道结构应力路径变化规律 ··············65
3.4 本章小结 ··············68

第4章　近接工程对高速铁路隧道结构的安全风险评估 ··············69
4.1 近接工程对高速铁路隧道的风险识别与影响分区 ··············69
　　4.1.1 风险因素辨识 ··············69
　　4.1.2 近接工程风险分类及影响分区方法 ··············70
4.2 近接工程对高速铁路隧道的风险分级管理 ··············71
　　4.2.1 上部近接填方工程风险分级管理方法 ··············71
　　4.2.2 上部近接挖方工程风险分级管理方法 ··············75
　　4.2.3 近接桩基工程风险分级管理方法 ··············78
4.3 近接工程对高速铁路隧道安全风险评估基本方法和流程 ··············78
　　4.3.1 基本方法 ··············78
　　4.3.2 基本流程 ··············81

第5章　近接工程对高速铁路隧道影响控制技术 ··············83
5.1 近接工程施工影响控制技术 ··············83
　　5.1.1 地下工程施工影响控制技术 ··············83
　　5.1.2 挖填方对高速铁路隧道影响控制技术 ··············84
　　5.1.3 新建桥梁对高速铁路隧道影响控制技术 ··············85
　　5.1.4 新建路基对高速铁路隧道影响控制技术 ··············86
5.2 高速铁路隧道安全主动防护技术 ··············87
　　5.2.1 洞内防护技术 ··············87
　　5.2.2 洞外防护技术 ··············89
5.3 其他控制技术 ··············91

第6章　高速铁路隧道监控量测与反馈控制技术 ··············95
6.1 监测项目 ··············95
6.2 监测布置 ··············95
6.3 监测方法与频率 ··············96
6.4 监测管理 ··············99
6.5 反馈控制 ··············100

下篇 高速铁路隧道近接工程施工实践

第7章 北京地铁12号线下穿京张高铁清华园隧道工程实例 102
7.1 工程概况 102
7.1.1 工程简介 102
7.1.2 工程地质与水文地质情况 102
7.1.3 新建隧道设计概况 105
7.1.4 既有隧道概况 106
7.1.5 新建与既有隧道空间位置关系 106
7.2 高速铁路隧道变形规律 107
7.2.1 计算模拟及假定 107
7.2.2 隧道竖向变形规律 111
7.2.3 隧道水平变形规律 116
7.3 模型验证 121
7.3.1 京张高铁隧道自动化监测布置 121
7.3.2 方案结果对比情况 122
7.4 本章小结 123

第8章 京张铁路遗址公共空间近接京张高铁隧道改造提升工程实例 125
8.1 工程概况 125
8.1.1 工程简介 125
8.1.2 工程地质与水文地质情况 127
8.1.3 改造工程环境现状 130
8.1.4 既有京张高速铁路隧道现状 137
8.1.5 改造工程与京张高铁隧道的空间位置关系 140
8.2 工程风险源与控制标准 141
8.2.1 风险评估依据 141
8.2.2 风险评估内容及方法 141
8.2.3 控制标准 142
8.3 京张高铁结构安全性评价 144
8.3.1 计算模型及参数选取 144
8.3.2 工况设置 145
8.3.3 高铁隧道轨道、结构变形规律 147
8.3.4 高铁隧道结构内力分析 163
8.4 本章小结 165

第9章 东莞市民富路上跨近接莞惠城际铁路隧道工程实例 166
9.1 工程概况 166
9.1.1 工程简介 166
9.1.2 工程地质与水文地质情况 166
9.1.3 设计方案 167

  9.2 工程风险源及控制指标 ·············168
  9.3 莞惠城际铁路隧道安全性评价 ·············169
    9.3.1 计算模型及参数选取 ·············169
    9.3.2 隧道力学特性 ·············170
  9.4 工程风险评价 ·············172
  9.5 本章小结 ·············173

第10章 惠州大道过街通道上跨莞惠城际铁路隧道工程实例 ·············174
  10.1 工程概况 ·············174
    10.1.1 工程简介 ·············174
    10.1.2 工程地质与水文地质情况 ·············175
    10.1.3 设计方案 ·············176
  10.2 工程风险源及控制指标 ·············177
  10.3 莞惠城际铁路隧道安全性评价 ·············177
    10.3.1 计算模型及参数选取 ·············177
    10.3.2 隧道力学特性 ·············178
  10.4 工程风险评价 ·············180
  10.5 本章小结 ·············180

第11章 排水箱涵并行莞惠城际铁路隧道工程实例 ·············181
  11.1 工程概况 ·············181
    11.1.1 工程简介 ·············181
    11.1.2 工程地质与水文地质情况 ·············182
    11.1.3 设计方案 ·············184
  11.2 工程风险源及控制指标 ·············185
  11.3 莞惠城际铁路隧道安全性评价 ·············186
    11.3.1 计算模型及参数选取 ·············186
    11.3.2 隧道力学特性 ·············187
  11.4 工程风险评价 ·············191
  11.5 本章小结 ·············192

第12章 莞番高速公路近接莞惠城际铁路隧道工程实例 ·············193
  12.1 工程概况 ·············193
    12.1.1 工程简介 ·············193
    12.1.2 工程地质与水文地质情况 ·············193
    12.1.3 设计方案 ·············195
  12.2 工程风险源及控制指标 ·············199
  12.3 隧道近接高速铁路隧道力学分析 ·············199
    12.3.1 计算模型及参数选取 ·············199
    12.3.2 上跨高速铁路隧道力学特性 ·············201
    12.3.3 并行高速铁路隧道力学特性 ·············203
  12.4 高架桥近接高速铁路隧道力学分析 ·············207
    12.4.1 计算模型及参数选取 ·············207
    12.4.2 高速铁路隧道力学特性 ·············208

12.5　工程风险评价 ··· 211
　　12.6　本章小结 ··· 211
第13章　深圳市惠州古塘坳东风立交桥上跨莞惠城际铁路隧道工程实例 ········ 212
　　13.1　工程概况 ··· 212
　　　　13.1.1　工程简介 ·· 212
　　　　13.1.2　工程地质与水文地质情况 ··· 213
　　　　13.1.3　设计方案 ·· 214
　　13.2　工程风险源及控制指标 ··· 214
　　13.3　莞惠城际铁路隧道安全性评价 ··· 214
　　　　13.3.1　计算模型及参数选取 ·· 214
　　　　13.3.2　隧道力学特性 ··· 216
　　13.4　工程风险评价 ··· 219
　　13.5　本章小结 ··· 219
参考文献 ··· 220

上篇　近接工程对高速铁路隧道影响的理论与控制技术

第1章

绪论

1.1 研究背景及意义

近年来,我国交通运输发展取得了举世瞩目的成就。基础设施网络基本形成,综合交通运输体系不断完善;运输服务能力和水平大幅提升,人民群众获得感明显增强。与此同时,交通运输建设现代化加快推进,交通基础设施网络加快完善,快速交通网持续加密。截至2019年末,全国铁路营业里程达到13.9万km,较2018年末增加了0.8万km,公路总里程为501.25万km,较2018年末增加了16.6万km(图1-1)。

图1-1 2015—2019年全国铁路营业里程

为加快建设交通强国,构建现代化高质量国家综合立体交通网,支撑现代化经济体系和社会主义现代化强国建设,中共中央、国务院印发了《国家综合立体交通网规划纲要》。规划期为2021—2035年,在铁路方面,形成由"八纵八横"高速铁路主通道为骨架、区域性高速铁路衔接的高速铁路网约7万km,由若干条纵横普速铁路主通道为骨架、区域性普速铁路衔接的普速铁路网约13万km;在公路方面,形成由首都放射线、纵横线、地区环线、都市圈环线及城市绕城环线等构成的国家高速公路网约16万km、普通国道网约30万km。可以预见的是,在国家政策的大力推动下,在将来相当长的时间内,基础设施建设将得到大力发展。

由于我国多山的地质条件,在山区修建铁路、公路的过程中,往往不可避免地需要修建隧道工程。同时,在国家政策推动下,铁路等基础设施建设得到长足发展,隧道工程的规模和数量不断刷新。据统计,截至2020年底,中国铁路营业里程达14.5万km,其中运营铁路隧道16798座,总长约19630km。其中,2006—2010年建成铁路隧道2262座,总长约2686km,2011—2015年建成铁路隧道3611座,总长约6038km,2016—2020年建成铁路隧道3387座，总长约6592km（图1-2）。目前，我国在建铁路隧道2746座，总长约6083km，规划铁路隧道6395座，总长约16325km，隧道建设正在如火如荼地进行。

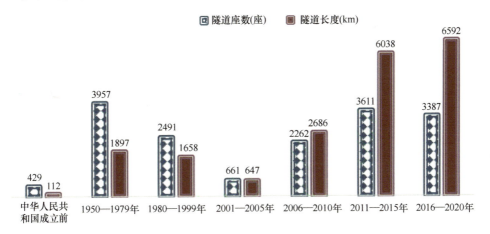

图1-2 中国铁路隧道不同时期发展规模状况（截至2020年底）

高速铁路运营包括进入城市部分及非城市部分，其隧道一般会穿越复杂的地质条件，衬砌种类较多，属于大型地下工程。衬砌围岩压力和结构材质受到周围气候、水文、地质、人工扰动等因素的影响较大。在多种不利因素的共同作用下，衬砌结构表现出与地上建筑物病害不同的特征，隧道病害成因具有多样性。隧道是地下空间利用的最基本形式，是铁路、公路、城市地铁等交通路网的重要组成部分。因其占地少、无污染、使用可再生能源等优点，隧道工程被誉为"绿色工程"。由于铁路工程的自身特点，势必产生大量的铁路隧道。铁路隧道工程始于1826年的英国，经过近200年的发展，世界各国修建了3万多座铁路隧道，总长逾1万km，约占铁路总长的1%左右。中华人民共和国成立以来，我国铁路工程飞速发展，修建了大量的铁路隧道，据不完全统计，目前中国大陆有约6000座铁路隧道，总长接近4000km。2010年以后开工建设的隧道总长已增加至9000km，中国已是世界上隧道及地下工程规模最大、数量最多、地质条件和结构形式最复杂、修建技术发展最快的国家。图1-3为既有隧道附近修建新线路，图1-4为杭甬高铁大山脑隧道工程开挖。

随着我国经济的发展和国家对基础建设的投入，交通设施建设及铁路、公路、城市地铁的修建不断增加，特别是最近几年，北京、上海、广州、深圳等各大城市修建了大量城际及市内铁路隧道工程，如京沪高铁正线全长约1318km，与既有京沪铁路的走向大体平行，全线为新建双线，设计时速350km。桥梁长度约1140km，占正线长度的86.5%；隧道长度约16km，占正线长度的1.2%；路基长度约162km，占正线长度的12.3%；全线铺设无砟正线约1268km，占线路长度的96.2%。武广客运专线正线全长968.446km，共有桥梁661座，长401.239km，占线路长度的41.4%，其中流溪河特大桥长13.431km，为全线最长大桥；隧道237座，长178.858km，占线路长度的18.5%，其中浏阳河隧道长10.115km，为全线最长隧道，大瑶山1号隧道长10.081km，为全线最长山岭隧道。在这种背景下，由于受地下建（构）筑物、地质条件的限制，出现了大量在既有线路旁修建复线、一次性建成复线、新建铁路与既有线路交叉等现象。

我国高速铁路逐渐形成网络，高速铁路隧道越来越多，尤其是在城区的高速铁路，为

(a) 交叉修建

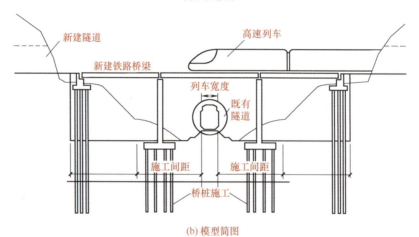

(b) 模型简图

图1-3 既有隧道附近修建新线路

图1-4 杭甬高铁大山脑隧道工程开挖

了减少对地面空间的占用,高速铁路多以隧道的形式进入市区,如京张高铁清华园隧道、莞惠城际铁路松山湖隧道、京广高铁石家庄地下直径线等。这些城区高速铁路隧道在后期运营过程中经常面临近接工程施工,如城市轨道交通、市政管网、工民建(构)筑物等邻近高铁隧道施工。由于高速铁路列车运行速度快,对轨道变形控制的要求极高,而近接工程施工必将扰动高铁隧道周边围岩,引起土层应力调整和围岩变形,威胁高速铁路的运营安全。因此,变形控制是各类高铁隧道近接工程建设的首要问题。为了保证高铁隧道结构稳定以及高铁列车运行安全,必须对邻近工程建设引起的高铁隧道变形进行严格控制。

1.2 近接工程对高速铁路隧道影响研究现状

1.2.1 高速铁路隧道的主要近接工程分类及特点

随着我国基础设施建设不断增加,地上、地下空间的利用越来越集约化,既有结构物的近接工程问题更加突出。目前,国内外出现的近接施工对既有结构物的破坏已有一些个案研究。2007年7月—2009年7月期间,金沙洲区内共发生塌陷19处,地面沉降13处。灾害点均分布在武广专线隧道附近,位于武广专线东侧,距离500~900m。经地质调查发现,上述灾害由中粮万科基坑施工和武广高铁地下工程施工引起。武广客运专线隧道施工大量抽排地下水,使得地下水流场在其附近形成明显的降落漏斗,源林花园复建房区域民用建筑出现裂缝,如图1-5所示。

图1-5 武广专线近接施工造成既有建筑变形

新建结构工程与已有铁路工程相互穿越,包括水平、倾斜平行及上下正交和斜交等方式。北京地铁5号线与2号线在崇文门垂直相交,相交断面最低点与既有车站断面顶板中心距离为1.9m,与换乘通道斜交,相交断面最低点与换乘通道顶板中心距离为1m;上海市轨道交通明珠线二期工程上、下行线在基本段内上下完全重叠,区间隧道的垂直净间距仅为1.987m;上海轨道交通8号线人民广场区域内,上穿地铁2号线,最近垂直距离1.33m;上海M4线张杨路至浦电路区间隧道近距离下穿已运营M2隧道,穿越交叉投影点的垂直距离分别为1.719m和1.542m;南京地铁1号线在下穿玄武湖公路隧道时,与玄武湖公路隧道底板的最小净距仅为1.004m。近邻地铁的建筑深基坑工程和已有高层建筑也对地铁结构产生影响。上海越洋国际广场基坑面积为6867m²，开挖深度为15.05m，基坑北侧紧贴地铁2号线静安寺车站，其围护结构与车站共用地下墙；上海广场项目塔楼（地上34层、地下3层），南区挖深7.0m，北区挖深15.1~16.0m，与地铁下行隧道距离中隔连续墙仅2.8~5.0m。近接条件下的铁路工程结构变形及破坏，包含了工程建设扰动、附近结构物变形等较长时间的荷载作用，振动、爆破等极短时间的荷载作用。近接工程产生的外荷载及扰动等，对铁路工程结构不断地产生影响，最终导致结构过早的失效。随着我国国民经济的发展，对基础设施，尤其是对交通设施建设的需求在不断增加，同时，高等级的交通干线也得到了前所未有的发展。高速铁路和高速公路分别是铁路、公路等陆路交通发展的主方向，城市地铁、城市下穿铁路隧道的修建又是缓和城市及城际交通的重要手段，不可避免地造成隧道结构近接工程大量涌现。目前，铁路近接工程主要形式有：铁路既有线改造、既有线旁修建新线、一次性建成复线；公路隧道、铁路隧道与引水隧洞的空间互交；城市铁路附近修建建筑物时的开挖扰动；新建山岭隧道由于受到地形、地质条件的限制，常会穿过既有铁路隧道、城市楼房等，其中，对于高速铁路隧道最基本的近接工程形式为附近的工程开挖。

新建结构物在既有结构物一定影响范围内进行施工，对既有结构物产生一定不利影响的工程称为近接工程。近接工程的类型多种多样，近接条件千变万化，由于各种近接情况引发的工程问题也层出不穷，为了便于研究这些问题，需要把近接工程按照不同类型进行分类。根据国内外现有情况的调查研究，与隧道工程相关的近接工程可以分为以下5种情况[1]，见表1-1。

近接工程分类 表1-1

分类	近接参数变量	图例	说明
近接建筑物	近接距离D,建筑物高度H	图1-6	影响因素还包括工程地质情况、土层剪切倾角等
近接堆积物	近接距离D,建筑物高度H	图1-7	
近接开挖	近接距离D_1,开挖宽度D_2,开挖深度H	图1-8	
近接隧道建设	近接横向距离D,纵向距离H,立体交叉角度θ	图1-9	
近接管线建设	近接横向距离D,纵向距离H,立体交叉角度θ	图1-10	

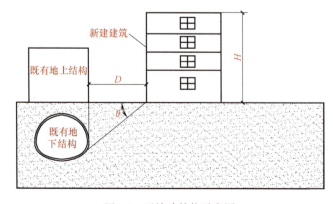

图1-6 近接建筑物示意图

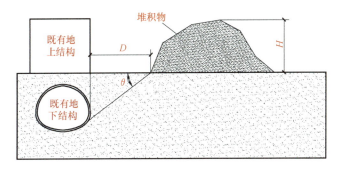

图1-7 近接堆积物示意图

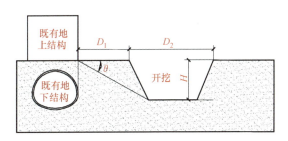

图1-8 近接开挖示意图

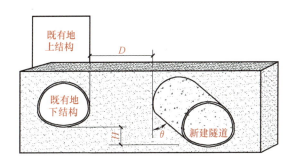

图1-9 近接隧道建设示意图

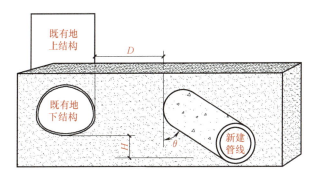

图1-10 近接管线建设示意图

在对隧道近接工程的研究中，日本的研究比较全面，但并没有系统地进行理论分析，主要是依据工程经验。且在日本之后陆续发布的铁路系统指南中，并未形成隧道近接工程分区的统一标准，导致对同一情况有多个分区结果，突变性较强。且该铁路系统指南中并未区分隧道不同空间位置的影响，也没有对影响程度进行深度的预测，对施工对策研究也未有深化。

1.2.2 新建地下工程对高速铁路隧道影响研究现状

近接地下工程的施工必将扰动高速铁路的所在土层，引起土层应力调整和沉降变形，威胁高速铁路的运营安全。因此，沉降控制是各种通道下穿高速铁路线的首要问题。为了保证无砟轨道结构耐久性以及列车的舒适性和安全性，必须对邻近地下工程的建设引起的高铁隧道变形进行严格控制[2]。目前，我国已陆续出现了一些邻近高速铁路的地下工程，在这些地下工程的建设过程中，面临着一系列的技术问题，如高速铁路变形控制标准、邻近高速铁路工程的风险管理、邻近高速铁路变形预测、变形监测方法、邻近高速铁路变形控制技术等技术难题。这些技术难题使高速铁路的运营方和邻近地下工程的建设方不得不对施工方案进行多次反复的专家研讨和论证，严重影响了邻近地下工程的施工进度，因此，研究邻近地下工程对高铁隧道的变形影响，解决邻近高速铁路工程中的关键技术难题，具有重要意义。

在隧道近接工程中，对小净距隧道、并行隧道、双连拱隧道、单孔隧道等的相关研究，国内外已经进行了比较多的研究，并且取得了一系列的研究成果。

1. 理论研究现状

经典的隧道力学理论主要立足于在半无限体或无限体中，对单一洞室的力学行为开展研究，如单洞围岩应力集中、围岩与支护相互作用等[3]。然而，由于新建隧道的特殊空间位置关系，新建隧道施工将使已经重新分布的围岩应力场多次再演变，此时既有及新建隧道的受力模式变得十分复杂，不再与传统的无限或半无限土体中的单一洞室相类似，极大地增加了理论分析难度。为解决该问题，可以从现有的单孔隧道理论研究成果入手，借鉴其经验，对近接隧道的施工力学行为进行分析，然后得出一般的近接隧道工程施工影响规律。

Wood[4]和Carter等[5]对盾构掘进时的地表沉降及地层变形封闭进行了研究，前提是假设盾构掘进过程为柱孔扩张问题、土体为弹性材料、土体与衬砌间的剪应力不做考虑。

徐永福等[6]、Sagaseta[7]和Verruijt等[8]也对盾构掘进时地表沉降及地层变形进行了进一步研究，但研究过程中考虑了土体与衬砌的相互作用。

曾晓清等[9]对平行盾构隧道推进过程进行了合理的数值模拟，并构造对应的半解析位移函数，前提是基于半解析数值方法思想、时变力学、黏弹性理论等。

Xu等[10]和Soliman等[11]对两近接隧道洞周围岩与衬砌的相互作用随时间推移的变化进行了研究。

Jin等[12]在单孔隧道位移响应法及刚度分析法的基础上，对同一地层中两条地铁盾构隧道近接开挖力学行为展开分析，阐明了与单孔隧道相比，双孔隧道应力与位移的相对变化解。

华珊珊[13]运用两阶段分析法，通过Mindlin理论求解因新建盾构隧道开挖在既有盾构隧道周围产生的附加应力，将盾构隧道与地基分别看成Euler-Bernouli梁和Winker地基，通过有限差分法分析新建盾构隧道开挖对既有盾构隧道产生的影响。

仇文革[14]以弹塑性理论为基础，综合运用隧道力学、岩土力学及既有结构健全度理论等，指出近接施工的影响是局部的，并且按照受力特征属性，对分区影响因素进行了分析与归纳总结，进一步形成分区指标表达式，汇总提炼出影响分区理论，并进而提出了分区、分度准则。

张凤祥等[15]基于国内最新研究成果并借鉴日本相关资料，针对盾构隧道近接工程也提出了对应设计、施工的一般内容与方法。

冷彪等[16]结合可拓学物元理论，综合考虑新建、既有隧道洞径、围岩级别、两隧道间距以及既有隧道埋深，建立了对应的静力影响程度评价模型，可为定性、定量分析下穿隧道施工时，既有隧道受到的静力影响程度提供参考。

2. 试验研究现状

郭宏博[17]依托云南省盐津县某引水隧洞下穿既有铁路隧道实际工程，通过数值模拟仿真分析与监控量测结果相结合，以结构强度准则为基准，对近接影响度表达式中的埋深影响修正系数、综合系数、几何近接度影响修正系数进行了研究，并基于埋深比、几何近接度划分了近接影响分区。

牌立芳等[18]着重选取盘道岭隧道（下穿隧道）为研究对象进行振动台试验，重点分析受上跨隧道影响，超小净距小角度立体交叉下穿隧道拱顶、仰拱断面的加速度和应变动力响应特征。在此基础上提出对该既有下穿隧道，在设计时其阻尼比建议值应该取20%。

王京涛[19]通过相似原理设计盾构模型试验，研究盾构隧道左右线下穿施工对既有隧道位移变化的影响，并在此基础上研究了新建与既有隧道在不同净距、角度交叉时既有隧道位移的变化规律。

汪洋等[20]在相似理论基础上采用室内模型试验，对盾构隧道正交下穿施工时，不同因素（如围岩级别、隧道间距、顶推力等）作用下既有隧道纵向变形、附加轴力和弯矩、横向变形和附加内力进行研究，得到不同因素作用下盾构隧道正交下穿施工时，既有隧道变形和附加内力分布的变化规律。

龚伦等[21]设计室内模型试验，采用在既有隧道上方挖方的形式，得到挖方过程中，不同因素（如既有隧道的围岩级别、衬砌刚度）下既有隧道围岩压力、衬砌变形和结构内力的变化规律，对既有隧道的承载拱效应进行了研究。得到在既有隧道上方挖方过程中，拱顶相对其他部位受影响最大。

刘新荣等[22]采用综合试验系统（包括公路隧道结构与围岩），进行交叉隧道三维物理模型试验。对新建隧道开挖施工过程中，既有隧道围岩的压应力、位移以及支护结构内力的变化规律进行研究。得出既有隧道拱顶径向压应力和拱腰切向压应力具有增加趋势，拱顶切向压应力和拱腰径向压应力具有减小趋势等。

贺美德[23]通过室内模型试验，发现新建隧道上跨施工时，既有隧道上侧有较大的土压力减小值，在既有隧道与上方隧道的正交点处，土压力减小值明显大于正交点处两侧的土压力减小值，且既有隧道上下侧土压力减小值也有明显差别，说明正交点处上浮量最大，验证了计算结果。

李卓[24]通过设计开展透明土模型试验，对新建隧道分部开挖施工时，既有地下管线变形规律进行了研究，提出了实现透明土沉降变形结果3D可视化的试验方法，并结合试验成果数据，分析了不同工况的地层变形以及管线轴向变形情况。

黄德中等[25]结合上海外滩通道盾构上跨施工和地铁2号线既有隧道工程背景，以现场实测数据结合离心模型试验，选用排液法在离心场中模拟盾构施工，对盾构隧道上穿施工过程中地层和新建、既有隧道的纵向位移变化规律进行研究，并与现场实测数据对比，分析得到该过程中既有隧道的纵向变形与时程曲线的变化规律。

马险峰等[26]同样采用离心模型试验，对盾构隧道下穿施工时，既有隧道以及周围地层所受影响进行了研究，分析了盾构下穿施工引起的既有隧道及地层的纵向位移变化规律。

王希元等[27]以既有隧道上方挖方工程为依托，运用离心模型试验方法，研究了在砂质黄土地层中，在上方挖方时既有隧道衬砌围岩压力的变化规律，并提出在划分隧道浅埋与超浅埋时，可以将衬砌和围岩是否按刚度分配荷载以及是否存在挟持力作为划分标准的参考。

李从安等[28]针对某市输水隧洞下穿既有地铁隧道沿线，采用离心模型试验技术研究了不同间距下新建隧洞下穿施工时，既有隧道以及新建隧道上覆土层的变形规律。

富马加利[29]用物理模型试验对 Itaipu 坝左岸垫脚支墩的滑动与破坏过程进行了研究，探讨其稳定性，并与实际滑移情况进行对比，发现与试验结果基本一致。

金大龙[30]针对小净距隧道群下穿既有运营隧道工程，采用离心模型试验，研究了盾构多次近距离穿越施工引起既有线变形及受力变化机理。

阿卜杜拉[31]针对盾构隧道下穿施工对既有地下隧道的二次扰动问题，开展了大尺寸盾构隧道开挖模型试验，分析了盾构施工过程既有隧道的内力变化情况。

Lo 等[32]对四孔平行隧道进行现场量测试验，重点对平行隧道施工过程中，地层侧向、竖向位移及既有隧道衬砌弯矩与轴力进行分析，平行隧道地层为回填土、海相黏土硬冲积层，得出了当其他隧道均已开挖完成且第四条隧道正在开挖时，既有隧道的变形和衬砌内力变化规律。

3. 数值模拟方法研究现状

随着计算机技术的飞速发展，在岩土工程、地下工程等领域，数值模拟仿真技术有了极大的进步。有限差分法、有限元法等各种数值模拟分析方法与计算机的结合为岩石力学的分析计算提供了强大的工具。与试验研究方法相比，数值模拟具有应用范围广、操作简单、计算成本低等优点，它在工程研究中，尤其在近接隧道工程这种理论研究困难、试验成本高的复杂工程中被越来越多地使用，表现出其独有的优势。

郑余朝等[33]以长春轻轨4号线北亚泰大街—伪满皇宫区间下穿长春站多条铁路项目为依托，使用数值模拟、经验公式预测等研究手段，对轨道高低偏差间与路基沉降值的相互作用规律进行研究，基于单因素分析基础，提出了一种多元非线性逐步回归方法，基于轨道高低偏差间与路基沉降值的相互作用规律，得到其近接影响分区判别准则，同时证明了以轨道高低偏差作为控制基准更为严格。

周斌[34]在不同净距下对两盾构隧道水平并行、上下重叠、重叠过渡段四种典型工况进行了分析研究，以结构物强度准则为基准，根据新建隧道施工过程中既有隧道结构上产生的附加拉应力允许值，对两近接盾构隧道划分了影响分区。

于鹤然[35]以深埋立体交叉铁路隧道工程为依托，运用 FLAC3D 有限差分计算软件对立体交叉隧道在不同条件（如围岩等级、净距、开挖顺序）下近接施工时衬砌结构变形规律、内力变化与围岩压力等进行了回归分析，对隧道立体交叉段相互影响程度及范围的分布规律进行了研究。

李辉[36]运用 Midas/GTS 有限元软件对在建隧道进行数值分析并结合现场实际监控量测数据，总结了隧道工程上跨施工对既有隧道结构的变形影响规律。

陈建刚[37]运用Midas/GTS有限元软件模拟了不同隧道间距、交叉角度及不同新建隧道洞径条件下，既有隧道变形及受力的变化趋势并总结规律，探讨出近接隧道工程施工中各种因素的合适取值。

贺美德[38]运用FLAC3D有限差分软件分析浅埋暗挖法隧道上穿施工引起的既有隧道变形特性，并结合正交试验，研究新建隧道覆跨比、夹土层厚度及强度与既有隧道结构的变形影响，发现既有隧道结构的横断面变形最终表现为"横向压缩、竖向拉伸"，纵向表现为隆起，在正交点处隆起变形最大。

王宁[39]以浦梅铁路武调隧道为依托，运用Midas/GTS有限元软件，分别对浅埋偏压两侧暗洞以及浅埋偏压明暗结合的新建隧道开挖形式，以及对不同开挖顺序下围岩应力、既有结构位移、既有结构物内力的变化规律进行了研究，提出两边暗洞先开挖右侧隧道、明暗结合时先开挖左侧隧道的施工方案。

王志杰等[40]在王宁研究成果的基础上，进一步提出专门针对新建隧道双侧近接既有隧道工程的施工风险评价模型，并对经典可拓法进行改进，以浦梅铁路隧道双侧近接段为算例进行验证。

关笑[41]同样以浦梅铁路项目为依托，使用ANSYS有限元软件对偏压条件下新建隧道爆破施工时，既有运营隧道受到的振动影响进行了研究，并提出适合该工程的爆破控制措施。

柯鹤新[42]运用ANSYS有限元软件研究新建隧道采用CD法、双侧壁导坑法等不同工法施工对既有隧道的影响，通过分析对比不同开挖工法及施工顺序下既有隧道位移场、应力场及塑性区的演化规律，为新建大跨度隧道施工方案选择提供了依据。

陈卫忠等[43]以从莞高速新建走马岗公路隧道上方穿越东深供水隧洞工程为背景，结合现场振动安全的施工要求，使用ABAQUS有限元软件对交叉段施工过程进行模拟，通过计算结果与实测数据比较，提出交叉段合理施工工法。

龚伦等[44]以云南省盐津县白水江三级水电站引水隧洞下穿内昆铁路手扒岩隧道的实际情况，采用ANSYS有限元软件，对引水隧洞施工下穿施工时，既有铁路隧道所受影响及结构安全对策进行了数值模拟研究，结果表明下方引水隧洞施工时，既有铁路隧道受影响区域范围与掘进方向有关。

张志强等[45]以南京地铁区间盾构隧道下穿玄武湖公路隧道超近接工程为依托，使用大型有限元计算软件，对区间盾构隧道施工时，玄武湖隧道结构所受影响进行了三维仿真分析。

胥俊玮[46]依托某新建地铁区间隧道工程，采用FLAC3D有限差分软件，对新建隧道正交下穿施工时，地表沉降及既有隧道衬砌结构变形及内力所受影响进行了研究。

综上所述，许多学者已经对近接施工对策进行了比较系统的研究，通过大量研究及工程实践表明，在隧道近接工程中，如要保证既有隧道结构的受力及变形在安全范围之内，主要可以从以下三方面着手：

（1）既有隧道结构对策

既有隧道结构的加强措施，如设置永久加强内撑、注浆加固（提高加固圈围岩级别）、结构加强（增加结构厚度）、锚固加强等；既有隧道结构的基本措施，包括增设移动式临时补强支架、防止衬砌掉块（金属网、挡板、压注砂浆、树脂等）；维修对策，如衬砌表面清扫、剥离可能掉落的浮块、整理排水沟防止漏水等。

（2）新建隧道结构对策

对新建隧道结构，采取的主要措施为优化其施工参数与工法等，如超前支护（管棚、锚杆、注浆加固等）、采取分步开挖工法、更改开挖参数、更改支护时机，减小二次衬砌距掌子面距离，提高衬砌强度与厚度，主动托换地层等。

（3）中间地层对策

对中间地层，施工中一般采取对中间地层进行强化的方法，如冻结法、压浆法、使用对拉锚杆或锚索加固围岩等，也可采取隔断影响的方法，如使用超前支护大管棚、隔离桩、隔离墙等。

纵观隧道近接工程相关的国内外研究现状，可以发现，目前新建隧道工程穿越既有隧道的研究中存在以下主要问题：

（1）在已有的近接穿越工程分析中，多集中于盾构隧道下穿既有隧道的工况分析，且既有隧道也多为盾构隧道，而关于矿山法隧道上跨既有高速铁路隧道的工程案例分析较少。

（2）既有高速铁路隧道因其对于轨道平顺性的高要求[47]，不得忽视其上部新建矿山法隧道施工过程可能对其产生的影响。

（3）对既有工程和新建工程间的围岩采取加固措施是近接施工的对策措施之一，但因具体工程的特殊性，当必须采取中间地层加固措施时，具体的加固措施形式仍需要具体问题具体分析。

因此开展新建隧道工程施工引起的既有高速铁路隧道变形、内力变化规律研究，对新建隧道工程的工期、安全、工程造价等都具有十分重要的意义，同时对控制既有高速铁路隧道的正常安全运营也有着重要意义。

1.2.3 新建桥梁对高速铁路隧道影响研究现状

近年来，随着我国高速铁路、轨道交通的快速发展，桥隧相交、隧道下穿建筑桩基之间的问题越来越多。此时存在两方面问题：（1）新建隧道对既有桩基的影响；（2）桩基施工对既有隧道的影响。对于第一个方面的问题，国内研究非常多；而对第二个方面的问题，尤其是对变形有着极为严格要求的高铁隧道，在国内外，有关这方面的研究目前还比较少。

早在1940年，英国就认为新的桩基础会影响到现有隧道的安全，位于伦敦泰晤士河南岸的Royal Festival Hall，当时的桩基础设计方案被否决的原因之一就是担心桩基础施工会影响位于建筑北面的深埋管道，造成扰动破坏[48]。国内对桩-隧相互影响方面的研究开始得较晚，由于上海经济发达，且城市临海，陆地面积有限，出现了很多隧-桩相邻的问题，特别是由于上海的地质情况复杂，属于软黏土地层，所以在上海地铁1号线开通之后，便加强了运营期地铁沿线周边建筑的沉降观测，以及周边工程建设活动对地铁隧道的影响，并且参照国外经验，制定了适用于上海地质的有关桩-隧相互影响的工程建设控制标准[49-54]：

（1）在隧道外侧3m范围内，不能进行任何工程活动。

（2）在隧道两侧30m范围内进行工程活动时应满足以下要求：

① 隧道上方新增附加荷载≤20kPa；

② 隧道总位移（垂直、水平位移）≤20mm；

③ 隧道曲率半径>1500m（相对曲率为1∶2500）；

④ 轨道纵向偏差和高低差<4mm/10m；两轨道横向高差<2mm。

但这套标准没有详细的分类，也没有考虑隧道结构形式、结构尺寸、所处地质状况等。尤其是对所能承受变形很小的高铁运营，国内至今没有一套详细的控制标准。当工程师遇到这样的问题时，往往采取非常保守的措施，但有时由于缺乏监测资料和类似工程经验而采取了不安全的措施，所以新建桩基对既有高铁隧道的影响是亟需研究的问题。

桩基础施工会扰动桩周土体，使周围土体产生附加应力和位移，通过桩-隧之间的土体影响邻近隧道结构的安全。国外学者较早地开展了有关桩基础施工对邻近既有隧道影响的研究。

薛武强等[55]等针对某桥梁钻孔灌注桩紧邻地铁隧道施工，通过采用钢护筒以及隧道变形监测措施配合现场施工，起到了其既可保证隧道安全，又可确保桩基成功实施的作用。

黄大维等[56]通过现场实测的方式，研究了钢套管在邻近隧道的桩基施工中的作用，研究表明：由于桩基施工中钢套管的存在，成孔时几乎没有地层损失，但在钢套管旋进过程中，由于管内堵塞严重，导致钢套管在旋压至隧道轴线以下位置时发生较严重的土体挤压，致使隧道上浮，并产生收敛变形。为考虑减少钢套管选压过程中对隧道的影响，其建议在钢套管旋进过程中同时取出套管内的土体。

庄妍等[57]通过现场实测研究，结果表明：采用全套管灌注桩施工工艺不仅可以有效避免对邻近地铁隧道的影响，而且施工中还不会发生孔壁坍塌、断桩、缩颈等问题，对周边建筑地基的扰动也很小。

徐云福等[58]通过试桩现场实测数据，对桩周土体深层水平位移、隧道结构竖向位移和沉降进行了分析，结果表明：试桩对隧道管片竖向位移和水平位移均有所增加，且位移最大值出现在与试桩相对应的剖面位置；随着试桩与隧道间水平距离的增加，管片沉降值和最大水平位移值均减小。此外，试桩实践也表明，使用钢套管护壁旋挖取土工艺能较好地预警、控制施工对邻近隧道的风险。

张戈[59]基于现场实测数据，进行了大直径钻孔灌注桩施工对邻近地铁隧道的影响分析，并提出了相关控制措施。结果表明：在深厚软土地层中进行钻孔灌注桩施工时，设置钢套管是控制隧道变形的一种有效措施，并且对于距离隧道10m之内的桩基施工，钢套管不宜拔除。优化钢套管的厚度、下设长度、下设速度，合理控制施工时间、桩基施工顺序，以及打设泄压孔均是控制桩基施工对邻近隧道产生变形影响的有效措施。

丁智等[60]基于某桥梁试桩工程的现场监测数据，对试桩引起邻近隧道产生的道床位移、管片位移、管片收敛变形进行了分析，结果表明：桩基施工对邻近隧道产生的变形值远小于桩基后期沉降所导致隧道产生的变形值；钢套管的拔除导致隧道产生较大的变形波动，但可通过施工速度的调整和施工方案的优化来减小对隧道的影响。此外，桩基与隧道间的水平距离越近，桩基施工对隧道的影响越大，且产生的地面沉降漏斗半径也越大。

谢小山等[61]在某桥梁桩基施工时，采用现场监测和数值模拟相结合的方法，分析了桩基施工过程中对深层土体、地表以及邻近隧道产生的影响。结果表明：桩基施工时会对桩周土体产生侧向挤压，导致地层表面先产生竖向隆起位移，然后隆起量再逐渐开始降低并趋于稳定；在施工过程中，桩基成孔和混凝土灌注阶段对邻近隧道产生的影响最大。

Schroeder[62]以位于伦敦的实际工程为依托，就新建桩基施工对邻近既有隧道的影响进行了有限元模拟分析，并对相关参数的影响做了敏感性分析。

Schroeder[63]研究了桩与隧道之间的影响关系。通过运用有限元法计算在桩的施工和荷载作用下，隧道所产生的变形和沉降情况。并与伦敦市中心某工程的实测结果进行了对比分析。

Schroeder，Potts和Addenbrooke[64]研究了已建成隧道在桩群荷载作用下所产生的影响，并采用有限元法对其进行分析计算。主要分为两个阶段，第一阶段分别利用三维分析法和平面应变分析法对桩列荷载进行分析计算，结果显示可以运用平面应变分析法解决桩列荷载问题。第二阶段利用平面应变方法分别分析桩列位于隧道一侧以及两侧的情况下，桩群荷载对已建隧道的影响。

近年来，我国关于新建隧道对既有桩基的影响已有大量研究，而关于新建桩基对既有隧道的影响的研究还不够成熟。随着城市建设的快速发展，城市容积率越来越高，许多城市的土地利用趋向饱和。地下交通的迅速卷起，使得新建建筑对既有地铁隧道的安全性带来了极大的挑战，因此迫切需要开展桩基对既有隧道的影响研究分析[65]。

楼晓明和金志靖[66]针对高层建筑钻孔灌注桩基础跨越地铁隧道线时所造成的影响进行了研究，并在考虑孔底沉渣影响因素的情况下，利用群桩基础共同作用分析法对其进行计算分析。计算结果表明：与土体自重应力相比，桩基础下卧层中的竖向附加应力很小，因此造成桩基沉陷的主要原因是桩身的压缩变形以及孔底沉渣的变形。

安关峰[67]采用三维黏弹塑性有限元软件（3D-EVP），研究桩筏基础流变效应对邻近隧道的永久性影响。沿水平和深度方向跟踪记录群桩周边土层位移，得出其变化规律，分析其对隧道的影响。分析结果表明：桩平面的布置方式会很大程度地影响土体蠕变位移场；桩基与隧道的间距是影响隧道变形的最主要因素。

楼晓明和刘建航[68]在上海某工商大厦施工及竣工期间对邻近的位于延安东路的越江隧道进行了跟踪观测，研究影响隧道变形的因素以及高层建筑桩基础沉降对邻近隧道可能产生的附加沉降。研究结果显示：造成隧道总体变形的主要原因可能是软黏土的振陷和地面下沉，而工商大厦基坑开挖、桩基沉降对其产生的影响只是次要因素。

刘力英等[69]针对桩-隧问题，建立三维数值分析模型，并与二维平面模型计算结果进行对比，文中根据平面应变问题的基本理论以及附加应力扩散原理，阐明了平面应变分析的缺陷性以及三维分析的优越性。采用二维平面模型分析时，将混凝土桩模拟为沿长度方向连续放置的混凝土墙，其计算结果明显偏大，并且随着桩基础间距的增大，误差也随之不断增大。

赵伟力[70]针对地铁保护性问题，结合桩基础对既有隧道的影响情况，针对上海某商业办公楼工程的基础设计，提出了一种新的技术方案，并利用有限元对其进行分析，研究其是否满足地铁保护规定。

闫静雅[71]研究了钻孔灌注桩施工过程对既有隧道所造成的影响，并利用三维有限元模拟法对其进行计算分析，模型中采用桩侧孔壁上的静水压力来模拟泥浆护壁和混凝土灌注过程，以此得到其影响效果。研究结果显示：在钻孔灌注桩施工过程中，既有隧道并未产生明显的变形和受力变化。还针对群桩基础自身沉降而引起的邻近隧道变形的问题进行研究，依据剪切位移法，自行编制出群桩沉降计算程序来计算其影响结果。最后文章采用PLAXIS模拟法，就隧道位移曲线的影响问题，分别对桩长、桩-隧净距以及隧道计算刚度等进行了研究。

王卫东[72]针对建筑桩基础施工与邻近连拱隧道的工程问题进行数值分析，研究其初期支护和二次衬砌的内力变化规律以及安全系数分布。分析得出：当桩长较短，桩顶荷载不高于30kN时，隧道结构处于安全状态。

练健飞[73]就桩基础施工过程对隧道的影响进行了数值分析，分析表明：使用旋挖桩施工对隧道的影响很小。文章分别从两个方面阐述了桩基施工对既有隧道的影响，即桩基施工振动以及桩基成孔后浇筑混凝土前地基成孔对其所造成的影响。

赵建军[74]研究了上海浦东陆家嘴的某工程对运营期轨道交通2号线的影响，通过单向压缩分层总和法计算了桩基荷载作用下隧道周围土体的变形量，计算结果表明：桩基荷载对隧道基本无影响，其主要原因是新建工程距地铁隧道较远，最近的桩基距隧道的距离为6.5m。同时该文章中将隧道视为实心土体，不考虑隧道本身抵抗变形的作用，是偏安全的。

闫静雅等[75]研究了桩列荷载作用对邻近地铁隧道的影响。文章指出：隧道拱顶沉降的影响将随着桩基自身的间距以及与隧道间距的增加而减弱，且隧道拱顶的弯矩变化最大值也随之减小，沿隧道方向上的桩间距对其起着决定性作用，而垂直隧道方向上的桩间距影响则相对较弱；当桩列荷载位于既有隧道一侧时，隧道的沉降变形将远远大于其水平位移变形。文章利用平面应变法对其进行分析计算，研究过程中忽略了应力扩展的三维性，因此，该模型并不能精确反映其实际效果。

徐而进等[76]依托上海浦东新区"世纪大都会"工程，通过数值分析方法研究桩基沉降对附近地铁隧道的影响，计算得出隧道最大沉降为3.5mm，满足地铁保护要求。

黄晓阳[77]利用MIDAS/GTS建立三维模型，分别研究了单桩荷载、群桩荷载对地铁隧道的受力和变形影响，并考虑了隔离桩的遮挡效应。分析结果表明：（1）单桩作用下，当桩长与隧道埋深的比值为1时，隧道的位移最大；圆形断面底部沉降比三心圆断面小，所以采用圆形断面有利于地铁运营时隧道结构的稳定。（2）群桩作用下，距隧道越远，对隧道水平位移影响较明显；影响纵向沉降的主要原因是隧道衬砌刚度。（3）隔离桩作用下，隔离桩能有效减小桩顶位移和隧道最大位移，减小轨道左右高差，但只有当隔离桩桩长超过受荷桩桩长时，遮挡效应才明显。

李镜培[78]针对邻近高层建筑桩基础对地铁隧道的影响问题，分析了超深群桩在工作荷载下对桩周土体和临近既有隧道的影响。基于桩筏基础共同作用理念，对剪切位移法进行改进，得到刚性承台下群桩基础的荷载分布特性。运用该方法就群桩与隧道的相对距离、布桩方式、荷载水平以及群桩规模等因素分别进行分析，最后得出影响隧道沉降的最主要因素是群桩与隧道的间距。在群桩布置上，沿平行隧道轴线方向增加桩数比沿隧道径向方向增加桩数更能有效降低隧道的最大沉降值。

路平和郑刚[79]针对天津软土地区，运用有限元分析法，分析了立交桥桥墩桩基础在施工期及立交桥运营期对既有地铁隧道的影响，模拟了立交桥桥墩桩基础的成孔施工、运营期桩基承担荷载在土中产生的应力扩散对既有隧道结构和轨道变形产生的影响，分别考虑单桩基础及群桩基础叠加效应对邻近既有隧道的影响。分析得出：（1）桥墩桩基础在施工及立交桥运营期会使桩周土产生附加位移，以竖向位移为主，由于桩基-土-隧道相互影响，隧道会发生整体沉降；桩周土体位移随桩-土间距，沿离桩方向和深度方向存在不同程度的衰减，这种位移在土体中的传递差异会导致隧道截面沿逆时针扭曲变形。（2）与运营期相比，桥墩桩基础正常施工阶段对隧道结构的影响较小，虽然也会造成隧道结构产生整体位移，但其值可忽略不计。

从以上研究可以看出，国外关于新建桩基对已有隧道影响方面的研究起步较早，研究成果也较多，但是由于地质情况和具体工程的差异性，国外研究成果并不完全适用于国内工程。而国内由于经济发展原因起步较晚，关于这方面的研究最早始于上海，且国内的研究主要以数值模拟研究为主，而缺乏工程实测数据，对于理论研究较少。目前，新建桩基础对既有隧道影响的研究方法，主要有经验法、理论分析法和数值模拟法。

（1）经验法：对工程进行监测，获得相关数据之后进行拟合，得出经验结论。

（2）理论分析法：运用相关理论，如桩荷载传递计算方法、桩基沉降计算方法及隧道衬砌变形理论等，计算桩基施工或荷载作用下隧道的内力和变形。

（3）数值模拟法：采用有限元软件、有限差分软件等根据具体工程建立数值模型，动态分析桩基-土-隧道之间的相互影响。目前，经验法中工程的实测数据较少，而且缺乏长期观测，得出的经验结论偏于保守。而理论分析法假定过多，如在研究桩基础施工及荷载对桩周地层造成的位移和应力变化时一般将隧道简化为完全柔性，不考虑隧道对地层位移变化的减缓作用。而针对桩-隧这种相互影响的复杂问题，用数值模拟方法分析具有快速、高效、准确的优点。它易于处理非均质材料、各向异性材料，能适用于各种复杂的边界条件。正因为数值分析有着如此多的优点，现广泛应用于工程分析中。但是目前对于模拟复杂的桩基-土-隧道相互作用，数值分析还有很多需要加深之处，如建立三维数值模型，模拟土与隧道衬砌的非线性特性，考虑隧道施工时对土体的扰动及土体重新固结问题，模拟桩基施工及荷载时对地层应力和变形的分析，对桩与土之间接触面性状的研究，考虑桩基础长期沉降等。

1.2.4 新建基坑对高速铁路隧道影响研究现状

高速铁路隧道建设完工后，经过一定时间的沉降，其应力场相对稳定。如果在一定距离，发生近接开挖等工程行为，其应力场会发生变化，隧道结构会产生相应的位移。一些学者的研究表明，相邻工程开挖对近邻结构的变形影响有"近大远小"的特点，即近接距离越小，对近邻结构物的变形影响程度越大；而近接距离越大，开挖对近邻结构物变形影响程度越小。

深基坑开挖对邻近地铁隧道产生的影响，归纳起来主要有两方面：（1）由于深基坑开挖施工引起围护墙侧向位移及坑内隆起等原因而使坑外土层沉降，埋于土层中的地铁隧道也随土层的沉降而下沉。（2）软土地基中的地铁隧道由于深基坑开挖施工，围护结构向深基坑方向产生侧向水平位移，且因围护墙侧向水平位移不均，而使地铁隧道产生挠曲变形从而产生附加变形和应力。如果地铁隧道不能承受这些附加的应力和变形，就会遭到破坏，主要表现为隧道区间产生变形或变位，以及衬砌被压坏等。针对深基坑开挖和邻近地铁隧道之间的影响，许多学者做了相关研究。

程斌和刘国彬[80]以上海地铁2号线基坑工程为背景，研究了基坑与邻近隧道的相互影响，指出地基基础加固和结构加固可有效控制隧道的变形。

刘国彬等[81]利用软土基坑隆起变形的残余应力法和软土的时空效应理论，研究了隧道上方基坑开挖引起的隧道上抬，指出坑内加固和时空效应法施工可有效控制隧道上抬。

吉茂杰和刘国彬[82]从理论分析着手，在基底土体隆起残余应力法的基础上，研究了位于软土基坑下地铁隧道的位移变化，分析了基坑工程的时空效应、空间效应对隆起的影响。

Ge[83]运用二维数值模拟分析了深基坑开挖卸载对紧邻地铁隧道的影响，指出对隧道结构最有害的影响是挤压变形。

蒋洪胜和侯学渊[84]基于邻近基坑的地铁隧道变形监测结果，从隧道的垂直沉降、水平移动以及隧道的横向变形角度探讨了基坑开挖对邻近地铁隧道的影响。

陈郁和李永盛[85]运用Mindlin经典弹性理论解推导出因开挖卸荷引起隧道结构的附加应力，进而通过弹性地基梁理论得出了计算隧道隆起的解析算法。

戚科骏等[86]以上海某邻近隧道的基坑工程为背景，采用Mohr-Coulomb弹塑性模型，运用有限元方法计算模拟了基坑开挖的不同阶段。

刘燕等[87]采用二维有限元程序分析了地铁基坑周围环境位移场的分布特点，并对已建车站结构的变形和内力分布进行了分析。

艾鸿涛[88]以邻近上海轨道交通7号线静安寺站的基坑施工为背景，采用了FLAC3D软件进行数值模拟，得出距离基坑上行线受开挖影响较大，而且存在朝基坑方向倾斜的趋势，并提出坑内地基加固对隧道的变形有一定的限制作用。

王路[89]以某邻近既有地铁隧道的基坑工程为研究对象，采用数值分析软件MIDAS/GTS建立了简化的二维计算模型，得出隧道拱顶产生远离基坑方向的水平位移，隧道下部产生面向基坑方向的位移，并通过数值计算结果与理论分析结果的对比，得出较为一致的变化趋势。

张少林[90]通过大型有限元软件ANSYS模拟了基坑施工中围护结构的施工、基坑开挖及基坑下基础桩施工的过程，发现围护桩的施工对邻近地铁区间隧道的影响较小，在基坑开挖过程中不同的开挖顺序对于邻近隧道的水平及竖直位移影响是不同的，随后的基底基础桩施工对地铁隧道结构的影响微乎其微。

高广运等[91]运用三维数值分析对上海某邻近地铁隧道的基坑工程进行全过程动态模拟，分析表明单侧基坑开挖卸载可引起邻近地铁隧道结构的不对称变形，提出并采用了坑外二次加固的新技术来减小对邻近隧道的影响，首次指出地基加固体和地下结构物作为"异质体"对邻近基坑开挖产生的位移场有阻断效应。

万鹏等[92]根据上海地区某邻近地铁隧道的深基坑工程实测数据，对不同施工阶段的墙体测斜、土体测斜以及隧道的纵向沉降进行分析，研究表明：邻近基坑开挖时侧向平行隧道沿隧道纵向在基坑的拐弯处出现纵向沉降反弯点和收敛变形突变。隧道纵向沉降和水平直径收敛呈线性比例关系。

杜东阁[93]采用岩土分析软件FLAC3D建立了邻近轻轨隧道的深基坑开挖的三维有限差分数值模型，模拟了基坑支护结构和邻近轻轨隧道在有坡顶超载情况下基坑分步开挖的全过程。

吴加武[94]采用位移控制有限元法（DCFEM），建立了基坑开挖对紧邻地铁隧道变形影响的预测模型，以广州某邻近地铁隧道的基坑工程为背景，分析了带撑双排桩支护结构联合中心岛开挖法对地铁隧道的水平位移的影响特征，研究了基坑与隧道的相互作用机理。

姜兆华[95]通过收集和统计邻近已有隧道的基坑工程案例，将基坑工程影响因素进行归类，并通过室内模型试验得到了隧道弯矩、土压力及内径的变化规律。

白云波[96]运用有限元软件ADINA建立分析模型，针对地表沉降基坑和地铁隧道的空间位置、交通荷载等进行了仿真模拟。研究表明：靠近地铁隧道侧桩顶水平位移值较小，比较稳定；基坑开挖深度越接近地铁隧道埋深，地面沉降越大，达到相同深度会有陡增现象；基坑开挖导致地面沉降呈"盆形"。

戚长军等[97]采用有限差分法数值软件分析了黄土地区基坑开挖对下伏既有盾构隧道的影响，得出基坑群开挖对盾构下伏既有隧道影响较大，基坑群采用不同步开挖将有利于减小对下伏既有隧道的影响。

唐仁和林本海[98]采用有限元方法对基坑支护的地下连续墙成槽和基坑土方开挖及各道支撑的设置对地铁隧道的影响进行研究，动态模拟各施工工况对地铁隧道的影响过程。研究表明：地下连续墙成槽过程对地铁隧道的影响较小，地铁隧道受到的影响主要来自基坑的土方开挖。由以上研究现状可知，关于深基坑开挖对邻近隧道稳定性的影响研究包括理论推导、工程实测和数值模拟等方面。

刘继强等[99]以深圳地铁车公庙枢纽工程为例，研究了受基坑群开挖影响的近接运营地铁隧道的隆沉变形规律及其变位控制措施。为了达到控制既有隧道及轨道结构变位的目的，通过方案优化、理论分析和数值模拟等研究手段，根据结构变位分配原理，制定了基坑群施工各步序轨道结构的变形控制标准。受基坑开挖卸载效应的影响，近接既有隧道具有明显的变位叠加效应，其中基坑开挖卸载和降水是影响结构变形控制的关键步序。基坑降水对控制下卧隧道隆起变形是有利因素，但紧邻侧方位基坑降水对控制结构水平变形是不利因素，因此在设计和施工中应综合考虑地下结构不同方向的变位基准，制定合理的降水措施。实测结果表明：基坑群开挖过程中既有地铁轨道结构变形满足控制标准要求，验证了变形控制基准的合理性和工程措施的有效性。

曹顺等[100]以上跨南京地铁2号线的深基坑开挖工程为背景，采用通用有限元软件MIDAS/GTS建立三维模型进行开挖施工全过程模拟，分析了在基坑开挖过程中影响下穿隧道变形的原因和控制隧道变形的施工措施。通过比较数值模拟结果与现场实测数据，得出基坑开挖引起下穿隧道纵向隆起曲线呈正态分布，地铁隧道纵向隆起范围大约为基坑沿隧道方向开挖长度的2~3倍。研究结果表明，采用的施工措施可以有效控制隧道的上抬变形。

陈仁朋等[101]基于地铁隧道上浮变形实测数据，分析了地下通道开挖过程中下卧地铁隧道上浮变形的统计规律，采用小应变硬化土模型，开展二维有限元数值模拟，研究地下通道开挖过程中下卧隧道的上浮规律。结果表明：在地下通道基坑的开挖过程中，下卧地铁隧道的上浮变形与卸载率近似呈线性关系；基底不同水平位置隧道上浮变形连成的包线随着卸载率的增加，由直线形发展为抛物线形，最终呈双峰线形。

宗翔[102]基于能够考虑土体变形连续性的Kerr地基梁理论，分别将已建隧道简化为欧拉伯努利梁和铁木辛柯梁，将Mindlin基本解积分得到已建隧道纵向上的附加荷载，建立了基坑开挖卸载对下卧已建隧道影响的解析分析方法，探讨了隧道剪切刚度对隧道纵向变形的影响。研究发现，当隧道剪切刚度趋于无穷大时，Kerr地基上的铁木辛柯梁退化为欧拉伯努利梁，当隧道等效剪切刚度有效系数$G_\eta \leq 1/4$时，已建隧道的剪切刚度对其纵向变形和纵向曲率产生显著影响，必须予以考虑。将文中的分析方法应用于郑州市某基坑工程，通过实测数据反分析得知水泥土有效卸荷系数为0.22，对快速开挖、快速等量加载的抽条开挖方式用各条基坑独立开挖、计算结果叠加的方法进行预测，并将预测的结果与地铁最终上隆量进行对比，较为吻合。

当深基坑开挖对邻近隧道影响较大时，会使得隧道区间产生变形或变位，以及衬砌被压坏等。如何防止深基坑开挖时隧道衬砌结构产生破坏和控制隧道变形，许多学者对此进行了研究。

朱正峰等[103]以某邻近地铁隧道基坑工程为背景，分析研究了隧道的保护控制措施。研究表明：采用坑底加固、运营线路两侧进行钻孔灌注桩围护等施工措施，可以有效地限制施工过程中地铁隧道的变形发展；基坑施工中采用分块、分条的开挖方式，做到"平衡、限时"的原则，可保证隧道变形后的曲率半径和相对变形满足设计要求。

艾鸿涛[88]提出坑内地基加固对隧道的变形有一定的限制作用。

张俊峰[104]研究了基坑坑底浅部土体加固、隧道两侧土体加固、基坑外围周边土体加固、基坑分隔墙、隧道隔离墙对减小隧道隆起变形作用的机理。结果表明：地基加固、分隔墙、隔离墙对隧道变形有显著影响。

由以上研究现状可知，工程中常采用基坑坑内加固、坑外加固、隧道两侧加固和基坑分块、分条开挖等方法控制深基坑开挖过程中邻近隧道的变形。但研究多集中在加固后与未加固两者的对比，而很少研究坑内加固时不同加固强度参数加固效果的对比。

1.3 高速铁路隧道典型近接工程案例

调研了高速铁路隧道的隧道近接工程、桥梁近接工程、路基近接工程、基坑近接工程等工程案例，用以作为高速铁路隧道典型近接工程案例，具体见表1-2~表1-4。

隧道近接工程实例 表1-2

工程实例	近接形式	近接高速铁路隧道	近接参数
伯公坳隧道[105]	上穿	羊台山隧道	交叉角度：11°，两隧道内轨顶面高差为34.6m
西甑山隧道[106]	下穿	梧坞隧道	交叉角度：87°，竖向最小净距为8m
新都匀东一号隧道[107]	平行	都匀东一号隧道	隧道净距25~33m
新都匀东二号隧道[107]	平行	都匀东二号隧道	隧道净距30~40m
新芭蕉冲一号隧道[107]	平行	芭蕉冲一号隧道	隧道净距60~65m
新芭蕉冲二号隧道[107]	平行	芭蕉冲二号隧道	隧道净距40~45m
北京地铁12号线[108]	下穿	京张高铁盾构隧道	交叉角度：87°，竖向最小净距为1.6m

桥梁近接工程实例 表1-3

工程实例	近接形式	近接铁路隧道	近接参数
金钟河桥[109]	平行	贵阳市轨道交通2号线	桩基础外边缘与隧道结构外边缘最小水平净距为4m
苞谷垄隧道桥[110]	平行	苞谷垄隧道	桩基础外边缘与隧道结构外边缘最小水平净距为6.3m
长青大桥[111]	平行	沈阳市地铁10号线盾构隧道	桩基础外边缘与隧道结构外边缘最小水平净距为6.61m
王官黄河大桥[112]	交叉	南交口一号隧道	交叉角度：77.5°，桩基距离隧道外壁最小水平净距为11.6m

基坑近接工程实例 表1-4

工程实例	近接形式	近接铁路隧道	近接参数
连霍高速公路[113]	交叉	阌乡隧道	交叉角度：15°，隧道埋深约13m
连霍高速公路[114]	交叉	函谷关隧道	交叉角度：29°，隧道埋深约40m
上海新世界大厦[114]	平行	上海地铁1号线	基底至隧道顶部距离4.7m
珠江新城地下空间[114]	平行	广州地铁5号线	基底至隧道顶部距离2.7m

1.4 近接工程高速铁路隧道控制重难点分析

在无限空间或半无限空间考虑近接下穿既有隧道问题，可将研究对象分为三个组成部分：新建隧道，中间地层，既有隧道。既有隧道的稳定主要直观地体现在三个方面：隧道衬砌结构的稳定，建筑限界受侵，既有隧道中道路运行的稳定度。《既有铁路隧道近接施工指南》规定了衬砌应力允许增加的基准（主要针对铁路，公路可以作为参考）。

路面的稳定度主要考虑路面行车的平整及底层弯拉应力的容许值，隧道的建筑限界以不受侵为最低标准。

为了确保新旧隧道的稳定，在施工影响区范围内，必然要采取相应的工程措施。目前针对新建隧道、既有隧道、中间地层采用的工程措施主要有如下几种方式：

1. 新建隧道措施

隧道开挖应严格结合新奥法理论，做到"少扰动，早喷锚，勤测量，紧封闭"以达到围岩的自承效果。对于隧道施工控制因开挖引起的围岩位移，主要有：改变开挖方式，如采用台阶法施工时可将两台阶变为多台阶分部开挖；缩小进尺量，进尺的大小往往与隧道围岩的稳定有着直接的关系，通过缩小进尺做到及时支护尽快闭合，可较好地改善结构的受力性能；改变支护和衬砌结构；采用矿山法施工时减少装药量。

2. 既有隧道措施

既有隧道的稳固主要体现在衬砌的结构上，为了提高既有隧道稳定，常采用以下措施：回填注浆提高受力性能，为防止掉块可设置金属网和挡板，压注砂浆和树脂，对既有隧道结构的加强可采用拱架、内衬、内面、锚固、横支撑等措施，还可采取托换技术。

3. 中间地层措施

隧道下穿施工时中间地层的稳定性直接决定了上部隧道的结构安全，为了改善土层的性质，工程上常采用下列措施：超前支护，一般采用钢管、钢板等超前打入中间土层中的措施来提高土层的抗弯性能；地表注浆，为了改善土体自身的稳定性，将地层中压入水泥浆液或者化学浆液；冻结土体，在一些含水量较大的土层中，通常采用冻结土体的方法来提高土体稳定性；超前锚杆，锚杆能起到悬吊作用及组合梁、组合拱作用，在起到加固作用的同时可以提高抗剪强度和改善土体受力；也可以采用地下连续壁、超前大管棚的隔断方法。

隧道施工的稳定性是一个整体过程，在实际工程中，通常采用几种方法的组合才能达到更为理想的加固效果。

隧道受力是一个复杂的力学过程，隧道所处环境较为复杂，隧道在施工过程中隐蔽工程较多，设计与施工都会面临一些技术问题。隧道下穿受力过程更为复杂，施工步骤较多，相互间的干扰较大。新建隧道近接施工存在诸多风险，例如，新建隧道的开挖，必然会扰动周围岩体并引起其应力重分布，进而使邻近的隧道衬砌产生形变和内力的变化。如果形变和内力在允许范围之外，就会对既有隧道的正常运营带来潜在的威胁。而城市中的地铁隧道对自身的变形标准控制得更加严格，一旦施工不当，不仅耽误新建工程的进度，而且会威胁人民的生命安全。同时，新建隧道爆破会对既有隧道产生不利影响，隧道开挖时爆破振动会对列车运行产生影响，应力重分布下既有隧道产生的变形也会对路基平整度造成影响；当新建隧道在城市施工时，土体开挖会对城市中既有地下管线造成不均匀沉降；当新建隧道近接浅基础时，隧道的施工又会对地面建筑的稳定性造成影响。既有隧道沉降及爆破振动控制也是下穿隧道施工控制的一大难点。在施工过程中要保证既有地铁隧道的安全，首先应认识上跨工程的施工对周围岩体影响的大小，掌握随新建隧道的施工引起既有隧道的形变及应力改变规律，进而才能在新建隧道施工时采用恰当的技术措施，确保既有隧道所受承载力和形变位移在允许的范围内。从城市轨道交通的发展趋势可以看出，这种隧道跨越或交叉的问题会不断增多。但是土体不像混凝土构件，其构造的复杂性与物理参数性质都存在很多不确定性，目前对该课题的研究尚未成熟，成果性文献比较单一，浅埋段隧道的近接施工的成果更是少见。另外，运营中的地铁隧道涉及人民的生命安全，国家对其变形标准控制得非常严格，但是现在还不能很好地预测隧道的变形。而且此类近接施工目前还没有相应的施工标准或规范，所以造成了在近接隧道施工时走向两个极端：一种是采取过于谨慎的施工措施，造成了经济上不必要的投入；另一种是采取过于冒险的措施，给施工和运营带来了潜在的生命安全威胁。因此，深入地研究既有隧道在近接施工时的变形机理，并结合工程经验制定近接隧道施工方案，为防止既有隧道变形过大而采取应对措施，已经迫在眉睫。

目前，针对下穿隧道的具体施工工艺还没有一个明确的指标，如何在保证隧道施工安全的前提下结合工程实际选择一个经济、快速、稳定的方法，是今后研究面临的一个重要难点；同时，针对该施工进行改进，以提高施工效率、减少施工间的相互干扰，也是未来研究的一个重要方向。

第 2 章

高速铁路隧道结构安全控制标准

2.1 管理制度与标准

2.1.1 管理文件

《上海地铁沿线建筑施工保护地铁技术管理暂行规定》
《深圳市地铁有限公司城市轨道交通安全保护区施工管理办法》
《关于进一步加强隧道工程安全管理的指导意见》

2.1.2 标准与规范

《城市轨道交通工程监测技术规范》GB 50911—2013
《城市轨道交通既有结构保护技术规范》DBJ/T 15—120—2017
《铁路隧道设计规范》TB 10003—2016
《高速铁路设计规范》TB 10621—2014

2.2 轨道变形控制标准

2.2.1 轨道静态铺设精度标准

根据《高速铁路设计规范》TB 10621—2014，正线轨道（岔）静态铺设精度标准应符合表2-1和表2-2的规定。

正线轨道静态铺设精度标准　　　　　表2-1

序号	项目	容许偏差	备注
1	轨距	无砟轨道±1mm 有砟轨道±2mm	相对于标准轨距1435mm
		1/1500	变化率
2	轨向	2mm	弦长10m
		2mm/(5或8a)m	基线长(30或48a)m
		10mm/(150或240a)m	基线长(300或480a)m
3	高低	2mm	弦长10m

续表

序号	项目	容许偏差	备注
3	高低	2mm/(5 或 8a)m 10mm/(150 或 240a)m	基线长(30 或 48a)m 基线长(300 或 480a)m
4	水平	2mm	不包含曲线、缓和曲线上的超高值
5	扭曲	2mm	基线长3m包含缓和曲线上由于超高顺坡所造成的扭曲量
6	与设计高程偏差	10mm	站台处轨面高程不应低于设计值
7	与设计中线偏差	10mm	

注：表中轨向、高低栏中的a为无砟轨道扣件节点间距；容许偏差列中括弧内为矢距法检测点间距；备注列中括弧内为基线长，其中含a表达式适用于无砟轨道，与其对应的具体数值适用于有砟轨道。

正线轨道岔静态铺设精度标准　　　　　　　　　　表2-2

项目	高低	轨向	水平	扭曲(基线长3m)	轨距	
幅值(mm)	2	2	2	2	±1	变化率1/1500
弦长(m)	10				—	

站线道岔静态铺设精度标准应符合表2-3的规定。

站线道岔静态铺设精度标准　　　　　　　　　　表2-3

项目	高低	轨向		水平	轨距
		直线	支距		
到发线(mm)	4	4	2	4	+3/−2
其他站线(mm)	6	6	2	6	+3/−2

2.2.2 线路静态平顺度标准

依据《铁路隧道设计规范》TB 10003—2016 的相关规定，高速铁路、城际铁路正线有砟轨道线路静态平顺度应符合表2-4的规定。

高速铁路、城际铁路正线有砟轨道线路静态平顺度　　　　　　　　　　表2-4

序号	项目		容许偏差			
			250km/h≤V≤350km/h	V=200km/h	V=160km/h	V=120km/h
1	轨距	相对于标准轨距	±2mm	±2mm	+4mm −2mm	+6mm −2mm
		变化率	1/1500	1/1500	—	—
2	轨向	弦长10m	2mm	3mm	4mm	4mm
		基线长30m 基线长300m	2mm/5m 10mm/150m	2mm/5m 10mm/150m	— —	— —
3	高低	弦长10m	2mm	3mm	4mm	4mm
		基线长30m 基线长300m	2mm/5m 10mm/150m	2mm/5m 10mm/150m	— —	— —

续表

序号	项目		容许偏差			
			250km/h≤V≤350km/h	V=200km/h	V=160km/h	V=120km/h
4	水平		2mm	3mm	4mm	4mm
5	扭曲	基线长3m	2mm	2mm	3mm	3mm

注：1. 轨向偏差不含曲线。

2. 水平偏差不含曲线、缓和曲线上的超高值。

3. 扭曲偏差不含缓和曲线上由于超高顺坡造成的扭曲量。

高速铁路、城际铁路正线有砟轨道道岔静态平顺度应符合表2-5的规定。

高速铁路、城际铁路正线有砟轨道道岔静态平顺度　　表2-5

序号	项目		容许偏差			
			250km/h≤V≤350km/h	V=200km/h	V=160km/h	V=120km/h
1	轨距	尖轨尖端	±1mm	±1mm	±1mm	±1mm
		其他	±1mm	±2mm	+3mm −2mm	+3mm −2mm
2	轨向	直线（弦长10m）	2mm	3mm	4mm	4mm
		支距				
3	高低	弦长10m	2mm	3mm	4mm	4mm
4	水平		2mm	3mm	4mm	4mm
5	扭曲	基线长3m	2mm	2mm	3mm	3mm

注：设计时速200km/h及以上线路正线道岔轨距变化率容许偏差为1/1500。

客货共线铁路、重载铁路正线有砟轨道线路静态平顺度应符合表2-6的规定。

客货共线铁路、重载铁路正线有砟轨道线路静态平顺度　　表2-6

序号	项目		容许偏差		
			160km/h≤V≤200km/h	120km/h≤V<160km/h	V<120km/h
1	轨距	相对于标准轨距	±2mm	+4mm −2mm	+6mm −2mm
		变化率(200km/h)	1/1500	—	—
2	轨向	弦长10m	3mm	4mm	4mm
3	高低	弦长10m	3mm	4mm	4mm
4	水平		3mm	4mm	4mm
5	扭曲	基线长5.25m	3mm	4mm	4mm

注：1. 轨距偏差不含曲线上按规定设置的轨距加宽值。

2. 轨向偏差不含曲线。

3. 水平偏差不含曲线、缓和曲线上的超高值。

4. 扭曲偏差不含缓和曲线上由于超高顺坡造成的扭曲量。

高速铁路、城际铁路正线无砟轨道线路静态平顺度应符合表2-7的规定。

高速铁路、城际铁路正线无砟轨道线路静态平顺度　　　　表2-7

序号	项目		容许偏差			
			250km/h≤V≤350km/h	V=200km/h	V=160km/h	V=120km/h
1	轨距	相对于标准轨距	±1mm	±2mm	±2mm	+3mm −2mm
		变化率	1/1500	1/1500	—	—
2	轨向	弦长10m	2mm	2mm	2mm	4mm
		基线长48a(m) 基线长480a(m)	2mm/8a(m) 10mm/240a(m)	2mm/8a(m) 10mm/240a(m)	—	—
3	高低	弦长10m	2mm	3mm	4mm	4mm
		基线长48a(m) 基线长480a(m)	2mm/8a(m) 10mm/240a(m)	2mm/8a(m) 10mm/240a(m)	—	—
4	水平		2mm	2mm	2mm	4mm
5	扭曲	基线长3m	2mm	2mm	2mm	3mm

注：1. 轨向、高低栏中的a为无砟轨道扣件节点间距。
　　2. 轨向偏差不含曲线。
　　3. 水平偏差不含曲线、缓和曲线上的超高值。
　　4. 扭曲偏差不含缓和曲线上由于超高顺坡造成的扭曲量。

高速铁路、城际铁路正线无砟轨道道岔静态平顺度应符合表2-8的规定。

高速铁路、城际铁路正线无砟轨道道岔静态平顺度　　　　表2-8

序号	项目		容许偏差			
			250km/h≤V≤350km/h	V=200km/h	V=160km/h	V=120km/h
1	轨距	尖轨尖端	±1mm	±1mm	±1mm	±1mm
		其他	±1mm	±2mm	±2mm	+3mm −2mm
2	轨向	直线 （弦长10m） 支距	2mm	2mm	2mm	4mm
3	高低	弦长10m	2mm	2mm	2mm	2mm
4	水平		2mm	2mm	2mm	4mm
5	扭曲	基线长3m	2mm	2mm	2mm	3mm

注：设计时速200km及以上线路正线道岔轨距变化率容许偏差为1/1500。

2.3 隧道结构变形控制标准

2.3.1 隧道变形控制标准

参照日本某近接高速公路隧道变形控制标准，拱顶沉降和边墙绝对位移的控制基准可用公式（2-1）表示为：

$$C_v = (\sigma_{ba}/\sigma_b)S \tag{2-1}$$

式中：C_v——控制基准；
σ_{ba}——允许弯曲拉应力；
σ_b——最大弯曲拉应力；
S——位移。

主要监测项目的相对位移。根据线路维护手册的规定，确定纵向相对沉降的控制基准值为每10m沉降7mm。边墙径向变形的相对位移值是由以上公式算得左右边墙的位移值，再求二者之差得到。所有控制标准的基准值见表2-9。

所有控制标准的基准值 表2-9

监测项目			控制基准值
主要监测项目	绝对位移	拱顶、边墙	7mm
	相对位移	纵向	7mm/10m
		边墙径向变形	3mm
	二次衬砌裂缝宽度	拱顶、边墙	3mm
次要监测项目	绝对位移	地表沉降	7mm
		地中位移（新旧中间位置）	9mm
	相对位移	横向	4mm

2.3.2 隧道结构纵向变形限值

隧道结构纵向变形限值计算的思路如下：将隧道结构纵向视为以衬砌或管片为环形截面的受弯梁结构，根据隧道衬砌的形式，建立素混凝土衬砌、钢筋混凝土衬砌和盾构管片三种结构在承载能力极限状态时截面变形规律和截面强度指标的关系，通过假设结构整体的纵向变形形式或荷载分布形式，得到结构变形与截面变形的关系，联立该两种关系则可得到承载能力极限状态时关于结构强度指标的结构变形限制计算式。

1. 截面变形规律和强度指标的关系

对素混凝土衬砌构件而言，其控制标准是受弯时受拉侧的拉应力值不超过混凝土抗拉强度，此时混凝土尚未开裂，可以认为中性轴位于截面形心位置，假设受弯变形时截面的变形曲率为κ，如图2-1所示，根据平截面假定，截面最大拉应变为$\varepsilon_{t,max}=\kappa r_2$，当最大拉应变达到混凝土极限拉应变时，截面破坏，此时可求得素混凝土截面极限曲率为$\kappa_u=f_{t,k}/Er_2$，其中$f_{t,k}$、E为混凝土抗拉强度标准值和弹性模量，r_2为隧道衬砌外半径。

对钢筋混凝土衬砌而言，假设其为适筋截面，在承载力极限状态时，受拉侧混凝土开裂，钢筋屈服，受压侧混凝土达到极限压应变，如图2-2所示。根据《混凝土结构设计规范（2015年版）》GB 50010—2010，环形钢筋混凝土截面的受压区高度按式$0=\alpha \cdot \alpha_1 \cdot f_c \cdot A + (\alpha-\alpha_t) \cdot f_y \cdot A_s$计算，得到受压区高度$x=r_2 \cdot [1-\cos(1.5\alpha\pi)]$，极限曲率$\kappa_u = \varepsilon_{cu}/x = \varepsilon_{cu}/\{r_2[1-\cos(1.5\alpha\pi)]\}$，其中$\alpha = 1/(\alpha_1 \cdot f_c \cdot A/f_y \cdot A_s + 2.5)$，$\varepsilon_{cu}$为混凝土极限压应变，$f_c$、$A$分别为混凝土抗压强度标准值及面积，$f_y$、$A_s$分别为纵向钢筋屈服强度和配筋面积，$\alpha_1$为系数，按规范第6.2.6条的规定取用，$\alpha_t$为纵向受拉钢筋截面面积与全部纵向钢筋截面面积的比值，当α大于2/3时，α_t取为0。

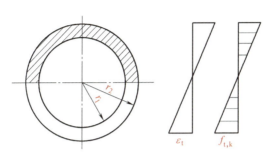

图2-1 环形素混凝土截面受弯应力应变分布

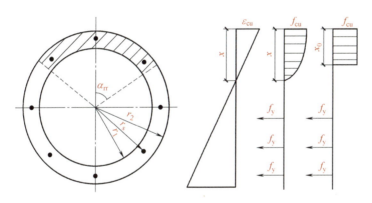

图2-2 环形钢筋混凝土截面受弯应力应变分布

对于盾构隧道而言，由于衬砌管片之间通过环缝相连接，在横向、纵向都是不均匀、不连续的结构。当隧道纵向发生较大的不均匀沉降时，使隧道产生纵向变形，导致盾构隧道环缝张开过大或管片纵向受拉破坏，引发隧道渗水漏泥或结构局部破坏，影响隧道的正常运营。因此，盾构隧道的变形标准由管片纵向抗拉强度、连接螺栓强度、环缝张开量等共同控制。盾构隧道的计算模型采用常用的纵向变形等效连续化弹性模型，并考虑螺栓的影响范围，所需计算参数见表2-10。

盾构隧道计算参数　　　　表2-10

管片参数		连接螺栓参数	
参数	符号	参数	符号
管片厚度	t	横截面积	A_b
隧道外径	D	长度	l_b
环缝初始形变量	δ_{j0}	弹性模量	E_b

续表

管片参数		连接螺栓参数	
混凝土抗压强度	$f_{c,k}$	屈服强度	σ_s
混凝土抗拉强度	$f_{t,k}$	抗拉强度	σ_t
混凝土弹性模量	E_c	预紧力	p_0
衬砌环宽度	L_s	纵向螺栓数量	n_b
截面惯性矩	I_c	影响范围长度	L_f

按下述步骤依次计算所需量：

(1) 连接螺栓弹性抗拉刚度 $k_{j1}=E_b \cdot A_b$

(2) 环缝间纵向螺栓平均抗拉刚度 $k_{r1}=n_b \cdot k_{j1}/[\pi(D-t)]$

(3) 横截面中性轴位置参数 $\varphi\cos\varphi+\varphi=\pi[1/2+k_{r1} \cdot L_f/(t \cdot E_c)]$

(4) 环缝转动刚度系数 $K_f=\cos^3\varphi/[\cos\varphi+(\pi/2+\varphi)\sin\varphi]$，$K'_f=\cos^3\varphi/[\cos\varphi+(\varphi-\pi/2)\sin\varphi]$

(5) 隧道弹性刚度折减系数 $\zeta_1=K_f L_s/[K_f(L_f-L_s)+L_f]$

根据计算分析，盾构管片的破坏模式最可能为以下两种：螺栓影响范围外混凝土管片受拉破坏或是螺栓屈服破坏。根据材料力学计算结果，两者相对应的截面曲率为 $\kappa_3=f_{t,k}/(\zeta_1 \cdot E_c \cdot r_2)$、$\kappa_4=\{[l_b(\sigma_s-p_0/A_b)]/[\zeta_1 \cdot r_2 \cdot E_b \cdot L_f(1+\sin\varphi-\delta/2 \cdot r_2)]\}(\cos^3\varphi/\pi\sin\varphi)$，极限曲率 $\kappa_u=\min(\kappa_3,\kappa_4)$。

2. 假设结构变形形式的变形限值

大量的实测结果和数值模拟结果表明（图 2-3），当在既有隧道附近进行正交隧道、填方、基坑开挖等近接工程时，既有隧道的变形曲线（沉降或隆起）都近似呈正态曲线状，在近接工程正中部处的隧道变形值最大，沿隧道纵向两侧变形逐渐减小，在影响范围之外则几乎没有变形。

据此，假设隧道变形曲线为 $s(x)=s_{max}e^{-bx^2}$，在小变形假设下，变形曲线曲率约等于 $s''(x)=4b^2 s_{max}e^{-bx^2}(x^2-1/2b)$，$s''(x)$ 随 x 变化如图 2-4 所示，曲率最大值 $s''(x)_{max}=2s_{max}b$。b 实际上反映了隧道变形范围，若以变形量 $e^{-\mu}s_{max}$（$e^{-\mu}<<1$）确定隧道变形范围 L_0，则有 $b=\mu/L_0^2$、$s''(x)_{max}=2s_{max}\mu/L_0^2$。

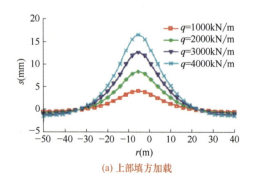

(a) 上部填方加载

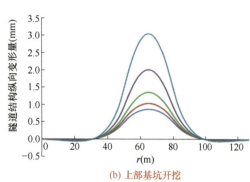

(b) 上部基坑开挖

图 2-3 既有隧道纵向变形曲线

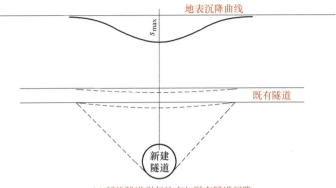

(c) 新建隧道引起地表与既有隧道沉降

图 2-3 既有隧道纵向变形曲线（续）

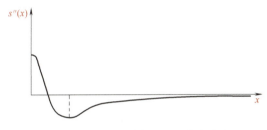

图 2-4 正态型隧道变形曲线曲率分布

当隧道最大曲率截面达到极限曲率时，该截面会破坏，隧道结构达到强度极限状态。令 $s''(x)_{\max} = \kappa_u$ 则得到三种结构对应最大沉降限值见表 2-11。

正态型纵向变形假设下的变形限值   表 2-11

衬砌形式	破坏形式	隧道纵向变形最小曲率半径控制标准 $\rho_{\min}$	隧道最大变形量控制标准 $s_{\max}$
素混凝土衬砌	$\varepsilon_{\max}=f_{t,k}/E$，受拉侧抗拉强度控制	$\rho_{\min} = \dfrac{Er_2}{f_{t,k}}$	$s_{\max} = \dfrac{f_{t,k} L_0^2}{2\mu E r_2}$
钢筋混凝土衬砌	ε_{cu}，适筋梁受压侧极限压应变	$\rho_{\min} = \dfrac{r_2[1-\cos(1.5\alpha\pi)]}{\varepsilon_{cu}}$	$s_{\max} = \dfrac{\varepsilon_{cu}}{2\mu[1-\cos(1.5\alpha\pi)]} \dfrac{L_0^2}{r_2}$
盾构管片衬砌	$\varepsilon_{\max}=f_{t,k}/E$，受拉侧抗拉强度控制或螺栓屈服强度控制	$\rho_{\min} = \dfrac{\zeta_1 E_c r_2}{f_{t,k}}$ $\rho_{\min} = \dfrac{\zeta_1 r_2 E_b L_f \left(1+\sin\varphi - \dfrac{\delta}{2r_2}\right)\cos^3\varphi}{l_b\left(\sigma_s - \dfrac{p_0}{A_0}\right)\pi\sin\varphi}$	$s_{\max} = \dfrac{f_{t,k}}{2\zeta_1 \mu E} \dfrac{L_0^2}{r_2}$ $s_{\max} = \dfrac{l_b\left(\sigma_s - \dfrac{p_0}{A_b}\right)\pi\sin\varphi}{2\mu\zeta_1 E_b L_f\left(1+\sin\varphi - \dfrac{\delta}{2r_2}\right)\cos^3\varphi} \dfrac{L_0^2}{r_2}$

若假设隧道沉降曲线为半径为 ρ 的圆弧形，如图 2-5 所示。隧道结构发生沉降的长度为 $2L_0$，最大沉降量 s 发生在中点处。将隧道纵向沉降视为弹性梁的挠度，此时挠度曲线的曲率半径即为 ρ，根据几何关系，有：

$$s = \rho - \sqrt{\rho^2 - L_0^2} = \rho\left[1 - \sqrt{1 - \left(\frac{L_0}{\rho}\right)^2}\right] \approx \frac{L_0^2}{2\rho} \ (\rho \gg L_0) \tag{2-2}$$

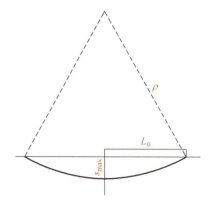

图2-5 圆弧状隧道变形曲线

无论对精确式还是近似式而言，当ρ增大时，s值减小，因此取ρ_{min}确定s_{max}。对于素混凝土衬砌，$s_{max}=(E \cdot r_2/f_{t,k})\left[1 - \sqrt{1 - \left(\frac{f_{t,k}L_0}{Er_2}\right)^2}\right] \approx (f_{t,k} \cdot L_0^2)/(2E \cdot r_2)$。对于钢筋混凝土衬砌，$s_{max}=\{\varepsilon_{cu}/2[1-\cos(1.5\alpha\pi)]\}(L_0^2/r_2)$。

对于盾构管片，$s_{max}=(f_{t,k}/2\zeta_1 \cdot \mu \cdot E \cdot r_2)$或$s_{max}=[l_b(\sigma_s-p_0/A_b)\pi\sin\varphi]/[2\zeta \cdot E_b \cdot L_f(1+\sin\varphi-\delta/2r_2)\cos^3\varphi](L_0^2/r_2)$。

根据实测或数值模拟的隧道纵向变形曲线可以发现，堆载时（或开挖时），一定长度后两侧会有略微隆起（或沉降）。四次曲线可以较好地模拟变形曲线的特征，用沉降+隆起最大值作为相对变形限值。考虑到对称性，设沉降曲线为$s(x)=ax^4+bx^2+s_1$，如图2-6所示。最大沉降点坐标为$x=0$，最大隆起点坐标为L_0，则L_0是$s(x)$的一个极值点。

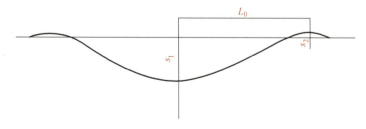

图2-6 四次曲线状隧道变形曲线

$$s(L_0) = aL_0^4 + bL_0^2 + s_1 \tag{2-3}$$
$$s'(L_0) = 4aL_0^3 + 2bL_0 = 0 \tag{2-4}$$

通过以上两式解得$b=-2a \cdot L_0^2$，最大相对沉降为$s_{max}=s_1-s(L_0)=a \cdot L_0^4$，沉降曲线曲率为$s''(x)=12a \cdot x^2-4a \cdot L_0^2$，最大曲率为$s''(x)=8a \cdot L_0^2=8s_{max}/L_0^2$。令沉降曲线最大曲率与梁极限曲率相等可得最大相对沉降限值：素混凝土衬砌$s_{max}=(f_{t,k}/8E)(L_0^2/r_2)$；钢筋混凝土衬砌$s_{max}=\{\varepsilon_{cu}/8[1-\cos(1.5\alpha\pi)]\}(L_0^2/r_2)$；盾构管片$s_{max}=f_{t,k}/(8\zeta_1 \cdot E \cdot r_2)$或$s_{max}=\{[l_b(\sigma_s-p_0/A_b)$

$\pi\sin\varphi]/[8\zeta_1 \cdot E_b \cdot L_f(1+\sin\varphi-\delta/2r_2)\cos^3\varphi]\}(L_0^2/r_2)$,具体参见表2-12。

圆弧形或四次曲线型纵向变形假设下的变形限值　　　　表2-12

衬砌形式	圆弧形变形限值 s_{max}	四次曲线型变形限值 s_{max}
素混凝土衬砌	$\dfrac{f_{t,k}}{2E}\dfrac{L_0^2}{r_2}$	$\dfrac{f_{t,k}}{8E}\dfrac{L_0^2}{r_2}$
钢筋混凝土衬砌	$\dfrac{\varepsilon_{cu}}{2[1-\cos(1.5\alpha\pi)]}\dfrac{L_0^2}{r_2}$	$\dfrac{\varepsilon_{cu}}{8[1-\cos(1.5\alpha\pi)]}\dfrac{L_0^2}{r_2}$
盾构管片衬砌	$\dfrac{f_{t,k}}{2\zeta_1\mu E}\dfrac{L_0^2}{r_2}$ $\dfrac{l_b\left(\sigma_s-\dfrac{p_0}{A_b}\right)\pi\sin\varphi}{2\zeta_1 E_b L_f\left(1+\sin\varphi-\dfrac{\delta}{2r_2}\right)\cos^3\varphi}\dfrac{L_0^2}{r_2}$	$\dfrac{f_{t,k}}{8\zeta_1\mu E}\dfrac{L_0^2}{r_2}$ $\dfrac{l_b\left(\sigma_s-\dfrac{p_0}{A_b}\right)\pi\sin\varphi}{8\zeta_1 E_b L_f\left(1+\sin\varphi-\dfrac{\delta}{2r_2}\right)\cos^3\varphi}\dfrac{L_0^2}{r_2}$

3. 假设荷载分布形式的变形限值

将隧道结构视为长为 $L=2L_0$、横截面为圆环的简支梁,当梁上方施加关于跨中对称的荷载时,跨中弯矩和挠度最大。用最大弯矩截面边缘达到破坏时的跨中挠度作为最大沉降限值。

对于弹性均质简支梁,跨中挠度与跨中弯矩的关系可以表示为:

$$s_{max}=S\frac{ML^2}{EI} \tag{2-5}$$

式中:S——与荷载形式相关的参数。

均布荷载作用下,最大弯矩截面和最大挠度均在跨中,$M(x)_{max}=(ql^2)/8$,$s(x)_{max}=(5ql^4)/(384E \cdot I)$,可求得挠度参数 $S=5/48$。

在上方集中荷载 P 作用下,最大弯矩截面和最大挠度均在跨中,$M(x)_{max}=(PL)/4$,$s(x)_{max}=(P \cdot L^3)/(48E \cdot I)$,可求得挠度参数 $S=1/12$。

素混凝土结构可承担的极限弯矩较小,可以认为中性轴始终在形心,截面抗弯刚度 EI 不变。控制条件为截面受拉边缘处应变为混凝土极限拉应变,则截面能承受的最大弯矩值为 $M_{max}=(E \cdot I \cdot \varepsilon_{t,k})/r_2$。

令 $M=M_{max}$ 可解出梁的最大挠度:均布荷载 $s_{max}=(5/48)(f_{t,k}/E)(L^2/r_2)$;跨中集中荷载 $s_{max}=(1/12)(f_{t,k}/E)(L^2/r_2)$。

对钢筋混凝土梁而言,由于受拉区混凝土开裂的影响,截面抗弯刚度随截面弯矩值增大而减小,破坏时抗弯刚度折减为 B。且在长期作用下的钢筋混凝土构件有明显的变形时间效应,按规范取挠度影响系数 θ,最大挠度计算公式为 $s_{max}=\theta \cdot S[(M \cdot L^2)/B]$。

当 M 取截面可承受的极限弯矩,B 取极限弯矩对应的折减刚度时,s_{max} 即为最大沉降控制值。承载力极限状态时受压区高度 $x=r_2[1-\cos(1.5\alpha\pi)]$,受压区边缘达到极限压应变 ε_{cu},根据截面抗弯刚度的定义得 $B=M_u r_2[1-\cos(1.5\alpha\pi)]/\varepsilon_{cu}$。因此可得变形限值 $s_{max}=\theta \cdot S(M_u L^2)/B=\theta \cdot S\{[\varepsilon_{cu}/[1-\cos(1.5\alpha\pi)]\}(L^2/r_2)$,其中 $\theta=2.0-0.4A_s'/A_s \approx 2.0-0.4\alpha/(1-\alpha)$,$\alpha=1/[\alpha_1(f_c \cdot A/f_y \cdot A_s)+2.5]$,具体参见表2-13。

假设荷载分布形式的变形限值　　　　　表2-13

衬砌形式	均布荷载 s_{max}	集中荷载 s_{max}
素混凝土衬砌	$\dfrac{5}{12}\dfrac{f_{t,k}}{E}\dfrac{L_0^2}{r_2}$	$\dfrac{f_{t,k}}{3E}\dfrac{L_0^2}{r_2}$
钢筋混凝土衬砌	$\dfrac{5\theta}{12}\dfrac{\varepsilon_{cu}}{[1-\cos(1.5\alpha\pi)]}\dfrac{L_0^2}{r_2}$	$\dfrac{\theta}{3}\dfrac{\varepsilon_{cu}}{[1-\cos(1.5\alpha\pi)]}\dfrac{L_0^2}{r_2}$

2.3.3 隧道结构横向变形限值

近接工程影响下，隧道结构横向变形形式有横向净空收敛或伸长、倾斜变形等。隧道横向净空收敛如图2-7所示。本节从变形协调的角度出发，将衬砌横断面视为等矩形截面的圆弧梁，将断面的横向收敛变形与截面的弯矩和应变联系起来，推出极限曲率，这样就可以根据隧道横向收敛变形情况判断截面是否达到强度极限状态。对盾构隧道管片，用修正惯用法求出螺栓在弹性极限状态下管片截面的弯矩值。做如下假定：（1）平截面假定，变形后截面仍为平面；（2）隧道收敛变形相对于隧道直径很小，中性轴曲率半径增加量 R_1-R_0 近似于隧道收敛变形收缩量。

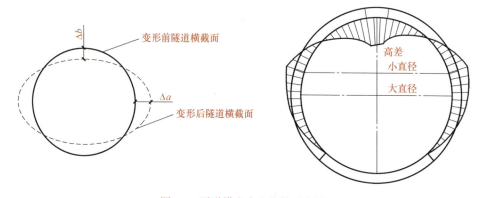

图2-7　隧道横向净空收敛示意图

1. 收敛变形极限值与截面应变的关系

取变形前一圆心角为 θ_0 的弧段进行分析，中性轴处曲率半径设为 R_0，假设在纯弯矩作用下仅发生弯曲变形，圆心角变为 θ_1，中性轴处曲率半径变为 R_1，如图2-8所示。根据中性

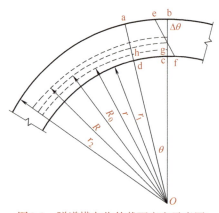

图2-8　隧道横向收敛截面应变示意图

轴轴长不变，有 $R_0 \cdot \theta_0 = R_1 \cdot \theta_1$，相邻截面夹角的变化 $\Delta\theta = \theta_0 - \theta_1 = [(R_0-r)/R_1]\theta_0$，并引起截面的应变分布。根据平截面假定，截面 r 处位置弧线原始长度为 $r \cdot \theta_0$，伸长量为 $(R_0-r) \cdot \Delta\theta$，应变分布 $\varepsilon = [(R_0-r)\Delta\theta]/(r \cdot \theta_0)$。根据结构承载能力极限状态下的应力应变特征，可求出极限状态时的 $(\Delta\theta/\theta_0)$，则可得到收敛变形极限值 $R_1 - R_0 = R_0[\theta_0/(\theta_0+\Delta\theta)](\Delta\theta/\theta_0) = R_0[(\Delta\theta/\theta_0)/(1+\Delta\theta/\theta_0)]$，其中 R_0、$\Delta\theta/\theta_0$ 取极限状态下的值即可。

2. 极限状态截面应力应变特征

对素混凝土衬砌，截面应力均为混凝土应变引起的应力，应力分布 $\sigma = [E(R_0-r)\Delta\theta]/(r \cdot \theta)$。由于截面合力为 0，积分可得中性轴位置 R_0，$\int_{r_1}^{r_2}[E(R_0-r)\Delta\theta/(r \cdot \theta)]dr = 0$。所以 $R_0 = (r_2-r_1)/\ln(r_2/r_1)$。极限状态时在 $r=r_1$ 处达到最大拉应变 $(\Delta\theta/\theta_0)\{[(r_2/r_1-1)/\ln(r_2/r_1)]-1\}$，因此极限转角 $\Delta\theta/\theta_0 = \{\ln(r_2/r_1)/[r_2/r_1-\ln(r_2/r_1)-1]\}\varepsilon_{t,\max}$。将 R_0 和 $\Delta\theta/\theta_0$ 代入收敛变形极限值公式 $R_0[(\Delta\theta/\theta_0)/(1+\Delta\theta/\theta_0)]$ 即可得限值 $\{[(t-1)\varepsilon_{t,\max}]/[(t-1)-(1-\varepsilon_{t,\max})\ln t]\}r_1$，$t=r_2/r_1$。

对适筋截面的钢筋混凝土衬砌，在极限状态时受压侧边缘达到极限压应变，受拉侧钢筋早已屈服，且忽略受拉侧混凝土的应力。截面应变分布仍为 $\varepsilon = [(R_0-r_2)\Delta\theta]/(r\theta_0)$。根据上述特征，由 r_2 处应变达到极限压应变 ε_{cu}，可得 $\varepsilon_{cu} = [(R_0-r_2)\Delta\theta]/(r_2\theta_0)$，则 $\Delta\theta/\theta_0 = (r_2\varepsilon_{cu})/(R_0-r_2)$。截面力的平衡方程 $\int_{R_0}^{r_2}\sigma_c[\varepsilon_c(r)]dr = f_y A_s$，$A_s$ 为每延米的受拉钢筋面积。混凝土本构采用 $\sigma_c = f_c[2(\varepsilon_c/\varepsilon_{cu})-(\varepsilon_c/\varepsilon_{cu})^2]$，可得：

$$2\frac{\Delta\theta}{\theta_0}\left[R_0\ln\frac{r_2}{R_0} - r_2 + R_0\right] - \left(\frac{\Delta\theta}{\theta_0}\right)^2\left[R_0^2\left(\frac{1}{R_0}-\frac{1}{r_2}\right) - 2R_0\ln\frac{r_2}{R_0} + r_2 - R_0\right] = \frac{f_y A_s}{f_c} \quad (2-6)$$

$$\frac{\Delta\theta}{\theta_0} = \frac{r_2\varepsilon_{cu}}{R_0 - r_2} \quad (2-7)$$

联立上两式可解出 R_0 和 $\Delta\theta/\theta_0$，其中 R_0 显式求解较难，可采用迭代法求解。将解出的 R_0 和 $\Delta\theta/\theta_0$ 代入 $R_0[(\Delta\theta/\theta_0)/(1+\Delta\theta/\theta_0)]$，可求得收敛变形限值。

对于盾构隧道管片，根据修正惯用法，引入管片弯矩传递系数 ξ 来考虑管片接头环向螺栓和管片拼装的影响，非接头混凝土主截面承担的弯矩为 $(1+\xi)M$，接头处承担的弯矩为 $(1-\xi)M$。根据试验结果，ξ 一般取 0.3~0.5。钢筋混凝土主截面处管片以中性轴为界，一侧受拉，一侧受压；接头处受拉侧的拉力全部由螺栓承担，受压侧的压力由管片承担。根据受力平衡螺栓应力 $\sigma = [(1-\xi)M]/(n \cdot A_s \cdot h_0)$，由螺栓屈服确定接头处弹性极限弯矩 $M_{u,1} = (n \cdot A_s \cdot h_0 \cdot \sigma_s)/(1-\xi)$。非接头混凝土截面极限弯矩为 $M_{u,2} = [(1+\xi)/(1-\xi)](n \cdot A_s \cdot h_0 \cdot \sigma_s)$，中性轴位置计算素混凝土 $R_0 = (r_2-r_1)/\ln(r_2/r_1)$，截面弯矩 $M = [(E \cdot \Delta\theta)/\theta_0]$，令 $M = M_{u,2}$ 可解出 $\Delta\theta/\theta_0 = [(1+\xi)(n \cdot A_s \cdot h_0 \cdot \sigma_s)]/\{E(1-\xi)(r_2+r_1)/2 - R_0) \cdot (r_2-r_1)\}$。可求解得收敛变形限值为 $(\eta\alpha)/[\eta\alpha+(t+1)/2-(t-1)/\ln t][(t-1)/\ln t]r_1$，$t=r_2/r_1$，$\eta=(1+\xi)/(1-\xi)$，$\alpha=(n \cdot \sigma_s \cdot A_s \cdot h_0)/[E(r_2-r_1)r_1]$。

3. 横向收敛限值

根据上述计算思路，可求得三种衬砌形式的横向收敛变形限值，见表 2-14。

横向收敛变形限值   表2-14

衬砌形式	计算公式	近似式
素混凝土衬砌	$\dfrac{(t-1)\varepsilon_{t,max}}{(t-1)-(1-\varepsilon_{t,max})\ln t}r_1$，其中$t=r_2/r_1$	约为1‰D
钢筋混凝土衬砌	$2\dfrac{\Delta\theta}{\theta_0}\left[R_0\ln\dfrac{r_2}{R_0}-r_2+R_0\right]-\left(\dfrac{\Delta\theta}{\theta_0}\right)^2\left[R_0^2\left(\dfrac{1}{R_0}-\dfrac{1}{r_2}\right)-2R_0\ln\dfrac{r_2}{R_0}+r_2-R_0\right]=\dfrac{f_yA_s}{f_c}$ $\dfrac{\Delta\theta}{\theta_0}=\dfrac{r_2\varepsilon_{cu}}{R_0-r_2}$ 由上两式联立求解极限状态下R_0和$\Delta\theta/\theta_0$，限值为$R_0(\Delta\theta/\theta_0)/(1+\Delta\theta/\theta_0)$	—
盾构管片衬砌	$\eta\cdot\alpha/\{\eta\alpha+[\eta\alpha(t+1)/2-(t-1)]/\ln t\}[(t-1)/\ln t]r_1$，其中$t=r_2/r_1$，$\eta=(1+\xi)/(1-\xi)$，$\alpha=(n\cdot\sigma_s\cdot A_s\cdot h_0)/[E(r_2-r_1)r_1]$	为3‰~5‰D

2.3.4 结构构件变形验算

近接工程影响下既有隧道混凝土结构构件应根据其使用功能及外观要求，按下列规定进行正常使用极限状态验算：

（1）对需要控制变形的构件进行变形验算；
（2）对不允许出现裂缝的构件，进行混凝土拉应力验算；
（3）对允许出现裂缝的构件，进行受力裂缝的宽度验算。

对于正常使用极限状态，应根据不同的设计要求，采用作用的标准组合、频遇组合或准永久组合，并按下列表达式进行验算：

$$S_d \leqslant C \tag{2-8}$$

式中：C——结构或结构构件达到正常使用要求的规定限制，例如变形、裂缝、振幅、加速度或应力等限制，应按有关结构设计规范采用。

其中对于素混凝土衬砌结构构件而言，其受拉侧边缘所受拉应力不应大于混凝土抗拉强度。

钢筋混凝土衬砌构件最大裂缝宽度不应超过0.2mm。钢筋混凝土受弯构件的最大挠度值应小于表2-15规定的允许值。

受弯构件的允许挠度   表2-15

构件类型		允许挠度
梁板构件	$l_0\leqslant 5m$	$l_0/250$
	$5m<l_0\leqslant 8m$	$l_0/300$
	$l_0>8m$	$l_0/400$

2.3.5 基于轨道平顺度要求的变形控制限值

近接工程对高速铁路隧道内轨道平顺性的影响路径如图2-9所示。根据变形的传递规律，近接工程引起既有隧道结构的变形并通过道床、枕轨传递至钢轨，引起轨道的变形。隧道仰拱竖直向位移，包括沉降或者隆起，它影响着轨道的水平和高低不平顺性；隧道仰拱水平向位移影响着轨道轨距和轨向不平顺性。因而，高速铁路隧道结构变形控制指标的允许限值不仅取决于高速铁路隧道结构现状和施工的影响，还取决于轨道变形控制指标的允许限值，轨道平顺性要求制约着高速铁路隧道的结构允许变形。

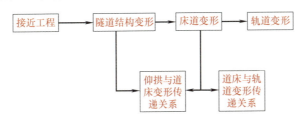

图2-9 隧道-道床-轨道变形传递过程

当高速铁路为运营线路，隧道结构变形与轨道变形发展趋向一致时，隧道结构变形控制指标体系中沉降控制值、沉降速率控制值、不均匀沉降控制值3个值与轨道变形控制指标中沉降控制值、沉降速率控制值、不均匀沉降控制值3个值关系极为密切。一般情况下隧道结构变形大于道床变形，道床变形大于轨道变形，因此将轨道变形控制值作为隧道结构变形控制指标的允许限值是安全的。

轨道的最大可允许变形 $s_{轨,max}$ 可按下式计算得到：

$$s_{轨,max}=s_1+s_2-s_3-s_4-s_5 \tag{2-9}$$

式中：$s_{轨,max}$——轨道的最大可允许变形；

s_1——轨道扣件的最大可调节量；

s_2——轨道平顺性的控制要求；

s_3——轨道板目前已用调节量；

s_4——轨道当前的平顺度；

s_5——轨道预留变形量。

1. 轨道扣件的最大可调节量 s_1

轨道扣件的最大可调节量由扣件类型决定。有砟轨道扣件类型主要有弹条Ⅳ型、弹条Ⅴ型和FC型扣件，无砟轨道扣件类型主要有WJ-7型、WJ-8型、W300-1型和SFC型扣件，各种扣件的最大可调整量见表2-16。

（1）有砟轨道扣件

弹条Ⅳ型扣件，不能进行高低调整，不得垫入调高垫板。轨距调整量：-8~+4mm，通过更换不同号码的绝缘轨距块实现轨距和轨向的调整。

弹条Ⅴ型扣件高低调整量为10mm，通过在轨下垫板和轨枕之间放入调高垫板进行调整，调高垫板不得放在轨下垫板上，放入调高垫板的总厚度不得大于10mm，数量不得超过2块。轨距调整量：-8~+4mm，通过更换不同号码的轨距挡板实现轨距和轨向调整。

FC型扣件，不能进行高低调整，不得垫入调高垫板。轨距调整量：-8~+8mm，通过更换不同号码的绝缘轨距块进行轨距和轨向调整。

（2）无砟轨道扣件

WJ-7型扣件高低调整量：-4~+26mm。钢轨左右位置调整量：±6mm。

WJ-8型扣件高低调整量：-4~+26mm。钢轨左右位置调整量：±5mm。

W300-1型扣件高低调整量：-4~+26mm。钢轨左右位置调整量：±8mm。

SFC型扣件高低调整量：30mm。钢轨左右位置调整量：±6mm。
SKL12型扣件高低调整量：30mm。钢轨左右位置调整量：±6mm。

高速铁路扣件的可调整量　　　　　　　　　　　　　　　表2-16

轨道类型	扣件类型	高低调整量	轨距调整量
有砟轨道	弹条Ⅳ型扣件	0	−8~+4mm
	弹条Ⅴ型扣件	0~+10mm	−8~+4mm
	FC型扣件	0	−8~+8mm
无砟轨道	WJ-7型扣件	−4~+26mm	−6~+6mm
	WJ-8型扣件	−4~+26mm	−5~+5mm
	W300-1型扣件	−4~+26mm	−8~+8mm
	SFC型扣件	0~+30mm	−6~+6mm
	SKL12型扣件	0~+30mm	−6~+6mm

2. 轨道平顺性的控制要求 s_2

轨道平顺性的控制要求 s_2 的取值见2.2节各表。

3. 轨道预留变形量 s_5

轨道预留变形量 s_5 是预留给今后其他工程、工后沉降、降水施工等。应调查下穿点附近今后是否还有其他工程在此邻近施工，合理设置轨道预留变形量。

2.4　本章小结

本章基于目前国内外设计规范和指南，对高速铁路隧道的变形控制标准进行了调研分析，总结了隧道衬砌结构、隧道内轨道结构的变形控制标准，总结如下：

（1）隧道结构变形标准可根据现行规范进行控制，其中监控量测控制基准包括隧道内位移、地表沉降、爆破振动等，应根据地质条件、隧道施工安全性、隧道结构的长期稳定性，以及周围建（构）筑物特点和重要性等因素制定。

（2）隧道内轨道变形可根据《高速铁路设计规范》TB 10621—2014进行控制。

（3）隧道结构变形应满足强度要求，根据隧道衬砌结构承载能力极限状态的变形规律，提出了基于结构强度的隧道变形控制标准计算方法；隧道结构变形应服从隧道内轨道的变形要求，根据隧道-道床-轨道变形传递关系，提出了基于轨道平顺性的隧道结构变形控制标准计算方法。

（4）总结了现有相关既有地铁隧道结构的变形控制规范或规定。

第 3 章

近接工程对高速铁路隧道的影响规律及机理研究

高速铁路网在城际甚至城区内迅速发展，其近接工程数量大幅增多，典型的几类近接工程有：(1) 近接隧道工程；(2) 近接地表填方工程；(3) 近接基坑开挖工程。本章研究这3类近接工程对高速铁路隧道结构内力和结构变形的影响规律，结构内力的影响主要通过二次衬砌结构的安全系数变化规律来体现，结构变形则以衬砌结构和轨道结构的竖向变形的变化规律为主要研究对象。同时，以上方填方堆载和上方开挖卸载为例，对近接工程影响下既有隧道围岩的应力路径进行分析，揭示近接工程对隧道结构的影响机理，从应力路径角度对隧道围岩的安全性进行分析。

3.1 近接下穿工程对高速铁路的影响机理研究

3.1.1 重叠近接

假定隧道数量为2个不变，隧道1先开挖，隧道2后开挖，开挖方法设定为全断面开挖，改变隧道1和隧道2之间的净距，以此来计算其对既有隧道内力和变形的影响，计算工况如图3-1所示。

假定隧道数量为2个不变，隧道净距为1.0D不变，隧道1先开挖，隧道2后开挖，开挖方法设定为全断面开挖，改变两个隧道中心连线与水平面夹角，以此来分析布局形式对内力和变形的影响，详细计算工况如图3-2所示。

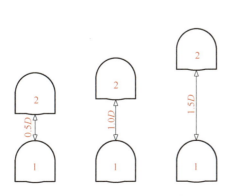

图3-1　重叠近接净距影响示意图

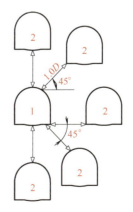

图3-2　重叠近接夹角影响

分别列出各个影响因素对结构内力和变形的影响程度，建立结构内力和变形的变化量与各影响因素间的关系，表中的影响百分比以计算所得最大值为准，当同时受到两个及以上因素影响时，则采取影响程度叠加的方式来评价。

1. 隧道之间净距对结构安全系数的影响

根据计算结果，不同净距下（净距以洞径 D 的倍数来表示）重叠近接净距对既有隧道拱顶和仰拱安全系数的影响如表3-1和图3-3所示。

重叠近接净距对结构安全系数的影响　　　　　　　表3-1

净距	2.0D	1.5D	1.0D	0.5D
拱顶安全系数变化量	−6.56%	−9.14%	−19.14%	−44.29%
仰拱安全系数变化量	−1.08%	−1.35%	−2.53%	−6.36%

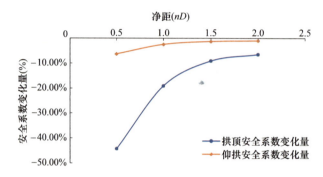

图3-3　重叠近接净距对结构安全系数的影响

由表3-1与图3-3可知：

（1）净距较小时，新建隧道对既有隧道的结构安全系数有明显的影响，当净距为0.5倍的隧道厚度时，拱顶安全系数变化量达到−44.29%，仰拱安全系数变化量为−6.36%。

（2）净距的变化对结果安全系数具有极大影响，当净距增加到1.0D时，拱顶和仰拱安全系数变化量分别为−19.14%和−2.53%；净距增大到2.0D时，拱顶和仰拱安全系数变化量则分别为−6.56%和−1.08%，说明净距是影响既有隧道结构内力的重要因素。近接隧道的位置必须在既有隧道一定距离之外，才能保证既有隧道结构的安全性。

2. 隧道之间净距对结构变形的影响

根据计算结果，不同净距下（净距以洞径 D 的倍数来表示）重叠近接净距对既有隧道拱顶和仰拱变形的影响如表3-2和图3-4所示。

重叠近接净距对结构变形的影响　　　　　　　表3-2

净距	2.0D	1.5D	1.0D	0.5D
拱顶变形变化量	−16.02%	−17.38%	−18.44%	−19.13%
仰拱变形变化量	−1.97%	−2.94%	−3.84%	−4.51%

由表3-2与图3-4可知：

（1）净距较小时，新建隧道对既有隧道的结构变形有较强的影响，当净距为0.5倍的隧道厚度时，拱顶变形变化量达到-19.13%，仰拱变形变化量为-4.51%。

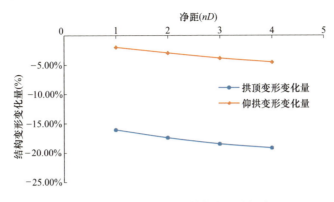

图 3-4　重叠近接净距对结构变形的影响

（2）净距的变化对结构变形有一定影响，尤其对拱顶的变形有较明显的影响，对仰拱的变形影响则较小，在-5%以内。随着净距的增加，结构变形变化量减小，说明净距是影响既有隧道变形的重要因素。

由于净距的变化对仰拱变形影响较小，因而对轨道的变形也较小，因此重叠近接隧道的净距主要影响既有隧道的安全性和拱顶变形。

3. 隧道中心连线和水平面夹角对结构内力（安全系数）的影响

根据计算结果，重叠近接隧道夹角对既有隧道拱顶和仰拱的安全系数的影响如表3-3和图3-5所示。

重叠近接隧道夹角对结构安全系数的影响　　　　　　表3-3

夹角(°)	0	45	90	135	180
拱顶安全系数变化量	-19.14%	-6.89%	-1.98%	-5.21%	-17.23%
仰拱安全系数变化量	-2.53%	-2.32%	-2.05%	-6.89%	-11.87%

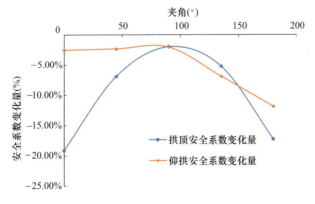

图 3-5　重叠近接隧道夹角对结构安全系数的影响

由表3-3与图3-5可知：

（1）当两隧道中心连线与水平面的夹角小于90°时，既有隧道的仰拱安全系数基本不变，且仰拱安全系数的变化量也很小；当夹角超过90°时，仰拱的安全系数逐渐减小。

（2）夹角对拱顶安全系数大致呈抛物线形式的影响：①夹角为0°~90°时，拱顶安全系数逐渐增大；②夹角超过90°时，拱顶安全系数逐渐减小。

（3）两隧道中心连线与水平面夹角为90°时，即近接隧道位于既有隧道正上方时，拱顶安全系数减小量最小，相对其他角度安全。

4. 隧道中心连线和水平面夹角对结构变形的影响

根据计算结果，重叠近接隧道夹角对既有隧道拱顶和仰拱变形的影响如表3-4和图3-6所示。

重叠近接隧道夹角对结构变形的影响　　　　　　　　　　　　表3-4

夹角(°)	0	45	90	135	180
拱顶变形变化量	−16.02%	5.33%	7.44%	4.56%	−11.69%
仰拱变形变化量	−1.97%	−1.51%	−2.25%	−7.86%	−9.46%

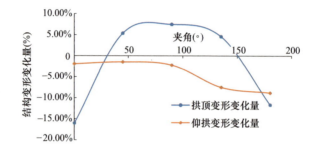

图3-6　重叠近接隧道夹角对结构变形的影响

由表3-4与图3-6可知：

（1）当两隧道中心线与水平面的夹角小于90°时，既有隧道的仰拱变形变化量较小，且不同角度变形量相近，最大值仅为−2.25%；当夹角超过90°时，仰拱的变形变化量则开始增大，达到−10%左右。

（2）夹角对拱顶变形的影响则比较复杂：不同角度引起结构变形的正负值不同，当角度在45°~135°时，近接隧道引起既有隧道拱顶的变形为正值，且变形量基本在5%左右。其余角度则会引起拱顶的负值变形。

5. 小结

重叠近接净距与重叠近接隧道夹角对既有隧道结构的安全有较大的影响，对拱顶的影响明显，对仰拱的影响稍小。重叠近接净距对结构变形的影响较显著，因此必须控制近接净距大于一定范围。当新建隧道位于既有隧道正上方时，对结构的安全相较更有利。

3.1.2　并行近接

假定并行隧道数量为2个不变，隧道1先开挖，隧道2后开挖，开挖方法设定为全断面开挖，改变隧道1和隧道2之间的净距大小，以此来计算其对隧道内力和变形的影响，计算工况详见图3-7（a）。假定隧道净距不变，仅改变隧道数量，以此研究隧道数量对结构内力和变形的影响，如图3-7（b）所示，设隧道1为最先开挖，取以下三种情况进行分析：（1）隧道2在隧道1右侧1.0D处开挖；（2）隧道2在隧道1右侧1.0D处开挖，隧道3

在隧道 2 右侧 1.0D 处开挖；（3）隧道 2 在隧道 1 右侧 1.0D 处开挖，隧道 3 在隧道 1 左侧 1.0D 处开挖。

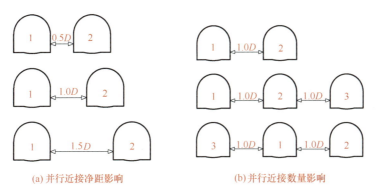

(a) 并行近接净距影响　　　　　　(b) 并行近接数量影响

图 3-7　并行近接隧道计算模型示意图

分别列出各个影响因素对结构内力和变形的影响程度，建立内力变形变化量与各影响因素之间的关系表，表中的影响百分比以计算所得最大值为准，当同时受到两个及以上因素影响时，则采取影响程度叠加的方式来进行评价。

1. 隧道之间净距对结构安全系数的影响

根据计算结果，不同净距下（净距以洞径 D 的倍数来表示）并行近接净距对既有隧道拱顶和仰拱安全系数的影响如表 3-5 和图 3-8 所示。

并行近接净距对结构安全系数的影响　　　　　　表 3-5

净距	2.0D	1.5D	1.0D	0.5D
拱顶安全系数变化量	−2.45%	−4.61%	−7.44%	−14.00%
仰拱安全系数变化量	−0.43%	−0.68%	−2.25%	−4.32%

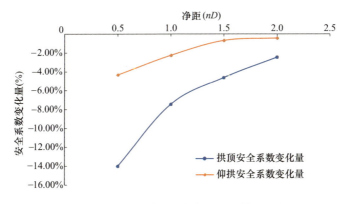

图 3-8　并行近接净距对结构安全系数的影响

由表 3-5 与图 3-8 可知：

（1）在并行近接情况下，净距对既有隧道仰拱安全系数的影响较小，当净距为 0.5 倍隧道洞径时，仰拱安全系数变化量为 −4.32%。随净距的增大，对仰拱安全系数的影响逐渐减少。

（2）净距对拱顶安全系数的影响比较明显，当净距为0.5倍的隧道洞径时，拱顶安全系数变化量减小幅度则达到−14.00%，随着净距的增大，对其安全系数影响的程度减小，当净距为2.0D时，安全系数变化量仅为−2.45%。

2. 隧道之间净距对结构变形的影响

根据计算结果，不同净距下并行近接净距对既有隧道拱顶和仰拱变形的影响如表3-6和图3-9所示。

并行近接净距对结构变形的影响　　　　表3-6

净距	2.0D	1.5D	1.0D	0.5D
拱顶变形变化量	2.05%	5.98%	14.56%	18.36%
仰拱变形变化量	−2.30%	−2.91%	−3.56%	−4.13%

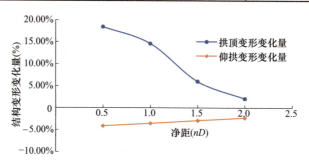

图3-9　并行近接净距对结构变形的影响

由表3-6和图3-9可知：

（1）并行近接时，既有隧道仰拱的变形为负值，净距对仰拱变形影响较小，当净距为0.5倍隧道洞径时，仰拱变形变化量为−4.13%。

（2）并行近接时，既有隧道拱顶的变形变化量为正值，且净距对拱顶变形量影响显著，当净距为0.5倍隧道洞径时，拱顶变形变化量为18.36%。

因此并行接近时需要控制隧道间的净距大于一定间距，以保证结构安全系数及变形量符合要求。

3. 并行近接隧道数量对结构安全系数的影响

根据计算结果，并行近接隧道数量对既有隧道拱顶和仰拱安全系数的影响如表3-7和图3-10所示。

并行近接隧道数量对结构安全系数的影响　　　　表3-7

隧道数量	1	2	3	4
拱顶安全系数变化量	−7.44%	−8.38%	−9.17%	−9.81%
仰拱安全系数变化量	−2.25%	−1.60%	−0.87%	−0.39%

由表3-7和图3-10可知：

（1）并行近接隧道数量的增加对仰拱的安全系数影响较小，且随隧道数量的增加，仰拱安全系数逐渐增加。

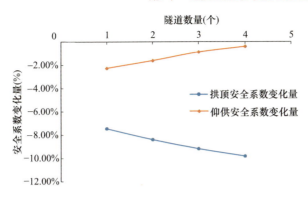

图 3-10　并行近接隧道数量对结构安全系数的影响

（2）并行近接隧道数量的增加对拱顶的安全系数影响稍大，且随隧道数量的增加，拱顶安全系数逐渐降低。

4. 并行近接隧道数量对结构变形的影响

根据计算结果，并行近接隧道数量对既有隧道拱顶和仰拱结构变形的影响如表 3-8 和图 3-11 所示。

并行近接隧道数量对结构变形的影响　　　　表 3-8

隧道数量	1	2	3	4
拱顶变形变化量	14.56%	15.63%	16.38%	17.23%
仰拱变形变化量	−3.56%	−2.89%	−2.65%	−2.31%

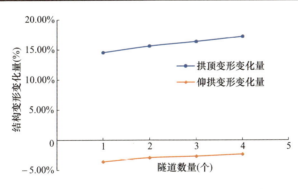

图 3-11　并行近接隧道数量对结构变形的影响

由表 3-8 和图 3-11 可知：

（1）并行近接隧道数量的增加对仰拱的变形影响较小，仰拱变形变化量为负值，且随隧道数量的增加，仰拱变形变化量的绝对值逐渐减小。

（2）并行近接隧道数量的增加对拱顶的变形影响稍大，拱顶变形变化量为正值，且随隧道数量的增加，拱顶变形变化量逐渐增加。

5. 小结

并行近接隧道对既有隧道结构的影响主要体现在对拱顶安全系数及变形的影响，对仰拱的安全系数和变形的影响较小，且仰拱和拱顶的变形方向相反。并行近接隧道数量对既有隧道结构安全系数及变形的影响小于对净距的影响,且主要体现在对拱顶的影响。隧道数量增加对仰拱的安全系数和变形的影响有利。

3.1.3 正交近接

建立正交近接隧道模型,以隧道轴线相交处断面各点的应力和变形数据为研究对象,如图3-12所示。

假定隧道数量为2个不变,隧道1先开挖,隧道2后开挖,开挖方法设定为全断面开挖,改变隧道1和隧道2之间的中夹岩层厚度,以此来计算其对隧道内力和变形的影响,计算工况如图3-13所示。

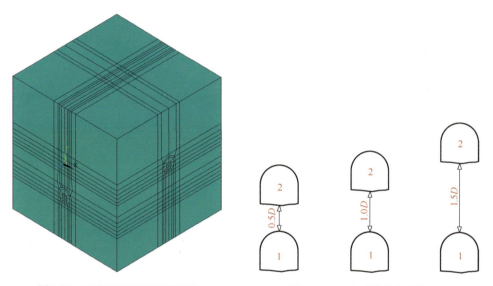

图3-12 正交近接隧道计算模型　　图3-13 正交近接隧道计算工况

假定隧道数量为2个不变,隧道净距为1.0D不变,隧道1先开挖,隧道2后开挖,开挖方法设定为全断面开挖,改变两个隧道轴线的相互夹角,以此来分析该角度对隧道1内力和变形的影响。

分别列出各个影响因素对结构内力和变形的影响程度,建立结构内力和变形变化量与各影响因素之间的关系表,表中的影响百分比以计算所得最大值为准,当同时受到两个及以上因素影响时,则采取影响程度叠加的方式计算。

1. 隧道之间净距对结构安全系数的影响

根据计算结果,不同净距下正交近接净距对既有隧道拱顶和仰拱安全系数的影响如表3-9和图3-14所示。

正交近接净距对结构安全系数的影响　　表3-9

净距	2.0D	1.5D	1.0D	0.5D
拱顶安全系数变化量	−6.13%	−9.04%	−15.89%	−42.78%
仰拱安全系数变化量	−1.01%	−1.22%	−1.67%	−6.18%

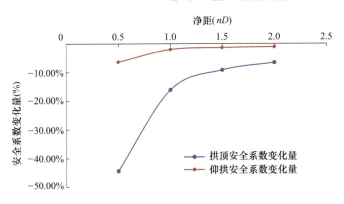

图3-14 正交近接净距对结构安全系数的影响

由表3-9和图3-14可知:

(1) 净距较小时,新建隧道对既有隧道的结构安全系数有明显的影响,当净距为0.5倍隧道厚度时,拱顶安全系数变化量达到-42.78%左右,仰拱安全系数变化量为-6.18%。

(2) 净距的变化对结果安全系数具有极大影响,当净距增加到1.0D时,拱顶和仰拱安全系数变化量分别降低到-15.89%和-1.67%;净距增大到2.0D时,拱顶和仰拱安全系数变化量则急剧降低到-6.13%和-1.01%,说明净距是隧道结构内力的重要影响因素。

2. 隧道之间夹角对结构安全系数的影响

根据计算结果,正交近接隧道夹角对既有隧道拱顶和仰拱安全系数的影响如表3-10和图3-15所示。

正交近接隧道夹角对结构安全系数的影响　　　　表3-10

夹角(°)	0	45	90
拱顶安全系数变化量	-16.02%	-15.87%	-15.89%
仰拱安全系数变化量	-1.97%	-1.82%	-1.67%

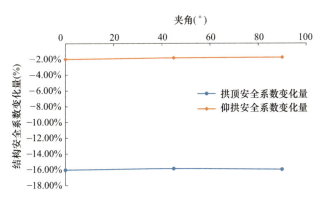

图3-15 正交近接隧道夹角对结构安全系数的影响

由表3-10与图3-14可知:

隧道夹角的增加,对既有隧道的仰拱和拱顶安全系数的影响都很小,仅在5%以内。

3.2 近接地表建筑物工程对高速铁路的影响机理研究

3.2.1 基坑开挖引起的隧道竖向附加应力

如图3-16所示,以地表处的基坑中心为原点建立坐标系,x轴和y轴分别垂直与平行于隧道,z坐标轴的正方向竖直向下,与基坑开挖方向一致,基坑开挖的深度为d,基坑的长度L平行于x轴,基坑的宽度B平行于y轴。基坑底部到围护结构的底部距离为d_0,基坑围护结构插入总深度为H($H=d+d_0$),隧道中心线与z轴的水平距离为a,隧道的外径为D,隧道到基坑底部的距离为s,隧道中心线的埋深为h($h=d+s+D/2$)。从以上可得,隧道中心轴线上任意一点的坐标为(a,b,h),b为该点在坐标系中y轴的坐标值。

计算过程中假定:
(1)地基土体视为均质连续的半无限弹性体。
(2)隧道与基坑垂直相交,整体将其视为无限弹性长梁。
(3)在基坑开挖后产生对土体的附加应力的计算过程中,不考虑隧道存在的影响。

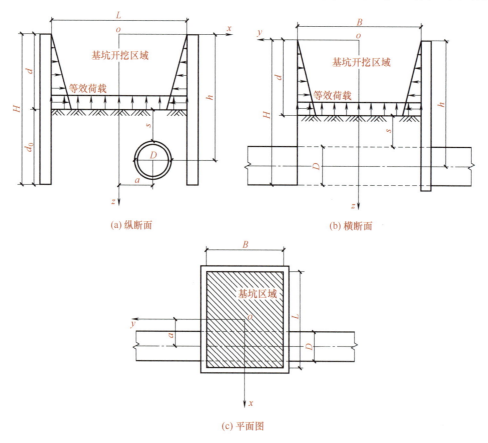

图3-16 基坑卸荷对下方隧道影响的力学计算模型

从图3-16可知,基坑开挖卸载时一共有5个卸荷面,分别是4个侧壁卸荷面和1个底部卸荷面，位于基坑的四周和底部。在基坑侧壁的围护结构上，由于土体开挖后导致应力释放，就会转化成施加在基坑侧壁的荷载，该荷载垂直于侧壁呈三角形水平向分布，但是根据实际工程的计算，就算考虑到基坑侧壁地下连续墙的遮拦效应，基坑侧壁卸荷对下方隧道的竖向变形影响很小，可以忽略不计，同时根据已有的研究可知，基坑开挖对下卧隧道的水平变形影响较小，因此本节将只计算基坑开挖卸荷引起下卧隧道的竖向变形值。将基坑开挖卸荷简化为施加在基坑底面的竖直向上的矩形均布荷载，矩形均布荷载计算公式如下：

$$\sigma = \gamma d(1-\alpha) \tag{3-1}$$

式中：σ——基坑底部卸荷值（kN/m^2）；

γ——开挖土体的重度，取加权平均值（kN/m^2）；

α——基坑开挖后的残余应力系数。

根据 Mindlin 应力解可知，在半无限弹性体的土体内深度为 c 处作用一集中力的情况下，会引起土体内任意一点（x, y, z）的附加应力，示意图如图 3-17 所示，其中竖向附加应力的计算表达式如下：

$$\sigma_z = \frac{Q}{8\pi(1-v)}\left[\frac{(1-2v)(z-c)}{R_1^3} + \frac{3(z-c)^3}{R_1^5} - \frac{(1-2v)(z-c)}{R_2^3}\right.$$
$$\left. + \frac{3(3-4v)z(z+c)^2 - 3c(z+c)(5z-c)}{R_2^5} + \frac{30zc(z+c)^3}{R_2^7}\right] \tag{3-2}$$

式中：v——土的泊松比；$R_1 = \sqrt{x^2+y^2+(z-c)^2}$；$R_1 = \sqrt{x^2+y^2+(z+c)^2}$。

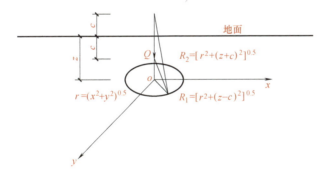

图 3-17 竖向集中力作用下 Mindlin 应力解示意图

根据式（3-3）可得：在基坑底部任意一点（ξ, η, d），由于卸荷作用导致在隧道（a, b, h）处产生的竖向附加应力为：

$$\sigma_z^d = \frac{\gamma d(1-\alpha)}{8\pi(1-v)}\int_{-L/2}^{L/2}\int_{-B/2}^{B/2}\left[\frac{(1-2v)(h-d)}{R_1^3} + \frac{3(h-d)^3}{R_1^5} - \frac{(1-2v)(h-d)}{R_2^3} + \right.$$
$$\left. \frac{3(3-4v)h(h+d)^2 - 3d(h+d)(5h-d)}{R_2^5} + \frac{30hd(h+d)^3}{R_2^7}\right]d\xi d\eta \tag{3-3}$$

式中：$R_1 = \sqrt{(a-\xi)^2+(b-\eta)^2+(h-d)^2}$，$R_2 = \sqrt{(a-\xi)^2+(b-\eta)^2+(h+d)^2}$。

3.2.2 基于 Winkler 地基梁模型荷载作用下隧道变形理论

Winkler 地基梁模型是最早的地基梁模型。本节中 Winkler 弹性地基梁模型是将隧道视为架卧在均质弹性土中的无限弹性长梁，并用一串相互独立的弹簧去模拟隧道下部的土柱，这些"弹簧"在荷载作用下发生变形，如图 3-18 所示。

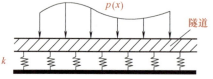

图 3-18 Winkler 地基梁模型

图 3-18 中地基中任一点所受的荷载 p 和地基变形 s 呈正比关系，即 $p=ks$，k 值为地基的基床系数。地基表面和梁底面在受到外荷载作用下始终紧密相连，相互协调，梁的挠度 w 和地基变形 s 数值相等，并且忽略地基与梁之间的摩擦力，地基反力与梁底面垂直。在计算过程中，地基梁符合平截面假设，可用材料力学理论计算梁的位移和内力。

根据已有的研究，在竖向附加应力 σ_z 的作用下，Winkler 地基梁的挠度微分方程如下：

$$\frac{EI}{D}\frac{\mathrm{d}^4 w(x)}{\mathrm{d}x^4} + k_w w(x) = \sigma_z \tag{3-4}$$

式中：EI——隧道等效抗弯刚度；

D——隧道外径；

k_w——地基基床系数；

$w(x)$——隧道竖向变形位移；

σ_z——隧道上的竖向附加应力。

以上为四阶非齐次微分方程，直接求解比较复杂，可以采用有限差分法计算，将隧道离散成 n 段，每段的长度为 l，并且在隧道的两端一共加上 4 个虚节点单元，就可以将隧道离散成 $n+5$ 个有限差分网格，具体如图 3-19 所示，每个节点单元对应的变形为 w_i（i 取 0，1，2，…，n）。根据标准有限差分原理，将上式中的微分方程用差分方程来代替，其差分格式如下：

$$\frac{\mathrm{d}^4 w(x)}{\mathrm{d}x^4} = \frac{6w_i - 4(w_{i+1} + w_{i-1}) + (w_{i+2} + w_{i-2})}{l^4} \tag{3-5}$$

还有其他三阶和二阶的差分格式分别如下：

$$\frac{\mathrm{d}^3 w(x)}{\mathrm{d}x^3} = \frac{w_{i+2} - 2w_{i+1} + 2w_{i-1} - w_{i-2}}{2l^3} \tag{3-6}$$

$$\frac{\mathrm{d}^2 w(x)}{\mathrm{d}x^2} = \frac{w_{i+1} - 2w_i + w_{i-1}}{l^2} \tag{3-7}$$

经计算可得到如下差分表达式：

$$\frac{EI}{D}\frac{6w_i - 4(w_{i+1} + w_{i-1}) + (w_{i+2} + w_{i-2})}{l^4} + k_w w_i = \sigma_z \tag{3-8}$$

以上式中 w_{i-2}、w_{i-1}、w_i、w_{i+1}、w_{i+2} 分别代表对应分段的变形位移，i 取 2，3，…，$(n-2)$。

图 3-19 有限差分网格

根据无限弹性长梁两端固定边界条件，隧道两端弯矩、剪力和位移都为 0，可知：

$$\begin{cases} M_0 = M_n = 0 \\ Q_0 = Q_n = 0 \\ w_0 = w_n = 0 \end{cases}$$

$$\begin{cases} M_0 = EI \dfrac{d^2 w}{dx_2} = EI \dfrac{w_1 - 2w_0 + w_{n-1}}{l^2} = 0 \\ M_n = EI \dfrac{d^2 w}{dx_2} = EI \dfrac{w_{n+1} - 2w_n + w_{n-1}}{l^2} = 0 \\ Q_0 = -EI \dfrac{d^3 w}{dx_3} = -EI \dfrac{w_2 - 2w_1 + 2w_1 - w_2}{2l^3} = 0 \\ Q_n = -EI \dfrac{d^3 w}{dx_3} = -EI \dfrac{w_{n+2} - 2w_{n+1} + 2w_{n-1} - w_{n-2}}{2l^3} = 0 \end{cases} \quad (3\text{-}9)$$

由以上公式化简可得：

$$w_1 = w_{-1}, \quad w_2 = w_{-2}, \quad w_{n+1} = w_{n-1}, \quad w_{n+2} = w_{n-2} \quad (3\text{-}10)$$

从边界条件得到的几个方程式，可以转化成由矩阵表示的刚度矩阵平衡微分表达式：

$$\{[K_1] + [K_2]\}\{w\} = \{\sigma_z\} \quad (3\text{-}11)$$

式中：$[K_1]$——Winkler 地基梁模型的隧道位移刚度矩阵；

$[K_2]$——Winkler 地基梁模型的隧道地基刚度矩阵；

$\{w\}$——隧道竖向位移的列向量；

$\{\sigma_z\}$——隧道竖向附加应力列向量。

根据以上矩阵方程可以计算出每个隧道单元的竖向变形位移 w_i。

3.2.3 基于岩石承载力荷载计算

根据《建筑地基基础设计规范》GB 50007—2011 的规定，建筑地基基础设计荷载应考虑地基极限承载力。地表建筑物地基基础荷载不应大于地基极限承载力，否则建筑物结构安全性将无法保证。因此，对于高铁隧道结构，地表建筑物上层最不利荷载即为该处地层地基承载力大小。

根据《建筑地基基础设计规范》GB 50007—2011 的规定，对于岩石地基承载力特征值可根据室内饱和单轴抗压强度按下式进行计算：

$$f_a = \varphi_r f_{rk} \quad (3\text{-}12)$$

式中：f_a——岩石地基承载力特征值（kPa）；

f_{rk}——岩石饱和单轴抗压强度标准值（kPa）；

φ_r——折减系数，其取值范围为 0.1~0.5，当岩体完整程度较好时，取较大值；较差时，取较小值。

同时，《建筑地基基础设计规范》GB 50007—2011 中给出了岩石坚硬程度的划分，见表 3-11。

岩石坚硬程度的划分　　　　　　　　　　表3-11

坚硬程度类别	坚硬岩	较硬岩	较软岩	软岩	极软岩
饱和单轴抗压强度标准值(MPa)	>60	30~60	15~30	5~15	<5

根据《铁路隧道设计规范》TB 10003—2016中围岩分级中对应的岩石坚硬程度，可计算出Ⅲ~Ⅴ级围岩对应的地基承载力，见表3-12。

围岩级别与地基承载力对应表　　　　　　表3-12

围岩级别	单轴饱和抗压强度	地基承载力
Ⅲ	45MPa	45MPa
Ⅳ	22.5MPa	22.5MPa
Ⅴ	15MPa	15MPa

3.2.4　深埋高速铁路隧道结构变形分析及安全性评价

1. 数值计算模型

为研究地表建筑物对高铁隧道结构安全性的影响，本节以双线铁路隧道工程作为工程依托，采用ANSYS数值计算软件，分析了近接地表建筑物对深埋高速铁路隧道结构安全性的影响。其中，围岩、隧道结构采用实体单元模拟，地表建筑物荷载采用面力进行施加。数值模拟计算工况见表3-13。

围岩、隧道结构数值模拟计算模型、地表建筑物荷载施加情况，如图3-20~图3-22所示。

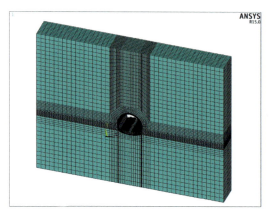

图3-20　围岩结构数值模拟计算模型图

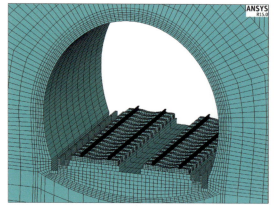

图3-21　隧道结构数值模拟计算模型图

数值模拟计算工况　　　　　　　　　　表3-13

工况	埋深	围岩级别	地表建筑物距离
1	深埋	Ⅲ	0倍
2		Ⅲ	1倍
3		Ⅲ	2倍
4		Ⅳ	0倍

续表

工况	埋深	围岩级别	地表建筑物距离
5	深埋	Ⅳ	1倍
6			2倍
7		Ⅴ	0倍
8			1倍
9			2倍

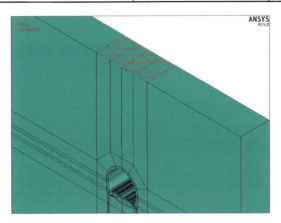

图3-22 地表建筑物荷载施加示意图

围岩参数根据《铁路隧道设计规范》TB 10003—2016相应围岩级别参数进行选取。

2. 变形分析

为了分析高铁隧道二次衬砌结构道床、填充层、仰拱的沉降变化规律,分别提取衬砌结构道床、填充层、仰拱的沉降计算结果,对其进行分析评价,深埋Ⅲ级围岩条件下高铁隧道不同结构层沉降变形结果见表3-14。

深埋Ⅲ级围岩条件下高铁隧道不同结构层沉降变形(mm)　　表3-14

地表建筑物距离	道床中心	仰拱中心	二次衬砌中心
无下穿	0.99	1.17	2.09
0倍洞径距离	1.08	1.33	2.36
1倍洞径距离	0.54	0.59	1.09
2倍洞径距离	0.43	0.47	0.92

由表3-14可知,0倍洞径距离下高铁隧道各结构层沉降量值,相比无下穿时的沉降量值均有一定程度的增大,但并未超过铁路隧道沉降限制值,说明0倍洞径距离工况下,地表建筑物荷载虽然会增加高铁隧道结构的沉降,但总体影响不大。而在1~2倍洞径距离工况下,相比无下穿工况,沉降量均有一定程度的减小,分析认为,主要是由于地表建筑物的偏侧荷载会使高铁隧道各结构层发生反拱现象。

深埋Ⅲ级围岩条件下各结构层沉降变化规律,如图3-23所示。

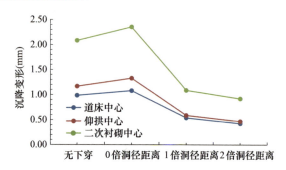

图3-23 深埋Ⅲ级围岩条件下各结构层沉降变化规律

由图3-23可知，随着地表建筑物距离的增大，高铁隧道二次衬砌各结构层呈先增大后减小的趋势。在2倍洞径距离处，地表建筑物的修建对高铁隧道二次衬砌各结构层影响较小；并且通过比较道床、仰拱和二次衬砌结构层沉降量发现，相同条件下二次衬砌结构层沉降量最大，而道床层沉降量最小。

深埋Ⅳ级围岩条件下高铁隧道不同结构层沉降变形结果见表3-15。

深埋Ⅳ级围岩条件下高铁隧道不同结构层沉降变形（mm） 表3-15

地表建筑物距离	道床中心	仰拱中心	二次衬砌中心
无下穿	1.43	1.43	2.58
0倍洞径距离	1.46	1.57	3.01
1倍洞径距离	0.59	0.72	1.32
2倍洞径距离	0.58	0.68	1.30

由表3-15可知，对比Ⅲ级围岩工况，Ⅳ级围岩工况下各结构层沉降量值均有所增加。0倍洞径距离下，高铁隧道各结构层沉降量值，相比无下穿时的沉降量值均呈增大趋势，但并未超过铁路隧道沉降限制值。而在1~2倍洞径距离工况下，相比无下穿工况，沉降量均有一定程度的减小，说明Ⅳ级围岩工况下隧道各结构层变化规律与Ⅲ级围岩相同。

深埋Ⅳ级围岩条件下各结构层沉降变化规律，如图3-24所示。

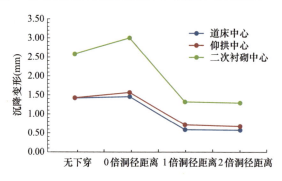

图3-24 深埋Ⅳ级围岩条件下各结构层沉降变化规律

由图3-24可知，随着地表建筑物距离的增大，高铁隧道二次衬砌各结构层呈先增大后减小的趋势。在2倍洞径距离处，地表建筑物的修建对高铁隧道二次衬砌各结构层影响较小；并且通过比较道床、仰拱和二次衬砌结构层沉降量发现，相同条件下二次衬砌结构层沉降量最大，而道床层沉降量最小。

深埋Ⅴ级围岩条件下高铁隧道不同结构层沉降变形结果见表3-16。

深埋Ⅴ级围岩条件下高铁隧道不同结构层沉降变形（mm）　　表3-16

地表建筑物距离	道床中心	仰拱中心	二次衬砌中心
无下穿	1.46	1.62	2.94
0倍洞径距离	1.74	1.85	3.26
1倍洞径距离	1.01	1.09	2.07
2倍洞径距离	0.80	0.82	1.52

由表3-16可知，对比Ⅳ级围岩工况，Ⅴ级围岩工况下各结构层沉降量值均有所增加。0倍洞径距离下高铁隧道各结构层沉降量值，相比无下穿时的沉降量值均呈增大趋势，但并未超过铁路隧道沉降限制值。而在1~2倍洞径距离工况下，相比无下穿工况，沉降量均有一定程度的减小，说明不同围岩级别工况下隧道各结构层变化规律相同。

深埋Ⅴ级围岩条件下各结构层沉降变化规律，如图3-25所示。

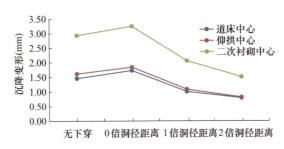

图3-25　深埋Ⅴ级围岩条件下各结构层沉降变化规律

如图3-25可知，随着地表建筑物距离的增大，高铁隧道二次衬砌各结构层呈先增大后减小的趋势。在2倍洞径距离处，地表建筑物的修建对高铁隧道二次衬砌各结构层影响较小；并且通过比较道床、仰拱和二次衬砌结构层沉降量发现，相同条件下二次衬砌结构层沉降量最大，而道床层沉降量最小。

3. 安全性评价

0倍洞径距离条件下高铁隧道二次衬砌结构第一、三主应力计算云图，如图3-26和图3-27所示。

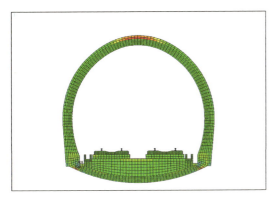

图3-26　隧道二次衬砌结构第一主应力计算云图

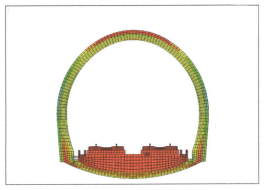

图3-27　隧道二次衬砌结构第三主应力计算云图

由图3-26和图3-27可知，0倍洞径距离条件下高铁隧道二次衬砌结构主要表现为拱顶位置出现应力集中现象，其中衬砌内侧为受拉状态、外侧为受压状态。衬砌两侧边墙位置处表现为压应力较为集中状态。

为进一步分析衬砌结构不同位置的安全系数变化规律，分别提取衬砌结构拱顶、左拱脚、右拱脚、左边墙、右边墙、仰拱位置处内力结果，计算上述关键点位置的安全系数，对其进行分析评价。深埋Ⅲ级围岩条件下二次衬砌结构各关键点安全系数见表3-17。

深埋Ⅲ级围岩条件下二次衬砌结构各关键点安全系数表　　　表3-17

地表建筑物距离	拱顶	左拱脚	左边墙	仰拱	右拱脚	右边墙
0倍洞径距离	2.51	2.55	2.43	3.01	2.61	2.71
1倍洞径距离	2.88	3.01	3.57	3.24	2.78	3.18
2倍洞径距离	5.07	4.86	6.23	5.31	4.22	5.70

由表3-17可知，0倍洞径距离时高铁隧道二次衬砌结构各关键点位置安全系数最小，其中最小值为2.43，接近《铁路隧道设计规范》TB 10003—2016的限制值，表明0倍洞径距离下地表建筑物对高铁隧道结构影响最大。随着洞径距离的增大，高铁隧道安全系数呈增大趋势，2倍洞径距离条件下拱顶位置处安全系数由0倍洞径时的2.51增大到5.07，大于《铁路隧道设计规范》TB 10003—2016的限制值。

深埋Ⅲ级围岩条件下二次衬砌结构各关键点安全系数变化规律，如图3-28所示。

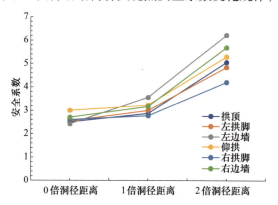

图3-28　深埋Ⅲ级围岩条件下二次衬砌结构各关键点安全系数变化规律

由图3-28可知，随着地表建筑物距离的增大，高铁二次衬砌结构各关键点安全系数均呈增大趋势，说明在2倍洞径距离处，地表建筑物的修建对高铁二次衬砌结构影响较小；并且在不同地表建筑物距离下拱顶位置相对于其余关键点处安全系数较小，说明拱顶位置为高铁隧道二次衬砌最不利位置。

深埋Ⅳ级围岩条件下二次衬砌结构各关键点安全系数见表3-18。

深埋Ⅳ级围岩条件下二次衬砌结构各关键点安全系数表　　　表3-18

地表建筑物距离	拱顶	左拱脚	左边墙	仰拱	右拱脚	右边墙
0倍洞径距离	2.32	2.44	2.21	2.77	2.39	2.36
1倍洞径距离	2.85	2.83	3.26	2.88	2.34	2.74
2倍洞径距离	4.12	3.37	5.66	5.18	4.78	5.84

由表3-18可知，0倍洞径距离时高铁隧道二次衬砌结构各关键点位置安全系数也为最

小，其中最小值为2.21，位于拱顶位置处。对比Ⅲ、Ⅳ级围岩条件下高铁隧道二次衬砌结构最不利位置处安全系数值，可得随着围岩质量变差，高铁隧道二次衬砌结构安全系数呈逐渐减小趋势。

深埋Ⅳ级围岩条件下二次衬砌结构各关键点安全系数变化规律，如图3-29所示。

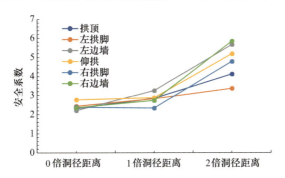

图3-29　深埋Ⅳ级围岩条件下二次衬砌结构各关键点安全系数变化规律

由图3-29可知，随着地表建筑物距离的增大，高铁二次衬砌结构各关键点安全系数也呈逐渐增大趋势，该变化趋势与Ⅲ级围岩工况时安全系数变化规律相同。说明在不同围岩级别条件下，地表建筑物对高铁隧道二次衬砌结构的影响均随着地表建筑物距离的增大而逐渐减小。同时，对比不同关键点位置处的安全系数，可得出拱顶位置为高铁隧道二次衬砌最不利位置。

深埋Ⅴ级围岩条件下二次衬砌结构各关键点安全系数见表3-19。

深埋Ⅴ级围岩条件下二次衬砌结构各关键点安全系数表　　表3-19

地表建筑物距离	拱顶	左拱脚	左边墙	仰拱	右拱脚	右边墙
0倍洞径距离	2.02	2.08	2.11	2.53	1.99	2.24
1倍洞径距离	2.56	2.56	2.99	2.67	2.17	2.58
2倍洞径距离	3.84	3.07	5.21	4.89	4.23	5.57

由表3-19可知，0倍洞径距离时高铁隧道二次衬砌结构各关键点位置安全系数也为最小，其中最小值为1.99，位于拱顶位置处，已经无法达到《铁路隧道设计规范》TB 10003—2016的要求。随着围岩质量变差，高铁隧道二次衬砌结构同一关键点处安全系数呈逐渐减小趋势。

深埋Ⅴ级围岩条件下二次衬砌结构各关键点安全系数变化规律，如图3-30所示。

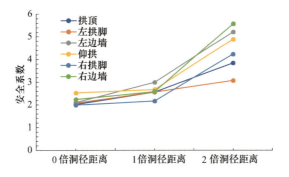

图3-30　深埋Ⅴ级围岩条件下二次衬砌结构各关键点安全系数变化规律

由图3-30可知,随着地表建筑物距离的增大,高铁二次衬砌结构各关键点安全系数也呈逐渐增大趋势,该变化趋势与Ⅲ、Ⅳ级围岩工况时安全系数变化规律相同。说明在不同围岩级别条件下,地表建筑物对高铁隧道二次衬砌结构的影响均随着地表建筑物距离的增大而逐渐减小。

3.2.5 浅埋高速铁路隧道结构变形分析及安全性评价

1. 数值计算模型

为研究地表建筑物对高铁隧道结构安全性的影响,本节以双线铁路隧道工程作为工程依托,采用ANSYS数值计算软件,分析了近接地表建筑物对浅埋高速铁路隧道结构安全性的影响。其中,围岩、隧道结构采用实体单元模拟,地表建筑物荷载采用面力进行施加。数值模拟计算工况见表3-20。

围岩、隧道结构数值模拟计算模型、地表建筑物荷载施加情况,如图3-31~图3-33所示。

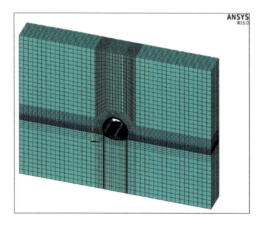

图3-31　围岩结构数值模拟计算模型图

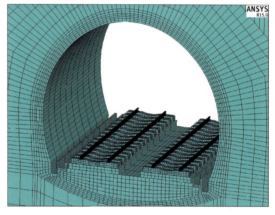

图3-32　隧道结构数值模拟计算模型图

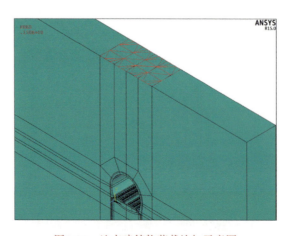

图3-33　地表建筑物荷载施加示意图

数值模拟计算工况　　　　　　　　　　表3-20

工况	埋深	围岩级别	地表建筑物距离
1	浅埋	Ⅲ	0倍
2			1倍
3			2倍
4		Ⅳ	0倍
5			1倍
6			2倍
7		Ⅴ	0倍
8			1倍
9			2倍

围岩参数根据《铁路隧道设计规范》TB 10003—2016相应围岩级别参数进行选取。

2. 变形分析

分别提取浅埋条件下隧道衬砌结构道床、填充层、仰拱的沉降计算结果，对其进行分析评价，浅埋Ⅲ级围岩条件下高铁隧道不同结构层沉降变形结果见表3-21。

浅埋Ⅲ级围岩条件下高铁隧道不同结构层沉降变形（mm）　　　表3-21

地表建筑物距离	道床中心	仰拱中心	二次衬砌中心
无下穿	1.12	1.48	2.10
0倍洞径距离	1.36	1.53	1.97
1倍洞径距离	0.66	0.77	0.87
2倍洞径距离	0.40	0.50	0.62

由表3-21可知，0倍洞径距离下高铁隧道各结构层沉降量值，相比无下穿时的沉降量值均有一定程度的增大，但并未超过铁路隧道沉降限制值，说明0倍洞径距离工况下，浅埋地表建筑物荷载不会对高铁隧道各结构层沉降产生较大影响。而在1~2倍洞径距离工况下，相比无下穿工况，浅埋隧道结构沉降量均减小，分析认为，主要是由于地表建筑物的偏侧荷载会使高铁隧道各结构层发生反拱现象。

浅埋Ⅲ级围岩条件下各结构层沉降变化规律，如图3-34所示。

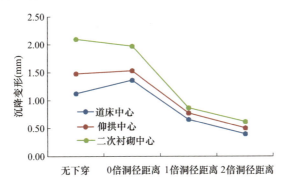

图3-34　浅埋Ⅲ级围岩条件下各结构层沉降变化规律

由图3-34可知，随着地表建筑物距离的增大，高铁隧道二次衬砌各结构层呈先增大后减小的趋势。在2倍洞径距离处，地表建筑物的修建对高铁隧道二次衬砌各结构层影响较小；并且通过比较道床、仰拱和二次衬砌结构层沉降量发现，相同条件下二次衬砌结构层沉降量最大，而道床层沉降量最小。

浅埋Ⅳ级围岩条件下高铁隧道不同结构层沉降变形结果见表3-22。

浅埋Ⅳ级围岩条件下高铁隧道不同结构层沉降变形（mm）　　　表3-22

地表建筑物距离	道床中心	仰拱中心	二次衬砌中心
无下穿	1.39	1.73	2.38
0倍洞径距离	1.50	1.80	2.67
1倍洞径距离	0.82	1.02	1.71
2倍洞径距离	0.71	0.85	1.23

由表3-22可知，对比Ⅲ级围岩工况，Ⅳ级围岩工况下各结构层沉降量值均有所增加。0倍洞径距离下高铁隧道各结构层沉降量值，相比无下穿时的沉降量值均呈增大趋势，但并未超过铁路隧道沉降限制值。而在1~2倍洞径距离工况下，相比无下穿工况，沉降量均有一定程度的减小，说明浅埋Ⅳ级围岩工况下隧道各结构层变化规律与浅埋Ⅲ级围岩相同。

浅埋Ⅳ级围岩条件下各结构层沉降变化规律，如图3-35所示。

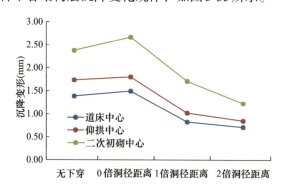

图3-35　浅埋Ⅳ级围岩条件下各结构层沉降变化规律

由图3-35可知，随着地表建筑物距离的增大，高铁隧道二次衬砌各结构层呈先增大后减小的趋势。在2倍洞径距离处，地表建筑物的修建对高铁隧道二次衬砌各结构层影响较小；并且通过比较道床、仰拱和二次衬砌结构层沉降量发现，相同条件下二次衬砌结构层沉降量最大，而道床层沉降量最小。

浅埋Ⅴ级围岩条件下高铁隧道不同结构层沉降变形结果见表3-23。

浅埋Ⅴ级围岩条件下高铁隧道不同结构层沉降变形（mm）　　　表3-23

地表建筑物距离	道床中心	仰拱中心	二次衬砌中心
无下穿	1.99	2.26	3.63
0倍洞径距离	1.85	2.43	2.97
1倍洞径距离	1.12	1.40	1.91
2倍洞径距离	0.90	1.02	1.50

由表3-23可知，对比Ⅳ级围岩工况，Ⅴ级围岩工况下各结构层沉降量值均有所增加。0倍洞径距离下高铁隧道各结构层沉降量值，相比无下穿时的沉降量值均呈增大趋势，但并未超过铁路隧道沉降限制值。而在1~2倍洞径距离工况下，相比无下穿工况，沉降量均有一定程度的减小，说明不同围岩级别工况下隧道各结构层变化规律相同。

浅埋Ⅴ级围岩条件下各结构层沉降变化规律，如图3-36所示。

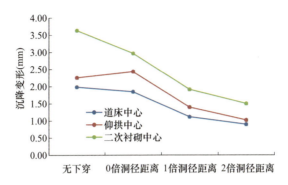

图3-36 浅埋Ⅴ级围岩条件下各结构层沉降变化规律

由图3-36可知，随着地表建筑物距离的增大，高铁隧道二次衬砌各结构层呈先增大后减小的趋势。在2倍洞径距离处，地表建筑物的修建对高铁隧道二次衬砌各结构层影响较小；并且通过比较道床、仰拱和二次衬砌结构层沉降量发现，相同条件下二次衬砌结构层沉降量最大，而道床层沉降量最小。

3. 安全性评价

为了分析浅埋条件下衬砌结构不同位置的安全系数变化规律，分别提取衬砌结构拱顶、左拱脚、右拱脚、左边墙、右边墙、仰拱位置处内力结果，计算上述关键点位置的安全系数，对其进行分析评价。浅埋Ⅲ级围岩条件下二次衬砌结构各关键点安全系数见表3-24。

浅埋Ⅲ级围岩条件下二次衬砌结构各关键点安全系数表　　表3-24

地表建筑物距离	拱顶	左拱脚	左边墙	仰拱	右拱脚	右边墙
0倍洞径距离	2.02	2.08	2.05	2.53	2.20	2.38
1倍洞径距离	2.32	2.46	2.93	2.72	2.37	2.81
2倍洞径距离	4.09	3.97	5.25	4.46	3.71	4.87

由表3-24可知，0倍洞径距离时高铁隧道二次衬砌结构各关键点位置安全系数最小，其中最小值为2.02，已不满足《铁路隧道设计规范》TB 10003—2016的要求，表明0倍洞径距离浅埋条件下，由于高铁隧道覆土高度较小，地表建筑物荷载对高铁隧道结构影响最大。随着洞径距离的增大，高铁隧道安全系数也呈增大趋势，但增大幅度相对较小，表明地表建筑物荷载对于高铁隧道工程的扰动范围相比深埋条件时较大。

浅埋Ⅲ级围岩条件下二次衬砌结构各关键点安全系数变化规律，如图3-37所示。

由图3-37可知，随着地表建筑物距离的增大，高铁二次衬砌结构各关键点安全系数均呈增大趋势；并且在不同地表建筑物距离下拱顶位置相对于其余关键点处安全系数较小，说明拱顶位置为高铁隧道二次衬砌的最不利位置。

浅埋Ⅳ级围岩条件下二次衬砌结构各关键点安全系数见表3-25。

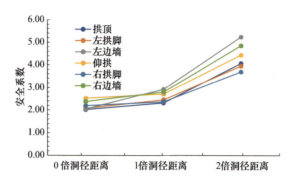

图3-37 浅埋Ⅲ级围岩条件下二次衬砌结构各关键点安全系数变化规律

浅埋Ⅳ级围岩条件下二次衬砌结构各关键点安全系数表　　表3-25

地表建筑物距离	拱顶	左拱脚	左边墙	仰拱	右拱脚	右边墙
0倍洞径距离	1.87	1.99	1.86	2.32	1.54	1.62
1倍洞径距离	2.30	2.31	2.75	2.42	2.03	2.26
2倍洞径距离	3.32	2.75	4.77	4.35	4.02	5.12

由表3-25可知，0倍洞径距离时高铁隧道二次衬砌结构各关键点位置安全系数也为最小，其中最小值为1.86，位于拱顶位置处。对比Ⅲ、Ⅳ级围岩条件下高铁隧道二次衬砌结构最不利位置处安全系数值，可得随着围岩质量变差，高铁隧道二次衬砌结构安全系数呈逐渐减小趋势。

浅埋Ⅳ级围岩条件下二次衬砌结构各关键点安全系数变化规律，如图3-38所示。

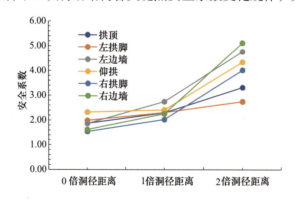

图3-38 浅埋Ⅳ级围岩条件下二次衬砌结构各关键点安全系数变化规律

由图3-38可知，随着地表建筑物距离的增大，高铁二次衬砌结构各关键点安全系数也呈逐渐增大趋势，该变化趋势与Ⅲ级围岩工况时安全系数变化规律相同。说明在不同围岩级别条件下，地表建筑物对高铁隧道二次衬砌结构的影响均随着地表建筑物距离的增大而逐渐减小。同时，对比不同关键点位置处的安全系数，可得出拱顶位置为高铁隧道二次衬砌最不利位置。

浅埋Ⅴ级围岩条件下二次衬砌结构各关键点安全系数见表3-26。

第3章 近接工程对高速铁路隧道的影响规律及机理研究

浅埋Ⅴ级围岩条件下二次衬砌结构各关键点安全系数表　　　表3-26

地表建筑物距离	拱顶	左拱脚	左边墙	仰拱	右拱脚	右边墙
0倍洞径距离	1.63	1.70	1.78	2.12	1.67	1.96
1倍洞径距离	2.06	2.09	2.52	2.24	1.94	2.29
2倍洞径距离	3.10	2.51	4.39	4.10	2.43	3.87

由表3-26可知，0倍洞径距离时高铁隧道二次衬砌结构各关键点位置安全系数也为最小，其中最小值为1.63，位于拱顶位置处，已经无法达到《铁路隧道设计规范》TB 10003—2006的要求。随着围岩质量变差，高铁隧道二次衬砌结构同一关键点处安全系数呈逐渐减小趋势。

浅埋Ⅴ级围岩条件下二次衬砌结构各关键点安全系数变化规律，如图3-39所示。

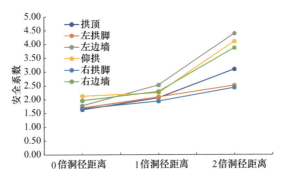

图3-39　浅埋Ⅴ级围岩条件下二次衬砌结构各关键点安全系数变化规律

由图3-39可知，随着地表建筑物距离的增大，高铁二次衬砌结构各关键点安全系数也呈逐渐增大趋势，该变化趋势与Ⅲ、Ⅳ级围岩工况时安全系数变化规律相同。说明在不同围岩级别条件下，地表建筑物对高铁隧道二次衬砌结构的影响均随着地表建筑物距离的增大而逐渐减小。

3.3 上跨工程对高速铁路的影响机理研究

3.3.1 上跨工程加卸载影响判据

为揭示近接工程施工对隧道围岩的影响机理，下面对隧道洞壁附近的围岩单元体进行施工加、卸载过程中的应力路径分析。取隧道中心竖直轴上拱顶附近的围岩单元体进行分析，如图3-40所示。根据弹性理论，隧道建成后，单元体初始应力状态为：环向正应力σ_θ为大主应力σ_1，径向正应力σ_r为小主应力σ_3，根据单元体的位置，环向正应力为水平方向，径向正应力为竖直方向，如图3-41所示。

图3-40　隧道围岩单元体示意图　　　　图3-41　拱顶围岩应力状态示意图

近接工程施工过程中产生的应力扰动会引起隧道围岩内的应力调整，这种应力扰动可以简化为加载或卸载，导致围岩单元的主应力增大或较小。根据摩尔库伦强度准则，围岩的破坏由主应力差（$\sigma_1-\sigma_3$）和平均主应力（$\sigma_1+\sigma_3$）/2共同控制。主应力σ_1、σ_3数值的增大或减小无法直接用以判断加卸载及围岩的安全性，因此，在应力调整过程中，不能根据大、小主应力各自的变化路径来判断围岩的安全性，而应从主应力差及平均主应力的变化路径判断围岩的破坏状态。

根据直线型的摩尔库伦准则$\tau=\sigma\tan\varphi+c$，在岩体处于破坏极限状态时，应力莫尔圆与强度包络线相切，如图3-42所示。破坏时大、小主应力σ_{1f}和σ_{3f}关系可表示为：

$$\sin\varphi = \frac{\sigma_{1f} - \sigma_{3f}}{\sigma_{1f} + \sigma_{3f} + 2c\cot\varphi} \tag{3-13}$$

对于任一应力状态（σ_1，σ_3），定义莫尔圆切线角α，其中$\sin\alpha=(\sigma_1-\sigma_3)/(\sigma_1+\sigma_3+2c\times\cot\varphi)$。在$\sigma$-$\tau$坐标系下，从强度包络线与$\sigma$轴交点处做应力莫尔圆的切线，切线与$\sigma$轴交角即为莫尔圆切线角$\alpha$，如图3-42所示。因此$\alpha$反映了围岩单元的安全性，破坏时的$\alpha$即为摩擦角$\varphi$。在施工过程中，当$\alpha$增大时，应力莫尔圆靠近强度包络线，安全性降低；相反，α减小时，应力莫尔圆远离强度包络线，安全性增加。据此，可以根据施工前后莫尔圆切线角α与α'的大小关系判断围岩单元体的安全性变化。

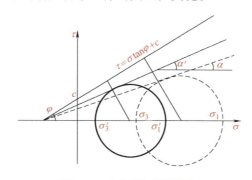

图3-42 应力莫尔圆切线角

根据α与α'的相对大小，可将近接工程施工前后围岩应力变化分为以下三类：

（1）$\alpha'=\alpha$。如图3-43（a）所示，开挖前后应力莫尔圆与同一直线AB相切，这有可能存在加载和卸载两种情况，在加载时主应力差增大；卸载时主应力差减小。但是两种情况下莫尔圆切线角相同，岩体没有向破坏的方向发展。这种情况一般在一些特殊位置出现，或在距施工扰动较远的区域应力莫尔圆几乎不变化。

（2）$\alpha'>\alpha$。如图3-43（b）所示，开挖后应力莫尔圆切线在开挖前应力莫尔圆切线的上方，更靠近强度包络线。这也存在加载和卸载两种情况，在加载时，主应力差增大，莫尔圆右移；卸载时主应力差在一定范围内可能增大，超出这个范围主应力差减小，莫尔圆左移。由于莫尔圆向强度包络线逼近，岩石状态趋于恶化，甚至破坏。这种情况在近接工程施工邻近区域内最明显，如开挖面附近、堆载区附近。

（3）$\alpha'<\alpha$。如图3-43（c）所示，开挖后应力莫尔圆切线在开挖前应力莫尔圆切线的下方，离开强度包络线。这也存在加载和卸载两种可能性，卸载时主应力差减小，莫尔圆左移；加载状况下莫尔圆右移，主应力差在一定范围内减小，超出这个范围，主应力差增

大，岩体进入三向或者两向应力状态。由于应力莫尔圆逐渐远离强度包络线，岩石安全状态有所改善。

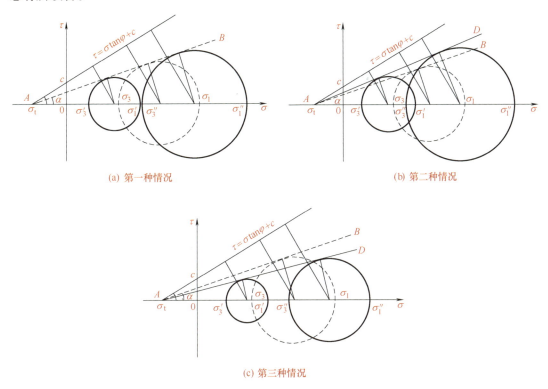

图 3-43　近接施工影响下莫尔圆切线角变化

根据上述简单的判断准则，可以根据数值模拟的结果计算区域内各单元的应力莫尔圆切线角 α，根据 α 在近接施工前后的增大或减小对隧道围岩的应力安全状态进行简单判定。

近接工程施工是一个非常复杂的变载过程，在这个过程中，隧道围岩不仅要考虑最大、最小主应力值的变化，而且还要考虑主应力差的变化，即使是在两个主应力都改变的条件下，主应力差的变化却有可能是反向的，实际表现为主应力差的增大，结果是接近于单向应力状态下的破坏，这本质上是一个加载过程。同时，主应力的方向也会产生偏转，隧道围岩的主应力方向不再是径向和环向，而是随位置不同处于复杂的三向应力状态。

3.3.2　隧道围岩的应力路径

近接工程施工是一个时间过程，同时隧道围岩的变形也具有明显的时效特征。应力的调整会引起变形的复杂变化，变形的变化又反过来影响应力状态，因此应力-变形的耦合影响使得围岩内应力变化是一个与时间有关的过程，在这个过程中，一点应力状态随时间的变化轨迹非常复杂，包括应力的数值、主应力方向的改变。

应力路径用以描述一点应力状态变化的过程，理论上它应该包括应力张量的6个独立分量，是应力空间内的一条曲线，研究中常采用主应力空间内的应力状态点 $(\sigma_1, \sigma_2, \sigma_3)$ 的轨迹刻画应力路径。实际工程中大多关注大、小主应力 σ_1 和 σ_3，莫尔圆常用来表示一点的应力状态 (σ_1, σ_3)，因此可以用莫尔圆的大小变化及位置移动刻画应力路径。

计算平均主应力 $\bar{\sigma}=(\sigma_1+\sigma_3)/2$，剪应力 $\bar{\tau}=(\sigma_1-\sigma_3)/2$，$(\bar{\sigma}, \bar{\tau})$ 即是莫尔圆的顶点。莫尔圆与应力状态唯一对应，$(\bar{\sigma}, \bar{\tau})$ 也唯一确定一个莫尔圆，因此 $(\bar{\sigma}, \bar{\tau})$ 与应力状态唯一对应。常用 $(\bar{\sigma}, \bar{\tau})$ 的轨迹作为应力路径，$(\bar{\sigma}, \bar{\tau})$ 随 (σ_1, σ_3) 的数值变化而变化，且 $d\bar{\sigma}=(d\sigma_1+d\sigma_3)/2$，$d\bar{\tau}=(d\sigma_1-d\sigma_3)/2$。$(\bar{\sigma}, \bar{\tau})$ 曲线的切线斜率即为：

$$\frac{d\bar{\tau}}{d\bar{\sigma}} = \frac{d\sigma_1 - d\sigma_3}{d\sigma_1 + d\sigma_3} \tag{3-14}$$

根据围岩的摩尔库伦强度准则 $\sin\varphi = (\sigma_{1f} - \sigma_{3f})/(\sigma_{1f} + \sigma_{3f} + 2c\cot\varphi)$，可知破坏时的 $(\bar{\sigma}, \bar{\tau})$ 也是一条直线，表示为 $\bar{\tau} = (\bar{\sigma} + c\cot\varphi)/\sin\varphi = \bar{\sigma}\sin\varphi + c\cos\varphi$，称为破坏状态线或 K_f 线。当应力路径点到达破坏状态线时，围岩单元体发生破坏，而未破坏状态的应力均处于破坏状态线以下。

3.3.3 上跨挖方条件下高铁隧道结构应力路径变化规律

以隧道正上方基坑开挖为例，对隧道洞壁附近的围岩单元体进行开挖卸载后的应力路径进行分析。取隧道中心竖直轴上拱顶附近的围岩单元体分析，并假设基坑以该轴为对称轴快速开挖施工，如图3-44所示。

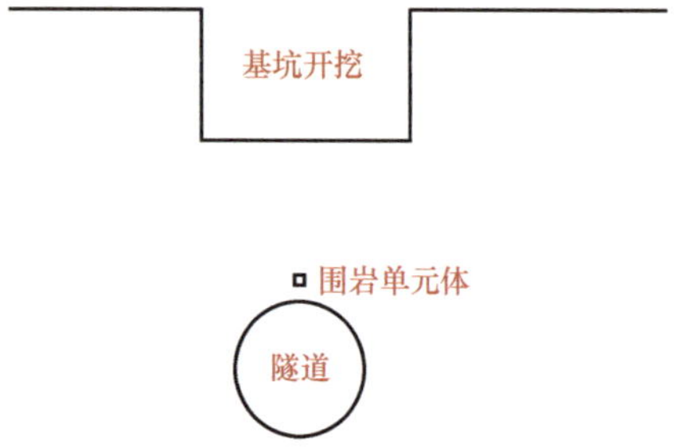

在对称开挖假设下，处于对称轴上的研究单元体在对称面（即竖直面上）无剪应力，因此竖向面和水平面仍是两主应力方向。由于上方基坑开挖卸荷，单元体竖向正应力 σ_3 在开挖后短暂瞬时降低为 σ_3'，随着应力及变形的传递、调整，水平正应力 σ_1 也逐渐降低，大、小主应力数值变化、应力莫尔圆及时程路径如图3-45所示。

图3-44 隧道上方基坑开挖示意图

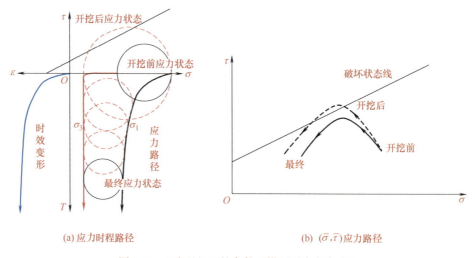

(a) 应力时程路径　　　　　　(b) $(\bar{\sigma}, \bar{\tau})$ 应力路径

图3-45 上方基坑开挖条件下拱顶围岩应力路径

对于坚硬完整的围岩，初始状态下隧道洞壁处于弹性状态，应力莫尔圆位于围岩强度包络线下方。在基坑开挖引起的应力调整过程中，小主应力 σ_3 迅速降低至稳定，大主应力

则较缓慢地降低至终值。由于大、小主应力降低速度的不同，尽管主应力数值在降低，但主应力差（$\sigma_1-\sigma_3$）经历了先增大后减小最终趋于稳定的过程，而平均主应力则一直减小至稳定。从应力莫尔圆来看，应力调整过程中，莫尔圆圆心一直向左移动至稳定，半径则先增大后减小至稳定，莫尔圆先迅速靠近甚至达到强度包络线，之后缓慢离开强度包络线。从（$\bar{\sigma}$，$\bar{\tau}$）应力路径上看，开挖瞬时$d\sigma_3<0$且变化幅值很大，$d\sigma_1=0$，$d\bar{\tau}/d\bar{\sigma} = -d\sigma_3/d\sigma_3 = -1$，应力路径近似以$-45°$向左上方迅速靠近破坏状态线；之后$d\sigma_3\approx0$，$d\sigma_3<0$，$d\bar{\tau}/d\bar{\sigma} \approx -d\sigma_1/d\sigma_1 = -1$，应力路径近似以$45°$方向向左下方移动，逐渐远离破坏状态线。

可见，由于上方基坑开挖，应力路径和应力莫尔圆会先经历向破坏状态线或摩尔库伦强度包络线靠近的过程，甚至可能到达破坏状态。因此，尽管基坑开挖直观表现为上覆荷载卸载，但对于隧道拱顶围岩单元体而言，主应力差的增加事实上是一种加载，平均主应力的减小又使围岩强度降低，基坑开挖也很可能导致隧道围岩的变形和破坏。因此，基坑开挖对围岩安全的影响主要体现在应力调整过程中，而不仅仅取决于最终开挖卸荷后的应力状态，对拱顶围岩而言，应力调整过程中可能发生破坏。

对于拱腰处的围岩，其初始应力状态是竖向应力为大主应力、水平应力为小主应力。当上方挖方或填方时，由于拱腰并非位于对称轴处，所以近接施工后可能产生剪应力，竖直向和水平向不再为主应力方向，应力主轴发生旋转。当施工引起的剪应力较小时，可以近似将竖直向应力和水平向应力视为主应力进行应力路径分析。图3-46为拱腰处围岩在上部挖方后的主应力时程和应力路径图。

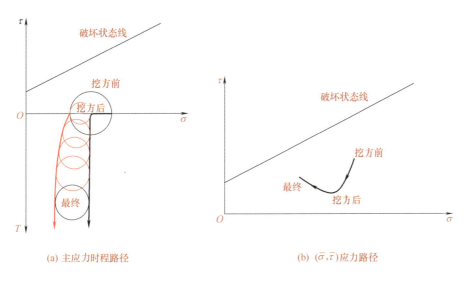

(a) 主应力时程路径　　　　(b) ($\bar{\sigma}$,$\bar{\tau}$)应力路径

图3-46　上方基坑开挖条件下拱腰围岩应力路径

3.3.4　上跨填方条件下高铁隧道结构应力路径变化规律

以隧道正上方路基填方为例，对隧道洞壁附近的围岩单元体进行填方堆载后的应力路径分析。取隧道对称轴上方拱顶围岩单元体进行应力分析，假设填方关于对称轴对称并快速施工，如图3-47所示。

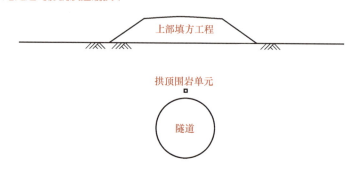

图 3-47 隧道上部填方示意图

在对称开挖假设下,处于对称轴上的研究单元体在对称面(即竖直面上)无剪应力,因此竖向面和水平面仍是两主应力方向。由于上方填方堆载,单元体竖向正应力 σ_z 在堆载后短暂瞬时增加为 σ'_z,随着应力及变形的传递、调整,水平正应力 σ_h 也逐渐增大。当填方堆载较大而围岩初始状态的大小主应力相差不大时,竖向正应力可能会由小主应力变为大主应力,水平正应力则转变为小主应力。因而,围岩应力路径的变化大致分为以下两种:

(1)初始主应力差较大、填方堆载量较小时,竖向应力始终是小主应力 σ_3,由于填方堆载,σ_3 迅速升高为 σ'_3($\sigma'_3<\sigma_3$),随着应力及变形的传递、调整,水平正应力 σ_1 逐渐升高至 σ'_1,大、小主应力数值变化、应力莫尔圆及时程路径如图 3-48 所示。

(2)初始主应力较小、填方堆载量较大时,竖向应力由小主应力变为大主应力,水平应力由大主应力变为小主应力。由于填方堆载,σ_3 迅速升高变为 σ'_1($\sigma'_1<\sigma_1$),随着应力及变形的传递、调整,水平正应力 σ_1 逐渐升高至 σ'_3,大、小主应力数值变化、应力莫尔圆及时程路径如图 3-49 所示。

对于坚硬完整的围岩,初始状态下隧道洞壁处于弹性状态,应力莫尔圆位于围岩强度包络线下方。在上部填方引起的应力调整过程中,竖向主应力 σ_z 迅速增大至稳定,水平主应力 σ_h 则较缓慢地增加至终值。由于两主应力增加的速度和数值均不相同,因而对隧道围岩的应力状态及安全需要分两种情况讨论。

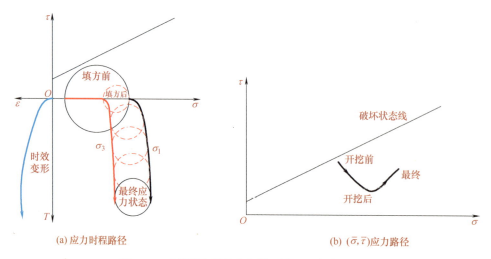

图 3-48 上部填方量较小条件下拱顶围岩应力路径

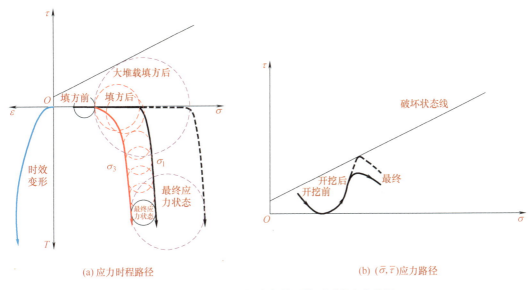

图3-49 上部填方量较大条件下拱顶围岩应力路径

对于情况（1），如图3-48所示。小主应力σ_3迅速增大至稳定，大主应力σ_1增加相对较慢，在相对长的时间后达到稳定。因而主应力差$(\sigma_1-\sigma_3)$经历了先减小后增大最终趋于稳定的过程，平均主应力则一直增大至终值。从应力莫尔圆来看，填方后短暂期间，莫尔圆半径迅速减小；之后由于σ_3几乎不变，σ_1缓慢增加，莫尔圆半径缓慢增加，莫尔圆圆心则一直向右移动；莫尔圆先是迅速远离强度包络线，之后又缓慢向强度包络线移动。从$(\bar{\sigma},\bar{\tau})$应力路径上看，应力状态点$(\bar{\sigma},\bar{\tau})$先近似以45°向右下方远离破坏状态线，之后又近似以45°方向向右上方缓慢移动，靠近破坏状态线。在上部填方影响下，水平向应力增加量一般小于竖向应力增量，因此最终状态下莫尔圆的半径一般小于初始应力状态，但平均主应力要高于初始状态，因而拱顶围岩最终稳定时的应力状态比初始应力状态更安全。

对于情况（2），如图3-49所示。竖向应力迅速增大并超过水平应力，由小主应力变为大主应力σ_1，水平应力缓慢增大，变为小主应力σ_3。主应力差$(\sigma_1-\sigma_3)$先迅速经历从减小到增大的过程，之后随着σ_3的缓慢增加，主应力差相应缓慢减小，平均主应力则一直增加至稳定。从应力莫尔圆来看，经历了迅速右移减小—迅速右移增加—缓慢右移减小的过程，当填方量超过一定值后，应力莫尔圆会迅速触及强度包络线，导致拱顶围岩单元体的破坏，如图3-49（a）中紫色应力莫尔圆。从$(\bar{\sigma},\bar{\tau})$应力路径上看，应力状态点$(\bar{\sigma},\bar{\tau})$先近似以45°向右下方迅速到达$\bar{\sigma}$轴，之后反向以近似45°方向向右上方迅速靠近甚至达到破坏状态线，如图3-49（b）中虚线路径，之后再缓慢离开破坏状态线。因此，在这种情况下，拱顶围岩应力状态的安全性需要再考虑应力调整过程的影响，破坏可能发生在应力调整过程中，不能仅依据最终应力状态判断结构的安全性。

上部近接填方引起隧道拱腰处围岩的应力路径变化如图3-50所示。

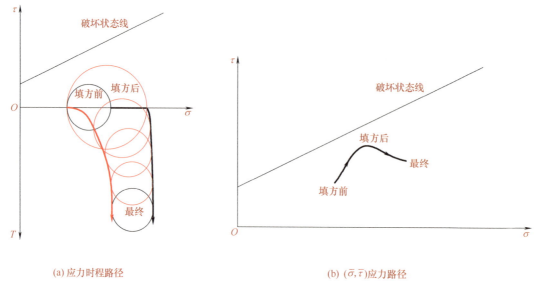

(a) 应力时程路径 (b) ($\bar{\sigma},\bar{\tau}$)应力路径

图3-50　上部近接填方引起拱腰处围岩的应力路径

3.4　本章小结

本章通过模拟各类近接工程对高速铁路隧道的影响，得到如下结论：

（1）通过控制变量法，考虑隧道净距、数量、布局等因素，分析了近接隧道工程对高速铁路隧道内力和变形的影响，分别对重叠近接、并行近接、正交近接等各类情况进行了分析，结果表明近接隧道工程在结构内力方面主要影响的是既有高铁隧道的拱顶部位，影响程度最高可达到50%，而其对仰拱结构内力的影响程度较小，一般在5%上下。对于结构变形，近接隧道工程也主要影响既有隧道的拱顶部位，对仰拱和轨道的变形影响很小，仅在5%以内。

（2）明确了地表建筑物对高铁隧道结构安全性及变形的影响规律：

① 通过分析高铁隧道结构与地表建筑物不同位置条件下衬砌结构安全系数变化规律，明确了地表建筑物距离对高铁隧道衬砌结构安全系数变化规律。

② 通过分析不同地表建筑物距离条件下道床、填充层与仰拱沉降结果，明确了地表建筑物距离对高铁隧道各结构层沉降变化规律。

（3）从应力路径角度解释了近接工程对高铁隧道结构安全的影响机理：

① 分析上部近接基坑工程影响下，拱顶围岩和拱腰围岩的应力时程路径和（$\bar{\sigma},\bar{\tau}$）应力路径，表明基坑开挖下，主应力差的增大实际上表现为加载，应力莫尔圆会先向破坏状态线接近，应力调整过程中可能引起破坏。

② 分析上部近接填方工程影响下，拱顶围岩和拱腰围岩的应力时程路径和（$\bar{\sigma},\bar{\tau}$）应力路径，表明小填方量下，拱顶围岩主应力差的减小表现为减载，可能对安全有利，安全性取决于应力调整过程；大填方量下，由最终应力状态决定是否引起破坏。

第 4 章

近接工程对高速铁路隧道结构的安全风险评估

4.1 近接工程对高速铁路隧道的风险识别与影响分区

4.1.1 风险因素辨识

近接施工导致周围地层的应力变化会影响围岩的应力分布及变形，从而引发既有铁路隧道结构的荷载变化及变形，使隧道正常运营面临风险。一般因填土和结构物基础的施工使荷载增加的情况，多造成隧道沿该方向的挤压变形；反之，对于明挖或侧面开挖，在使荷载解除的情况下，多发生开挖方向的拉伸变形。日本铁道综合技术研究所编制的《接近既有隧道施工对策指南》将不同近接施工类型可能引发的隧道结构荷载变化及变形的风险进行总结，见表4-1。

近接施工引发既有隧道的风险 表4-1

近接施工种类	既有隧道荷载变化及变形风险
隧道并列	既有隧道向近接的新建隧道方向发生拉伸变形；因并列隧道的施工，既有隧道周边围岩松弛，使作用在衬砌上的荷载增加
隧道交叉	新建隧道在既有隧道上部通过时，既有隧道向上方变形，围岩的拱作用受到损伤，使衬砌上的荷载增加；新建隧道在既有隧道下部通过时，既有隧道会发生下沉
隧道上部明挖	因隧道上部开挖，土压被解除，对垂直荷载来说，侧压变大，拱顶会向上变形；埋深小时会损伤拱作用，使衬砌的垂直荷载增加；开挖如对隧道来说是非对称的情况时，衬砌会受到偏压作用
隧道上部填土	因隧道上部填土，作用在衬砌上的垂直荷载增加；埋深大时，增加荷载被分散，影响变小；填土不均匀时，衬砌会受到偏压作用
隧道上部结构物基础	基础开挖时，与隧道上部开挖一样，但程度有所不同；上部结构物施工时，与上部填土一样，上部荷载增加
隧道侧面开挖	在隧道开挖方向发生拉伸变形
隧道近接锚索	因近接隧道钻孔，使隧道周边围岩松弛；导入锚索预应力时，会产生位移
隧道上部积水	动水坡度上升，产生水压作用或漏水量增加
地层振动	近接施工使用大量炸药时，衬砌受到动荷载的作用，衬砌发生开裂，并可能发生剥离脱落

4.1.2 近接工程风险分类及影响分区方法

近接施工是以既有铁路隧道与新建工程的位置关系、近接施工类型来分类的。日本铁道综合技术研究所编制的《接近既有隧道施工对策指南》对近接既有隧道的近接施工进行了划分，如表4-2和图4-1所示。

图4-1 近接既有隧道施工划分

近接既有隧道的近接施工划分 表 4-2

序号	分类	特征	图 4-1
1	隧道并列	与隧道平行新建隧道,增加复线时多出现此情况	(a)
2	隧道交叉	从既有隧道上部或下部横断既有隧道的情况	(b)
3	隧道上部明挖	因开发而在隧道上部进行明挖的情况	(c)
4	隧道上部填土	因开发而在隧道上部进行填土的情况	(d)
5	隧道上部结构物基础	在隧道上部新建高层建筑,其基础设在隧道上部的情况	(e)
6	隧道侧面开挖	因道路扩宽和开发等进行开挖或修建结构物基础的情况	(f)
7	隧道近接锚索	从隧道侧面边坡施设锚索的情况	(g)
8	隧道上部积水	隧道上部新建水池或坝等而积水的情况	(h)
9	地层振动	因近接施工产生的地层振动(特别是爆破振动)	(i)

近接工程施工的影响范围是有限的,即在邻近施工区域的地层中应力变化显著,随着至施工区域距离的增大,施工引发的地层应力扰动逐渐减弱,在一定范围之外,可以认为近接施工对地层应力不产生影响。因而,可以根据一定的标准,将近接施工影响下的地层划分为主要扰动区、次要扰动区和无扰动区。

近接工程影响分区的划分准则大体分为地层准则、结构准则和复合准则。地层准则又分为应力准则、塑性区准则和位移准则,是以近接施工引起地层的应力、塑性区分布、位移变形为依据对影响区域进行划分。结构准则分为结构强度准则和结构刚度准则,是以近接施工引起既有结构物的强度变化和刚度变化来划分影响区域。复合准则则是综合考虑地层和既有结构物的影响。

近接工程影响分区应该根据具体的近接施工类型、地层条件等来具体分析,对于复杂地层条件和施工条件,可以依据数值计算的结果加以判别。

4.2 近接工程对高速铁路隧道的风险分级管理

4.2.1 上部近接填方工程风险分级管理方法

上部填方工程对地层的影响本质上是地面以上荷载在地层中产生附加应力并沿地层深度扩散的过程。附加应力的分布规律可以用应力泡来形象表示,如图 4-2 所示。在竖直剖面上,附加应力等值线形成一个个逐渐扩大的圆形,在空间上,附加应力等值面形成一个个逐渐扩大的球面,称之为应力泡。

应力泡实际上反映了地面荷载对地层初始应力场的扰动大小,可以采用附加应力与初始应力的比值来衡量这种扰动的程度。荷载对土层应力场的扰动程度,从另一方面来讲,反映了不同区域的土层对荷载的承担比例,即扰动程度越大的区域,其土层承担的荷载的比例也越大。土层中的初始应力主要为土层的自重应力,因此,根据土层中自重应力和附加应力的分布特征,可将填方以下土层分为三个区:主承载区、次承载区和无承载区。上部填方工程的影响分区及地层附加应力分布如图 4-3 所示,主承载区是土层承担上部填方荷载的主要区域,在这个区域中,填方产生的附加应力大于土层初始的自重应力,如图 4-3

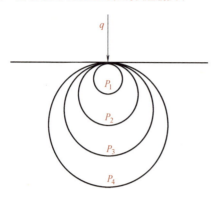 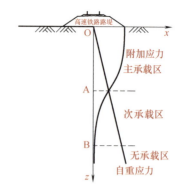

图 4-2 地层附加应力等值线　　　　图 4-3 上方填方工程的影响分区及地层附加应力分布

中 OA 区域，附加应力的扰动超过初始应力的影响，是主要扰动区。次承载区的附加应力小于自重应力，并随着深度进一步减小，该区域内附加应力扰动小于初始应力，为次要扰动区。当附加应力减小到自重应力的 5% 以下时为无承载区，即图 4-3 中 B 点以下部分，此区域的附加应力可忽略不计，填方荷载对此区域土层的应力分布无影响，为无扰动区。上部近接填方工程影响分区及特征如表 4-3 和图 4-4 所示。

上部近接填方工程影响分区及特征　　　　表 4-3

影响分区	特征	分区标准
主承载区	是承担填方荷载的主要区域，区域内土层的应力以填方引起的附加应力为主，其附加应力值大于土层的自重应力，土层压缩变形较大，是引起地层沉降的主要来源	$\sigma_z > \sigma_{cz}$ 式中，σ_z 为填方引起的附加应力；σ_{cz} 为土层自重应力
次承载区	是承担填方荷载的次要区域，区域内土层的应力以自重应力为主，附加应力大幅降低，并小于土层的自重应力，土层压缩变形较小	$0.05\sigma_{cz} < \sigma_z < \sigma_{cz}$
无承载区	区域内土层的应力已趋近于土层的自重应力，填方引起的附加应力很小，其数值小于土层自重应力的 5%，可忽略不计	$\sigma_z < 0.05\sigma_{cz}$

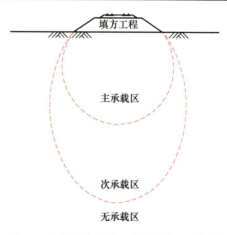

图 4-4 上部近接填方工程影响分区示意图

根据隧道围岩分区和上部填方扰动分区的位置关系，可以对不同填方量、填方范围的近接隧道上部填方工程进行风险分级。当上部填方量和填方范围较小，既有隧道埋深较大时，上部填方的承载区离隧道围岩的扰动区越远，则填方引起既有隧道变形的风险越小。近接隧道上部填方工程的风险可以分为五级，见表4-4与图4-5。

近接隧道上部填方工程风险分级及对策　　　　表4-4

风险分级	特征	工程对策	分区示意图
V	填方承载区位于隧道围岩的无扰动区，由于填方引起的地层附加应力不影响隧道扰动区和松动区的承载性能，上部填方对隧道结构的受力和变形均无影响	一般无须采取特别工程措施	图4-5(a)
IV	填方工程的次要承载区进入隧道围岩扰动区，填方荷载的地层附加应力会引起围岩扰动区的应力增大并引发围岩变形，隧道结构会细微变形	加强变形监测，采取预防性的工程对策	图4-5(b)
III	填方工程的主要承载区进入隧道围岩扰动区，填方荷载的地层附加应力会引起围岩扰动区应力明显增大，附加应力会导致扰动区的围岩变形，甚至部分围岩进入塑性状态，导致隧道结构发生较大变形	需要对隧道支护结构及围岩做一定处理，减少对隧道结构的影响	图4-5(c)
II	填方工程的次要承载区进入隧道围岩松动区，填方荷载的地层附加应力会引起松动区岩体发生较大变形，隧道结构变形明显，承载力安全系数降低	需要对隧道结构增加支护，控制隧道松动区围岩的松弛程度和松弛范围	图4-5(d)
I	填方工程的主要承载区进入隧道围岩松动区，地层明显增大的附加应力会引起松动区岩体发生显著变形，影响隧道的正常使用，甚至导致隧道结构的破坏	需要暂停隧道的正常使用，采取工程措施控制隧道的变形和安全，对近接填方工程的方案进行修改	图4-5(e)

（1）当上部填方工程距隧道较远或填方量较小时，填方承载区位于隧道围岩的无扰动区，如图4-5（a）所示，此时由于填方引起的地层附加应力不影响隧道扰动区和松动区的承载性能，上部填方对隧道结构的受力和变形均无影响，工程风险很小，可无须采取特别的工程措施，将此时的风险分级定为V级。

（2）当填方工程的次要承载区进入隧道围岩扰动区时，如图4-5（b）所示，填方荷载的地层附加应力会引起围岩扰动区的应力增大并引发围岩变形。此时，隧道结构会细微变形，并随填方量的增大变形增大，存在一定的风险，应当加强变形监测，采取预防性的工程对策，将此时的风险分级定为IV级。

（3）当填方工程的主要承载区进入隧道围岩扰动区时，如图4-5（c）所示，填方荷载的地层附加应力会引起围岩扰动区应力明显增大，因为围岩扰动区的应力较高，附加应力会导致扰动区的围岩变形，甚至部分围岩进入塑性状态，导致隧道结构发生较大变形。此时工程的风险增大，需要对隧道支护结构及围岩做一定处理，减少对隧道结构的影响，将此时的风险分级定为III级。

（4）当填方工程的次要承载区进入隧道围岩松动区时，如图4-5（d）所示，由于松动区岩体已发生松胀，变形模量很低，填方荷载的地层附加应力会引起松动区岩体发生较大变形，隧道结构变形明显，承载力安全系数降低。此时必须对隧道结构增加支护，控制隧道松动区围岩的松弛程度和松弛范围，将此时的风险分级定为Ⅱ级。

（5）当填方工程的主要承载区进入隧道围岩松动区时，如图4-5（e）所示，地层明显增大的附加应力会引起松动区岩体发生显著变形，影响隧道的正常使用，甚至导致隧道结构的破坏。此时，须暂停隧道的正常使用，采取工程措施控制隧道的变形和安全，对近接填方工程的方案进行修改，将此时的风险分级定为Ⅰ级。

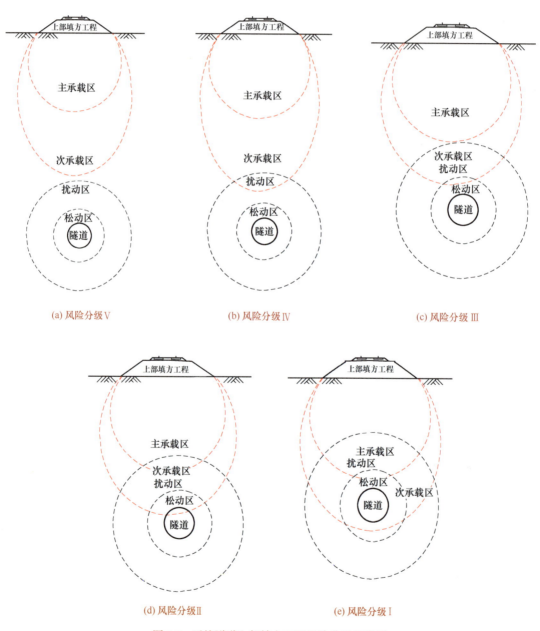

图4-5　近接隧道上部填方工程风险分级示意图

4.2.2 上部近接挖方工程风险分级管理方法

上部基坑开挖工程对地层的影响本质上是开挖卸荷导致地层土体应力释放并引发地层变形的过程。基坑开挖会导致基坑两侧地层侧向压力减小，两侧地层发生沉降并伴有向基坑内侧的水平位移；基坑底部的上覆压力减小而发生隆起。

基坑开挖后引发地层的应力变化及变形会传递至既有隧道围岩处，引发隧道的沉降、隆起、倾斜等变形，影响隧道及铁路轨道的正常使用。基坑开挖对既有隧道结构的影响主要体现在开挖后地层的不均匀沉降或隆起，会导致既有隧道的不均匀变形，影响隧道的水平纵向变形曲率和竖直纵向变形曲率。根据隧道变形区率半径的临界值，确定以曲率半径为15000m和4120m作为影响分区的划分参考值。根据基坑开挖后计算得到的地层变形曲率半径的大小可以将地层划分为强影响区、弱影响区和无影响区，分区标准见表4-5。

近接隧道上部挖方工程影响分区标准　　　　　表4-5

影响分区	变形曲率半径	影响程度
强影响区	$\rho \leqslant 4120m$	地层变形导致管片接头螺栓处于塑性受力状态，之后纵向弯曲刚度迅速下降，轨道线形受到较大影响，威胁隧道的使用功能
弱影响区	$4120m < \rho < 15000m$	接头螺栓处于弹性受力状态，但轨道线形受到一定影响
无影响区	$\rho \geqslant 15000m$	对轨道线形影响较小，接头螺栓均处于弹性受力状态，隧道结构安全，可以正常使用

基坑开挖后地层的变形受基坑开挖深度 H、开挖宽度 B、地层变形模量 E 等力学性质、基坑维护措施以及周边既有建筑物的影响。同时，地层的曲率也并非隧道的变形曲率，隧道的变形曲率还与隧道直径 D 等有关。对于复杂的地质及施工情况，可以通过数值方法计算分区范围。

基坑开挖后周围地层大致可以分为4个区域，如图4-6所示，各区域的变形特征不尽相同。基坑两侧的地层①侧向约束减小，因而产生向基坑内的水平位移及竖向沉降；基坑正下方的地层④由于上部卸载产生明显竖向隆起，水平位移较小；地层③中地层存在较大的竖向隆起，同时产生不可忽略的水平位移；地层②属于过渡区，该地层竖向位移逐渐由沉降转变为隆起。根据计算结果可以将上述4个区域按照影响分区标准进行分区，基坑开挖的地层影响分区范围及界限如图4-7和表4-6所示。

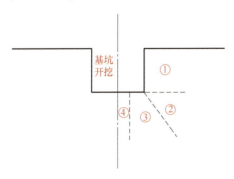

图4-6　上部挖方变形分区

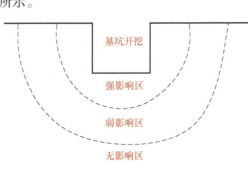

图4-7　基坑开挖的地层影响分区范围

各区域分区界限　　　　　　　　　　　　　　　表4-6

区域	$\rho=4120m$对应界限	$\rho=15000m$对应界限
①	2.3D	4.7D
②	2.1D	3.9D
③	1.6D	3.7D
④	1.7D	4.0D

根据隧道围岩分区和上部挖方影响分区的位置关系，可以对不同挖方量、挖方范围的近接隧道上部挖方工程进行风险分级。当上部挖方量和挖方范围较小，既有隧道埋深较大时，上部挖方引发地层变形的影响区离隧道围岩的扰动区越远，则挖方引起既有隧道变形的风险越小。近接隧道上部挖方工程的风险可以分为以下五级，见表4-7。

（1）当上部挖方工程距隧道较远或挖方范围较小时，地层变形影响区位于隧道围岩的无扰动区，如图4-8（a）所示，此时由于基坑挖方引起的地层变形不影响隧道扰动区和松动区的变形和承载性能，基坑挖方对隧道结构的沉降、曲率变化等变形没有影响，工程风险很小，可无须采取特别的工程措施，将此时的风险等级定为Ⅴ级。

（2）当挖方工程的弱影响区进入隧道围岩扰动区时，如图4-8（b）所示，由于基坑挖方引起的地层曲率变化影响隧道扰动区围岩的变形，导致隧道的不均匀变形。此时，隧道纵向曲率略微增大，使隧道及轨道正常使用面临一定的风险，应当加强变形监测，采取预防性的工程对策，将此时的风险等级定为Ⅳ级。

（3）当挖方工程的强影响区进入隧道围岩扰动区时，如图4-8（c）所示，由于基坑挖方引起的地层曲率变化造成隧道扰动区围岩的明显变形，导致隧道结构发生较大变形，隧道纵向曲率增幅较大。此时工程的风险增大，需要对隧道支护结构及围岩做一定处理，减小对隧道结构的变形，将此时的风险等级定为Ⅲ级。

（4）当挖方工程的弱影响区进入隧道围岩松动区时，如图4-8（d）所示，由于松动区岩体已发生松胀，变形模量很低，挖方引起的地层变形会导致松动区岩体发生较大变形，隧道结构变形明显，纵向曲率明显增加，同时还可能会影响隧道结构的安全。此时必须对隧道结构增加支护，控制隧道松动区围岩的松弛程度和松弛范围，将此时的风险等级定为Ⅱ级。

（5）当挖方工程的强影响区进入隧道围岩松动区时，如图4-8（e）所示，地层的不均匀变形会引起松动区岩体发生显著变形，影响隧道的正常使用，甚至导致隧道结构的破坏。此时，须暂停隧道的正常使用，采取工程措施控制隧道的变形和安全，对近接挖方工程的方案进行修改，将此时的风险等级定为Ⅰ级。

近接隧道上部挖方工程风险分级及对策　　　　　　　　　　　表4-7

风险分级	特征	工程对策	分区示意图
Ⅴ	地层变形影响区位于隧道围岩的无扰动区，基坑挖方引起的地层变形不影响隧道扰动区和松动区的变形和承载性能，基坑挖方对隧道结构的沉降、曲率变化等变形没有影响，工程风险很小	一般无须采取特别工程措施	图4-8(a)

续表

风险分级	特征	工程对策	分区示意图
Ⅳ	挖方工程的弱影响区进入隧道围岩扰动区,基坑挖方引起的地层曲率变化影响隧道扰动区围岩的变形,导致隧道的不均匀变形。隧道纵向曲率略微增大,隧道及轨道正常使用面临一定的风险	加强变形监测,采取预防性的工程对策	图4-8(b)
Ⅲ	当挖方工程的强影响区进入隧道围岩扰动区,由于基坑挖方引起的地层曲率变化造成隧道扰动区围岩的明显变形,导致隧道结构发生较大变形,隧道纵向曲率增幅较大	需要对隧道支护结构及围岩做一定处理,减小对隧道结构的影响	图4-8(c)
Ⅱ	挖方工程的弱影响区进入隧道围岩松动区,松动区岩体变形模量很低,挖方引起的地层变形会导致松动区岩体发生较大变形,隧道结构变形明显,纵向曲率明显增加,同时还可能影响隧道结构的安全	需要对隧道结构增加支护,控制隧道松动区围岩的松弛程度和松弛范围	图4-8(d)
Ⅰ	挖方工程的强影响区进入隧道围岩松动区,地层的不均匀变形会引起松动区岩体发生显著变形,隧道纵向曲率显著增加,影响隧道的正常使用,甚至导致隧道结构的破坏	需要暂停隧道的正常使用,采取工程措施控制隧道的变形和安全,对近接挖方工程的方案进行修改	图4-8(e)

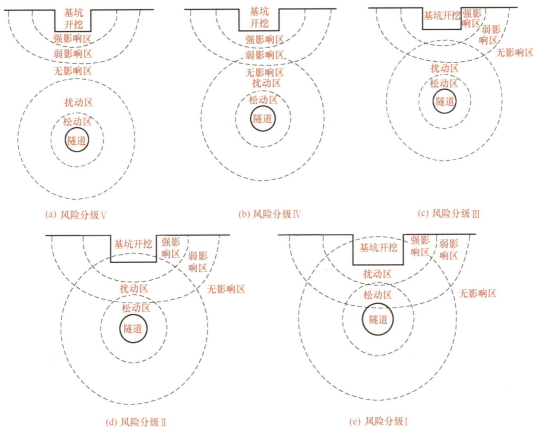

图4-8 近接隧道上部挖方工程风险分级示意图

4.2.3 近接桩基工程风险分级管理方法

高速铁路隧道工程沿线近接工况存在的风险主要包括穿越大量建（构）筑物密集区、地下管线、铁路、市政桥梁、水体等。基坑及地下工程在施工过程中，无论是采用明挖法、矿山法还是采用盾构法，都会对周围地层产生扰动，引起周边邻近建（构）筑物的变形和受力状态发生改变，影响周边建（构）筑物结构的安全（表4-8）。因此，采用现场调查、经验分析、数值模拟试验、工程类比等各种方法，计算分析基坑及地下工程的施工对既有建（构）筑物的影响，评估其安全性风险，对保障既有建（构）筑物的结构安全，具有重要意义。

近接工程对高铁隧道可能造成的风险 表4-8

风险源	风险现象
隧道结构应力和安全性风险	结构主应力超限
	结构出现开裂或者其他破坏
	结构漏水等
隧道结构变形风险	仰拱上鼓
	拱顶沉降超限

对于桩基结构自身，隧道的施工仍然会扰动围岩，引起地应力场的改变和地层的变位。近接的桩基础与土体间的受力平衡也将被打破，引起桩基的变位，对桩基上部结构产生不利的影响。主要体现在桩身混凝土的非对称压缩、桩底岩土的偏压变形、桩基沉渣的二次不利压缩变形以及由剪切变形引起的桩体沉降。总结见表4-9。

近接桩基工程自身存在的风险 表4-9

风险源	风险现象
桩身和土体间的受力平衡破坏	结构主应力超限
	结构出现开裂或者其他破坏
	剪切偏压
桩底非对称压缩沉降	沉降加剧
	二次压缩变形

4.3 近接工程对高速铁路隧道安全风险评估基本方法和流程

4.3.1 基本方法

1. 定性评估方法

在隧道建设工程风险识别过程中，常用的风险识别方法有：专家调查法（德尔菲法）、检查表法、头脑风暴法、情景分析法、风险讨论会等。对一般隧道工程宜采用检查表法，对长大隧道、水底隧道宜采用专家调查法。

专家调查法的一般步骤为：
（1）编制专家调查表

专家调查表的编制从结构上应包括六部分：标题、说明语、风险发生概率等级与判断标准、风险损失等级与判断标准、风险等级调查表、项目基础资料。

（2）选择专家

采用专家调查法时，专家人数应有合理的规模。专家的人数取决于项目的特点、规模、复杂程度和风险的性质，一般不宜少于10人。

专家的选择，宜做到评估小组内专家和行业内专家协调平衡。

（3）风险等级调查表填写

风险等级调查表的填写可通过现场会议、寄发调查表等方式完成。

专家填写风险等级调查表时，可从风险等级调查表中的"典型风险"栏、"风险源"栏、"当前状态"栏、"假定采取的（基于'正常施工'和'正常运营'）缓解风险措施"栏及专家调查表的"项目基础资料"部分获取有关基本信息，也可由评估小组直接介绍相关信息。

当专家意见比较分散时，应再次征询意见，待专家重新考虑后再次提出自己判定风险发生概率和风险损失等级的理由，调整等级判定结果。

（4）整理、统计调查表

在风险等级调查表集中回收完成后，应对调查表进行逐份检查，剔除不合格的调查表，然后将合格调查表统一编号，以便于调查数据的统计。

对某一项风险的发生概率和相应风险损失，应统计所有合格表格对该项的判定值，按照加权平均的方式进行计算。当权值不易判定时，可按权值为1处理。

2. 半定量分析法

（1）模糊综合评估法用于风险的概率和损失估测。模糊综合评估法是采用模糊理论和最大隶属度原则对多因素系统进行评价的一种方法，一般步骤为：

① 对评估项目进行综合分析，建立风险事件的评价指标体系。

② 建立风险事件等级评估矩阵。

③ 确定各风险因素的权重。

④ 进行单因素或者多因素综合评估，得到风险评估矩阵。

⑤ 利用最大隶属度原则，确定风险等级。

该方法可以通过计算得出目标风险的量化指标，但计算较复杂，难度较大。

（2）故障树分析法（FTA）是一种评价复杂系统可靠性与安全性的方法，20世纪60年代初期，由美国贝尔研究所首先提出，并成功运用于对民兵式导弹发射控制系统的随机失效概率问题的预测上，并逐步在各个工业领域得到推广应用。

故障树就是将系统的失效事件（称为顶部事件）分解成许多子事件的串、并联组合。在系统中各个基本事件的失效概率已知时，沿故障树图的逻辑关系逆向求解系统的失效概率。故障树是一种特殊的树状逻辑因果关系图，它用规定的逻辑门和事件符号描述系统中各种事物之间的关系。故障树的编制要求分析人员十分熟悉工程系统情况，包括工作程序、各种参数、作业条件、环境影响因素及过去常发事故情况等，具体流程如图4-9所示。

3. 定量评估方法

美国著名数学家萨蒂教授在20世纪70年代提出了层次分析法。该方法能把定性因素

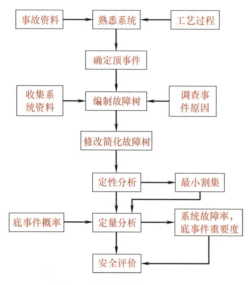

图4-9 故障树分析法流程图

定量化,并能在一定程度上检验和减少主观影响,使评价更趋科学化。该方法通过风险因素间的两两比较,形成判断矩阵,从而计算同层风险因素的相对权重。分析步骤如下:

第一步:确定判断矩阵;

第二步:计算矩阵A的最大特征值和对应的特征向量;

第三步:一致性检验。

4. 其他方法

除以上常用方法外,风险评估与分析的方法还有:

(1)工程区域实地探勘与调研分析

(2)危险源辨识

(3)危害与可操作性分析

(4)故障类型及影响分析

(5)事件树分析

(6)失效概率法

(7)定量风险评价

(8)多重风险分析

(9)蒙特卡罗模拟

(10)计算机数值模拟与分析

各种评估方法的特点和优缺点见表4-10。

近接桩基工程风险评估 表4-10

序号	风险评估方法		定义	优点	缺点	适用性
1	定性评估方法	检查表法	在对类似工程项目发生的问题一一列举的基础上判定各种风险因素是否存在,进而确定风险概率和损失的方法	能消除或降低忽视某些风险因素的可能性,是风险识别的一种有效和可靠的方法,可用于施工过程中判断风险因素是否存在,也可用在发生事故后帮助查找事故原因	由于在项目过程中风险因素会发生改变,故在应用中应定期检查风险清单的内容是否齐全	风险源的查找
2		专家调查法	通过系统地收集和积累数据,确定当前工程状态和假定条件,并在专家判定风险概率和风险损失程度的基础上进行整理和分析,完成风险分析的方法	简单易行,比较客观。依靠集体的直观判断,所得结论比较全面、正确,能够对各种模糊的、不确定的问题做出较为准确的回答	①该方法的预测时间不宜过长,越长准确性越差。②分析结果往往受组织者、参加者的主观因素影响,可能存在偏差	①风险发生概率的估测。②风险损失的估测

续表

序号	风险评估方法		定义	优点	缺点	适用性
3	半定量分析法	故障树分析法	分析事故的直接原因,揭示事故的潜在原因,描述事故的因果关系,确定顶上事件,定性分析顶上事件的重要度并计算顶上事件发生概率	①描述事故的因果关系,便于查明系统内固有的或潜在的各种危险因素,常用于直接经验较少的风险源辨识。②可进行逻辑运算进行定量分析和评价	步骤多,计算复杂;数据较少,定量分析需做大量的工作	①风险源的查找。②风险发生概率的估测。③风险损失的估测
4		模糊综合评估法	模糊综合评估法是采用模糊理论和最大隶属度原则对多因素系统进行总体评价的一种方法	可以通过计算得出目标风险的量化指标	计算复杂	①风险发生概率的估测。②风险损失的估测
5	定量评估方法	层次分析法	把定性因素定量化,并能在一定程度上检验和减少主管影响,使评估更趋科学化。通过风险因素间的两两比较,形成判断矩阵,从而计算同层风险因素的相对权重	具有简洁、实用和系统的特点	①得出的结果是粗略的方案排序。②决策的主观成分大:无论建立层次结构还是构造判断矩阵,人的主观判断、选择、偏好对结果的影响极大,判断失误即可造成决策失误	①风险源的查找。②风险发生概率的估测。③风险损失的估测
6	其他方法	蒙特卡罗模拟	构造符合一定规则的随机数并通过统计随机数的数学特征来求解风险事件概率的方法	在准确确定计算模型的基础上可以解决复杂的概率运算问题及不允许进行真实试验的场合	需要建立评估目标的数学模型,并确定各参数变量的概率分布规律,比较复杂,实际操作较困难,需要计算机编程辅助分析	风险发生概率的估测
7		失效概率法	通过建立失效概率模型,根据历史统计数据或大量的试验来确定参数分布,以计算对于某一风险事件的结构失效概率的方法	对于易于计算失效概率的结构计算方便	难以建立复杂评估目标的数学模型	风险发生概率的估测

4.3.2 基本流程

风险评估与分析的基本流程为:

(1)充分了解所需要研究的工程情况,收集资料,包括工程背景、设计资料、物探资料、可行性研究报告等。

（2）划分评价单元和研究专题。

（3）对各评价单元的可能发生的风险事故进行分类识别。

（4）对各风险事故原因、发生工况、损失后果进行分析。

（5）采用定性与部分定量的评价方法对风险事故进行评价。

（6）对各风险事故提出控制措施的建议。

（7）对各评价单元的风险进行评价。

（8）将各评价单元的评价汇总成工程的总体风险评价。

（9）给出结论和建议。

（10）编制风险评估报告。

工程风险评估流程图如图4-10所示。

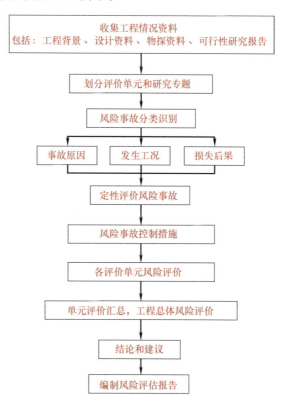

图4-10　工程风险评估流程图

第 5 章

近接工程对高速铁路隧道影响控制技术

5.1 近接工程施工影响控制技术

5.1.1 地下工程施工影响控制技术

若近接隧道处于强影响区,则必须在施工方法上采取措施。通过前述分析可知,近接隧道工程对高速铁路隧道的主要风险部位是它们两者之间的围岩,目前常见的加固技术有小导管注浆、系统锚杆加固以及水平贯通预应力锚杆加固,国内近接隧道工程的加固控制技术初步统计见表 5-1。

近接隧道工程围岩加固技术统计　　　　　表 5-1

隧道名称	围岩类别			
	Ⅱ类	Ⅲ类	Ⅳ类	Ⅴ类
里洋隧道	A+B	A+B	A+B	—
金旗山隧道	A+B	A+B(局部)	A+B(局部)	C
南联山隧道	A+B	A+B	A+B(局部)	—
董家山隧道	A+B	A+B	A+B	C
石狮山隧道	A+B	A+B	A+C	C
岚峰隧道	A+C	B	B	C

注:1. 大部分已建小净距隧道围岩分类按照旧规范划分,为比较方便,本节仍采用旧规范分类方法。
　　2. 小净距隧道中Ⅰ、Ⅵ类报道较少,统计以Ⅱ~Ⅴ类围岩为主。
　　3. A 表示小导管注浆,B 表示水平贯通预应力锚杆,C 表示系统锚杆。

由表 5-1 对比可知:

(1)对近接隧道工程围岩进行加固主要采用小导管注浆、系统锚杆、水平贯通预应力锚杆 3 种加固技术。而有关文献提及的大粘结对穿式预应力锚索、大吨位预应力锚杆等加固方法未被使用。这表明上述 3 种加固技术应用最广,并已在实践中得以验证。

(2)实践工程中已出现两种加固技术的独立或组合使用的加固方法:小导管注浆+水平贯通预应力锚杆、小导管注浆+系统锚杆、水平贯通预应力锚杆、系统锚杆。同时,表 5-2 显示出同一围岩类别(如Ⅳ类)其加固技术存有较大差异,该现象表明各设计施工单位对各种加固技术及其组合的使用并未取得完全一致。

(3)表 5-1 中部分隧道无论围岩好坏,统一采用一种加固方法(如里洋隧道);部分隧道根据不同围岩类别采用相应的加固方法（如岚峰隧道）。该现象表明，在施工过程中，存在需要根据围岩实际情况采用合理加固方法以达到最佳加固效果的问题。

（4）在个别围岩类别中，不同隧道采用了同一种加固方法，如Ⅱ类使用小导管注浆、Ⅴ类使用系统锚杆。实践表明，在低类别围岩中采用小导管注浆及高类别围岩中采用系统锚杆已被大家普遍接受。

根据表5-1可知，若近接隧道处于高速铁路隧道的弱影响区，则一般通过调整施工方法来减小对既有高速铁路隧道的影响。新建隧道工程对策见表5-2。

新建隧道工程对策　　　　　表5-2

近接工程种类	基本方法	具体方法
新旧隧道并列	控制开挖引起的围岩应力重分布及位移	改变开挖方式； 改变分部尺寸及步序； 改变衬砌、支护的结构
新旧隧道重叠	控制开挖引起的围岩应力重分布及位移	改变开挖方式； 改变分部尺寸及步序； 改变衬砌、支护的结构
新旧隧道交叉	控制开挖引起的围岩位移及结构变形	改变开挖方式； 改变分部尺寸及步序； 改变衬砌、支护的结构
新旧隧道交错	控制开挖引起的围岩应力重分布及位移	改变开挖方式； 改变分部尺寸及步序； 改变衬砌、支护的结构

5.1.2 挖填方对高速铁路隧道影响控制技术

基坑开挖，即坑底和四周坑壁土体同时卸载。基坑开挖对隧道的影响主要有两方面：一方面是卸载引起的土体回弹变形；另一方面是土体的回弹变形引起隧道的上抬位移。

若近接挖填方工程处于高速铁路隧道的强影响区，处于基坑开挖段时，为减小隧道隆起变形，通常采用抗拔桩联合抗浮板，图5-1为某工程采取抗拔桩的示意图。处于上部建筑物施

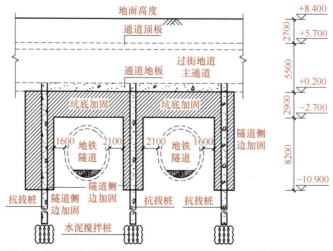

图5-1　抗拔桩加固措施示意图（尺寸单位：mm，高程单位：m）

工阶段时，为了减小对隧道的变形和内力的影响，通常采用注浆加固地基，如图5-2所示。

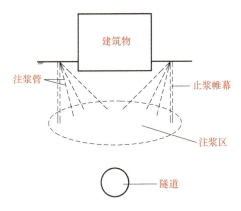

图5-2 注浆加固地基示意图

若近挖填方工程处于高速铁路隧道的弱影响区，处于基坑开挖段时，通常采用改变基坑开挖方式、开挖顺序、控制挖方厚度等。若处于上部建筑物施工阶段时，为了减小对隧道的变形和内力的影响，通常采用改变建筑物施作方式、扩大建筑物基础等方式。

5.1.3 新建桥梁对高速铁路隧道影响控制技术

近接桩基若处于高速铁路隧道的强影响区范围内，为了减小对隧道的影响，通常采用注浆加固的方法。图5-3为某工程为保障施工中高速公路桥梁和隧道的稳定性，施工前对地层采取了预加固措施，设计的加固方案为：对4~6号桥桩和隧道洞室的拱顶采用深孔注浆加固。高架桥段及注浆加固设计方案的横断面如图5-3所示，纵断面如图5-4所示。

另外一种方法则是设置遮拦桩，其从变形的传播途径上控制隧道变形的发生，特别在桩基短边方向靠近的隧道，并且有足够施工场地的情况下，采用该方法能有效地减小所引起的隧道位移，保证隧道的运营安全，经济上较加长工程桩有独特的优势。用遮拦桩来阻拦变形时，宜使用一字形遮拦群桩的形式，桩排方向与隧道方向平行，遮拦桩应比工程桩长。一般当平行于隧道方向的群桩基础宽度较小时，由于沉降盆范围较小，用数量较少的遮拦桩即可解决问题；反之，则需用较多的遮拦桩，可能不经济。

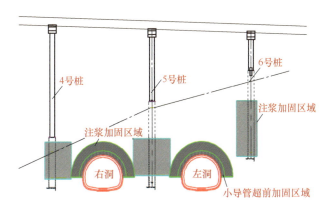

图5-3 注浆加固横断面图

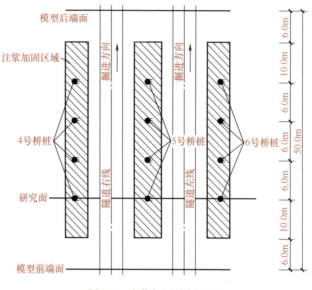

图 5-4 注浆加固纵断面图

近接桩基若处于高速铁路隧道的弱影响区范围内，一般可通过改变桩基施作的工法及桩基的形式来减小对隧道的影响。

5.1.4 新建路基对高速铁路隧道影响控制技术

1. 超前管棚注浆法

在隧道工程超前管棚注浆施工中，可沿隧道工程边缘轮廓上部分，按照一定行间距进行隧道开挖施工，使得隧道施工方向左右外插角度能够形成环形布置形式，再利用钢管进行压力注浆施工时，即可形成类钢管混凝土结构。在应用超前管棚注浆施工技术时，钢管能够对超前管棚发挥支护作用，同时还可将浆液灌注至所需加固地层。在实际施工中，通过钢管注入浆液，浆液可渗透至围岩结构中，并发生结晶体凝聚，从而改善上覆地层结构的稳定性。

2. 全方位高压喷射工法

在路基变形控制施工中，可采用全方位高压喷射施工技术，通过对排浆量进行优化调整，能够对地内压力进行有效控制。在地内压力作用下，可有效保证成桩直径，同时不会对生态环境造成不良影响。在全方位高压喷射施工中，可选择在水平方向或者垂直方向喷射浆液，以此保证富水土层水平向施工安全性。通过利用专用排泥管进行排浆施工，对泥浆材料进行集中化管理，能够避免对施工场地造成污染，同时还可优化调整地内压力，避免泥浆进入地下管道或者水体中。

3. CFG 桩板联合加固法

CFG 桩板结构是由 CFG 桩、钢筋混凝土桩以及钢筋混凝土承载板所组成的，可对软弱地基起到加固作用。CFG 桩板结构的加固机理包括以下三点：第一，CFG 桩能够起到土体置换作用；第二，混凝土筏板可有效支撑上覆地层荷载，并发挥承载作用，促进桩体之间土体压缩模量的增加，进而提高土体结构的承载能力；第三，桩体结构能够对地层起到挤密作用。在 CFG 桩施工中，桩体施工材料会发生水化作用，导致周边土体发热、吸收水分并膨胀，从而对周边土体起到挤压作用。

4. 其他控制措施

建立全面的监测与预警系统，及时监测路基变形、沉降、振动以及周围环境的变化等。通过实时监测数据，可以及早发现异常情况并采取相应的修复措施，以保证高铁的安全运行。

在路基与高铁隧道之间设置适当的隔离和缓冲措施，以减小振动和噪声的传播。例如，采用隔声材料进行路基的隔离设计，设置防护层以吸收振动能量，减少对高铁隧道的传递。

5.2 高速铁路隧道安全主动防护技术

5.2.1 洞内防护技术

常用于近接工程对高速铁路隧道影响的控制技术，是对它们之间的围岩进行加固，其中包括小导管注浆、系统锚杆、水平贯通预应力锚杆等控制技术，它们的原理阐述如下。

1. 小导管注浆作用机理

注浆预加固是广泛采用的一种方法，既可以单独应用于较大净距隧道（通常大于1B）中间岩柱的加固，也可与对拉锚杆、预应力锚杆结合应用于近距离的近接隧道工程的岩柱加固。小导管注浆可以改变围岩的力学性能，提高围岩力学参数，主要通过小导管本身和浆液两方面来实现（图5-5）。小导管本身加固围岩的原理与锚杆加固围岩原理相似，可以分为联结、组合、整体加固原理，而在近接隧道工程围岩柱区域，主要以整体加固原理为主。通过小导管支持力作用，在小导管周围岩体形成压缩带，压缩带中岩体处于三向受压状态，使岩体强度大为提高，从而形成一个能承受一定荷载的稳定岩体，即承载环。

图5-5　小导管注浆

对于质量较差的围岩，岩柱进行注浆加固可以起到较好的效果，这主要与注浆能显著提高围岩参数值有关。注入的浆液改变了岩体的力学参数（E、μ、c、φ等），使E、c、φ值提高，μ值减小，因此提高了围岩本身的自稳能力。尤其对于裂隙发育的岩体，注浆后浆液充填裂隙及软弱结构面，可以避免或减小应力波在岩体内反射及折射引起岩体内部拉伸破坏，起到了很好的加固作用（图5-6）。对于质量较好的围岩，由于可注浆性要差，提高围岩力学性能参数值较为困难，因此采用注浆加固要慎重。

图 5-6　注浆加固区

通过两方面的加固作用，使得近接隧道工程在双洞开挖施工时，围岩塑性区出现时间得到延缓，出现区域大大减小。

2. 系统锚杆作用机理

如前文所述，锚杆对围岩有联结、组合、整体加固等作用。当锚杆打入围岩后，由于围岩的变形使锚杆受拉，从而调动起锚杆的支护抗力，限制围岩的进一步变形，达到支护的目的。系统锚杆在围岩中的应力分布如图5-7所示。

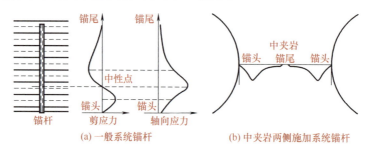

图 5-7　系统锚杆应力分布

由图5-7表明，一般系统锚杆轴力分布不均匀，两端轴力较小，中性点附近轴力则很大，因此锚杆的承载力未得到有效的利用。当在近接隧道工程围岩左右两侧施作系统锚杆时，两侧锚杆只在锚头部位提供较大支护力，而围岩柱中间部位将出现一段锚杆轴力空白或较小轴力叠加区域，由此可见，围岩两侧施作系统锚杆时，围岩受力与塑性变化并未得到有效改善。

3. 水平贯通预应力锚杆作用机理

预应力锚杆是通过对锚杆进行张拉，从而给岩体施加一定预应力的一种支护方式，因此其轴力由张拉荷载和由于地层开挖引起的形变荷载两部分组成，其布置如图5-8所示。预应力锚杆轴力呈两头大中间小的分布形态。图5-9（a）表明，预应力锚杆轴力沿杆长分布比较均匀，锚头轴力虽略大但有利于围岩稳定，因此锚杆的承载力得到较充分的利用。当在近接隧道工程围岩左右两侧施作水平贯通预应力锚杆时，锚杆为一整体，围岩中间部位两端受力叠加，因此锚杆轴力均匀分布于围岩整体，避免了锚杆轴力空白或较小轴力区域的出现，如图5-9（b）所示，能较好地维护围岩稳定。

水平预应力对拉锚杆对裂隙可起到闭合作用，并可有效阻止岩体内部质点的相对位移，避免造成拉伸破坏，提高其抗拉、抗剪强度。对于质量较差的围岩，由于其变形较大，若采用预应力锚杆会产生较大的预应力损失，与一般普通锚杆效果相差不大；相反，对于质量较好的围岩，由于其变形较小，采用预应力加固效果较好。

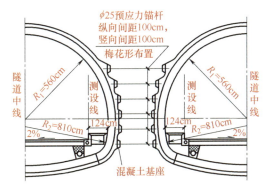

图 5-8　围岩柱对拉锚杆加固示意图

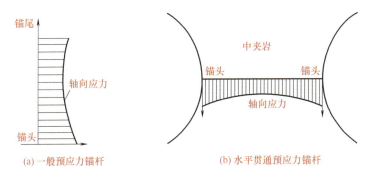

(a) 一般预应力锚杆　　　　(b) 水平贯通预应力锚杆

图 5-9　预应力锚杆应力分布

5.2.2　洞外防护技术

1. 洞外地表注浆加固技术

地表注浆是指在地表钻孔，钻机通过钢管从地表钻入隧道拱腰上方，以一定压力将浆液压入隧道上覆岩体，经过浆液充填、压密、渗透、劈裂等作用，充填上覆岩体中的洞穴、孔隙、裂缝，增强上覆岩体的强度、稳定性和防水性，确保浅埋段的安全。注浆管采用带孔钢管，管上有交错的孔。下管后注浆管应露出地面至少 50cm，注浆前应将管口固定好并连续注浆。注浆过程中配备防浆设施，以防止浆液外露。注浆应从边界处开始，然后按设计顺序填充所有孔。当发现浆液从注浆管末端露出时，停止注浆。

地表注浆技术是为了有效提升地质条件较差土体中围岩的承载能力，改善后的围岩力学性能趋于稳定，在外力条件下自身稳定性有效增加，同时围岩松弛区范围在加固后明显减小。施工中为了更加便捷有效地将注浆浆液注入所需加固的岩层或土体中，通常选取钢管注浆，借助压力输送方式通过钢管壁上的孔洞完成所需的注浆加固。注浆液在压力的作用下渗透、填充、挤密、扩展形成浆脉并排除岩土体中的水和空隙，然后占据岩土体颗粒间的空隙，使岩土体之间的空隙减少。经过一段时间的凝结之后，注入岩土体的浆液与岩土体形成了一个整体，可使原岩土体力学性能提高和透水性降低，进而提高围岩承载力。注浆完成后钢管可直接留在岩层内，起到类似于普通锚杆的作用，对岩层进行锚固，增加其抗滑性能。上述两种作用相结合能够更好地提高岩土体的整体刚度，满足施工开挖的要求，具体的加固范围如图 5-10 所示。

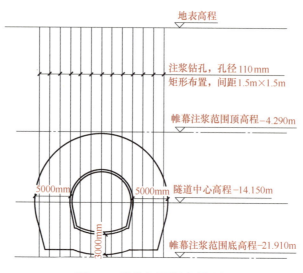

图5-10 注浆加固范围示意图

2. 复合式锚杆桩

复合式锚杆桩孔径φ150mm，孔内安装锚杆（3根φ20mm螺纹钢），每桩竖向钢筋底高程低于隧洞底高程3.00m，分节用钢筋接驳器连接，钢筋接头采用Ⅰ级接头，每节钢筋长度2.00m（最顶上一节为2.50m），每根复合式锚杆桩钻孔分别安装3根注浆管，如图5-11所示。注浆材料按照设计要求采用525普通硅酸盐水泥，分别实施3次压密注浆。

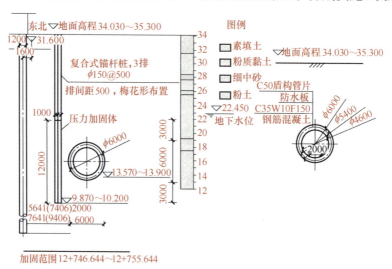

图5-11 复合式锚杆桩施工（尺寸单位：mm，高程单位：m）

隔离桩范围为特级风险源隧洞外侧3.00m，布置范围为特级及一级风险源桥区及上下游两侧3.00m之间，孔径150mm，孔间距500mm，排距500mm，3排梅花形布置。

3. 地表砂浆锚杆加固技术

地表砂浆锚杆加固技术是在暗挖隧道待开挖面上方，沿开挖方向，从地表向拱顶部位，按矩形或梅花形布置竖向锚杆，从而在隧道拱顶上方形成一个加固保护区，以防止隧道开挖时地表沿其滑移面发生沉降的一种预支护方案。

地表砂浆锚杆的作用原理是通过对隧道拱顶围岩进行约束，承担隧道开挖后因岩土体变形所产生的拉应力，从而达到控制地表沉降和土层滑移、防止开挖掌子面发生坍塌的目的。地表砂浆锚杆加固示意图如图5-12所示。

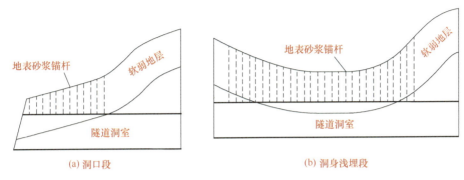

图5-12 地表砂浆锚杆加固示意图

5.3 其他控制技术

1. 抗拔桩对既有隧道保护技术

依据具体工程背景一共设置4排抗拔桩，布置图如图5-13所示，每个小基坑设置8根，一共32根，每根长40m，抗拔桩距离隧道最外边为1.8m。

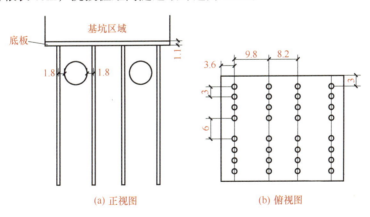

图5-13 抗拔桩布置图（单位：m）

在抗拔桩和底板共同作用下能够很好地控制既有隧道的隆起变形，增大抗拔桩数量、直径和长度后也能减小隧道的变形，而且在工程允许的情况下，增大抗拔桩的桩长对控制隧道变形能起到更好的效果。

2. 近接隧道数码雷管错相减震技术

根据波动与振动理论，可认为爆破是一系列简谐波叠加的结果，即可表述为：

$$v = \sum_{i}^{n} A_i \left(t - \Delta t_i\right) \cos\left[\omega_i \left(t + \Delta t_i + \varphi\right)\right] \tag{5-1}$$

式中：ω_i——第 i 列波的角频率；
    t——振动持续时间；
    Δt_i——炮孔起爆间隔时间；
    φ——初相位；
    A_i——第 i 个振动波形包络线，据单孔爆破振动波形，其形式为：

$$A_i(t) = e^{-\alpha t} - e^{-\beta t} \tag{5-2}$$

式中：α，β——正整数，且 $\alpha<\beta$。

在其他条件不变的情况下，初始相位差可忽略不计，错相减震需满足的条件为：

$$\omega_i \Delta t_i - \omega_j \Delta t_j = (2n+1)\pi \tag{5-3}$$

式中：n——整数，考虑波形包络线的变化，当 $n=0$ 时，错相减震效果最好；
    ω_i、ω_j——均属于主振圆频域。

令 ω 等于主振圆频域的比例中值，代入 $\omega_i = 2\pi f$ 得：

$$\Delta t_i - \Delta t_j = \frac{1}{2f} \tag{5-4}$$

实测的单孔爆破振速时程曲线表明，振动波形并非严格的周期波，过零时刻的分布并不均匀，且单个周期的峰值点与其对应的时间差异很大。

受炮孔装药结构、地质情况、药量等复杂因素的影响，单孔爆破的地震波波形并非完全为正弦波，因此在实际应用中只能采用简化计算。当两个地震波错峰叠加时，仍需借鉴和参照正弦波在介质中传播的情况进行分析。可取主要波谷波峰的波形作为半波周期 $T/2$，相位选取半波周期整数倍 $(2n+1)T$ 即可达到错相叠加削峰的效果。

炮眼及复式楔形竖向掏槽孔示意图如图5-14所示。爆破优化方案参数见表5-3。

爆破优化方案参数表　　　　表5-3

序号	炮孔类型	炮孔个数(个)	延时间隔(ms)	单孔药量(kg)	总药量(kg)
1	掏槽(里)	6	7	0.4	2.4
2	掏槽(外)	8	7	0.5	4.0
3	辅助眼	17	15/18	0.4	6.8
4	内圈眼	16	15/18	0.4	6.4
5	底板眼	12	15/18	0.4	4.8
6	周边眼	25	15/18	0.3	7.5
7	合计	84	—	—	31.9

3. TGRM 分段前进式深孔注浆技术

分段前进式深孔注浆是钻注交替作业的一种注浆方式，即在施工中，采取钻一段、注一段，再钻一段，再注一段的钻、注交替方式进行钻孔注浆施工。每次钻孔注浆分段长度为2~3m。止浆方式采用孔口管法兰盘止浆。

该工艺最初是为解决砂卵石地层其他深孔注浆工艺难以成孔问题而提出的，经过应用中的不断改进和完善，这种注浆施工方法解决了复杂环境条件下城市暗挖隧道不同地层施工的多个注浆技术难题，已被广泛应用于北京地下工程的注浆施工中。在这个过程中，与

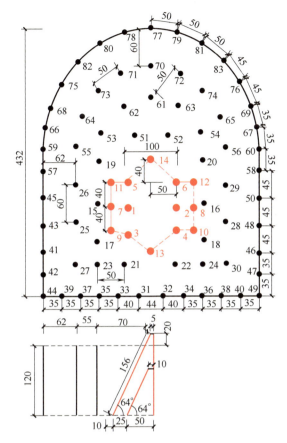

图5-14 炮眼及复式楔形竖向掏槽孔示意图（单位：mm）

其注浆工艺配套开发了TGRM注浆材料。TGRM注浆材料是随着我国注浆工程技术的发展而研发的，专用于地下工程注浆施工的灌浆材料，具有早强性、耐久性、微膨胀性等特点。该工艺与TCRM注浆材料被并称为TGRM分段前进式超前深孔注浆工艺，纵断面及横断面如图5-15所示。施作步骤如下：

（1）隧道开挖至需要进行加固范围时停止开挖，封闭掌子面，施作止浆墙。

（2）按照需预加固范围设定好钻孔角度、长度、间距、位置和数量：角度为4°~10°，总长度为12~14m，注浆孔间距为0.6~1m，数量和位置依据隧道尺寸和需要加固范围确定，并按设定要求在止浆墙上进行钻孔位置放线。

（3）根据现场地层状况将总注浆长度分为若干段，每段控制在1.0~2.0m；使用分体式水平地质钻机按照设定好的角度在钻孔位置进行钻孔，钻头采用冲击钻头，钻进深度为0.5~1m。

（4）达到钻进深度后，退出钻具，在钻孔内安装预先加工好的装有法兰盘的孔口管，并用快凝水泥封填孔口与周围地层的空隙。

（5）待封填的快凝水泥达到一定强度后，更换小于孔口管直径的钻头，通过孔口管进行第一段钻进，钻进深度为1.0~2.0m，达到钻进深度后停止钻进，退出钻具。

（6）在孔口管上安装注浆配套设备；拌制TGRM水泥基特种注浆材料，通过注浆泵将搅拌均匀的注浆材料注入地层中。

(7)待注浆体达到一定强度后,拆除注浆法兰盘配套设备,通过孔口管再进行第二阶段钻进,钻进深度为1.0~2.0m,达到深度后,停止钻进。

(8)按照步骤(6)与(7)重复进行;如此循环,直至达到设定孔深,完成最后一段注浆,则该注浆孔施工完成。

(9)换另外一个孔位,均按照步骤(3)~(8)进行,直至完成设定要求的所有注浆孔。

(10)所有注浆孔注浆完成后,即完成范围要求内的地层加固,然后进行止浆墙破除,按照规范要求进行开挖,随挖随安装隧道与支护结构,直至开挖到设定的地层加固开挖长度。

图5-15 TGRM分段前进式超前深孔注浆纵断面及横断面结构示意图

第 6 章

高速铁路隧道监控量测与反馈控制技术

6.1 监测项目

针对运营高速铁路隧道监测项目，应根据工程特点、结构安全要求等综合确定。常见监测项目主要包括隧道裂缝监测、衬砌起层剥落、错台监测、渗漏水监测、隧道内力监测等；同时还需对隧道结构沉降、轨道结构纵向变形、两走行轨横向差异沉降等进行监测。

6.2 监测布置

拱顶下沉、周边收敛监控断面测点测线布置如图 6-1 所示。包括 1 个拱顶下沉监测点，1 条水平收敛测线。

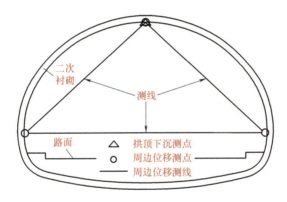

图 6-1 拱顶下沉、周边收敛监控断面测点测线布置示意图

针对近接区段，可采用埋设应变计的方式对二次衬砌的内力进行测试，并结合混凝土应力分布水平，评判结构是否会出现裂损情况。衬砌应力测点布置如图 6-2 所示。

裂缝长度可采用钢卷尺直接量测或成像设备进行摄影量测；裂缝宽度可采用游标卡尺、千分尺、裂缝计等进行测量。裂缝宽度测点布置如图 6-3 所示。

渗漏水监测位置宜布置在渗漏水中心区，可采用钢卷尺等测量渗漏水中心区域墙底线的距离。

轨道结构纵向变形监测点与两走行轨横向差异沉降监测点宜在对应范围内每隔 2.5~3m 布置 1 个测点。

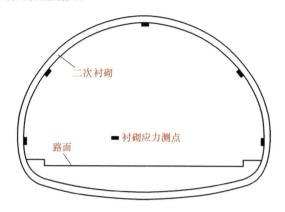

图 6-2 衬砌应力测点布置示意图

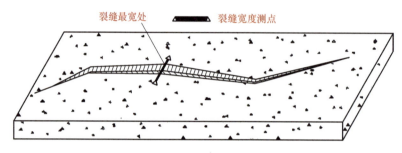

图 6-3 裂缝宽度测点布置示意图

6.3 监测方法与频率

监测频率应能满足系统可反映监测项目重要变化过程而又不遗漏其变化时刻的要求，针对常规长期监测项目，其监测频率与监测等级有关，见表6-1。

按监测等级确定的监测频率　　　　　　　　　　　表6-1

长期监测等级	一级	二级	三级
监测频率	1~2次/月	2~3次/周	1~2次/天

其中，具体监测项目的监测方法与频率如下：

1. 隧道裂缝监测

监测前应对监测裂缝统一编号，记录裂缝的位置、宽度、长度、方向、环境温度以及初测日期等。裂缝位置测点宜布置在裂缝最宽处，可采用钢卷尺等测量裂缝最宽处与墙底线的距离。裂缝方向宜采用量角器、罗盘等进行测量。

裂缝长度采用下列方法和要求实施监测：人工监测可采用钢卷尺等直接量测，也可采用成像设备进行摄影量测；自动化监测宜采用成像设备进行摄影量测；采用钢卷尺监测时，应在裂缝始末端布置监测标志，监测标志应标注可供量测的固定点；采用成像设备监测时，应设置具有标定功能的参照物；监测精度不宜低于10mm。

裂缝宽度采用下列方法和要求实施监测：测点宜布置在裂缝最宽处；人工监测可采用

千分尺、游标卡尺、千分表、裂缝计、位移计、测宽仪等进行，也可采用成像设备进行摄影量测；自动化监测可采用裂缝计、位移计、测宽仪接入自动化数据采集仪进行，也可采用成像设备进行摄影量测；监测前应先采用人工监测方法确定裂缝宽度，作为自动化监测的初始值；采用千分尺或游标卡尺监测时，宜在裂缝最宽处两侧贴、埋监测标志，监测标志应标注可供量测的固定点；采用裂缝计、位移计、测宽仪监测时，宜进行温度修正；采用成像设备监测时，宜设置具有标定功能的参照物；监测精度不宜低于0.1mm。

按日变化量确定的长期监测频率见表6-2。

按裂缝宽度和长度确定的监测频率　　　　　　　　　　表6-2

监测项目	日变化量	监测频率
裂缝宽度	<0.02mm/d	1~2次/月
	0.02~0.1mm/d	1~3次/周
	>0.1mm/d	1~3次/天
裂缝长度	<0.01mm/d	1~2次/月
	0.01~0.05mm/d	1~3次/周
	>0.05mm/d	1~3次/天

2. 衬砌错台、起层剥落等监测

错台位置测点宜布置在错台量最大处，错台量监测要求如下：不宜少于1个测点；人工监测可采用测缝计、位移计监测，也可采用游标卡尺直接量测；自动化监测宜采用测缝计、位移计监测；监测精度不宜低于0.1mm。

衬砌起层剥落位置测点宜布置在起层剥落中心，可采用钢卷尺等测量起层剥落中心与墙底线的距离；衬砌起层剥落面积可采用坐标网格板进行量测，也可采用成像设备进行监测，监测精度不宜低于$0.001m^2$。衬砌起层剥落深度测点应布置在最深处，可采用游标卡尺和直尺直接量测；测量时宜将直尺沿隧道轴线放置，用游标卡尺测量最深处深度；监测精度不宜低于5mm。

按日变化量确定的长期监测频率见表6-3。

按衬砌起层剥落面积和深度确定的监测频率　　　　　　　　　　表6-3

监测项目	日变化量	监测频率
衬砌起层剥落面积	<$0.001m^2$/d	1~2次/月
	0.001~$0.01m^2$/d	1~3次/周
	>$0.01m^2$/d	1~3次/天
衬砌起层剥落深度	<0.2mm/d	1~2次/月
	0.2~1mm/d	1~3次/周
	>1mm/d	1~3次/天

3. 渗漏水监测

渗漏水面积采用以下方法进行监测：宜采用红外热像仪等成像设备进行监测，也可采用钢卷尺等直接测量；采用红外热像仪等成像设备监测时，每次测量的焦距、方位和距离应保持一致。

渗漏水滴落速度小于 0.2L/min 时，宜采用容积法进行监测；渗漏水滴落速度大于 0.2L/min 时，宜采用流速法进行监测。采用容积法监测时，隧道拱部出现明显滴漏和连续渗流，可采用有刻度的容器收集测量，计算 24h 的渗漏水量；采用流速法监测时，应将渗漏水引入排水沟中，利用流量计监测。测速沟槽长度不宜小于 15m 的直线段，断面应一致，并保持一定纵坡；监测精度不宜低于 5%。

渗漏水浑浊状态监测，可采用容器收集渗漏水进行目测，按浑浊程度可分为透明、浑浊和明显浑浊 3 种；渗漏水 pH 监测可采用容器收集渗漏水，利用 pH 试纸或 pH 测定仪测定；渗漏水水质监测可采用分光光度计、气相色谱仪、浊度计、余氯测定仪等，必要时，应送专业水质检测机构进行详细的水质分析。监测频率见表 6-4。

按渗漏水量确定的监测频率　　表 6-4

监测项目	日变化量	监测频率
渗漏水量	<0.1L/(m²·d)	1~2 次/月
	0.1~1L/(m²·d)	1~3 次/周
	>1L/(m²·d)	1~3 次/天

4. 隧道结构变形、衬砌结构应力监测

隧道周边位移监测断面宜与隧道轴线垂直，人工监测宜采用收敛计、激光测距仪、全站仪、激光断面仪或三维激光扫描仪；自动化监测宜采用激光测距仪、测量机器人等。采用收敛计监测时，测点安装后应进行测点与收敛计接触点的符合性检查，监测时应施加收敛计标定时的拉力；现场温度变化较大时，应进行温度修正。

隧道拱顶沉降监测断面宜与周边位移布置在同一断面，监测网可采用假定高程系统，基准点较远或不便直接观测时，可布置工作基点，工作基点不应少于两个，且宜位于稳固可靠的位置，并定期进行校核；测点宜与基准点或工作基点组成闭合线路或附合水准线路。人工检测宜采用水准仪、全站仪等，采用水准仪监测时，水准仪视准轴与水准管的夹角不宜大于 20°；监测精度不宜低于 0.5mm。按拱顶沉降与周边收敛确定的监测频率见表 6-5。

按拱顶沉降与周边收敛确定的监测频率　　表 6-5

拱顶沉降、周边收敛	<0.2mm/d	1~2 次/月
	0.2~1mm/d	1~3 次/周
	>1mm/d	1~3 次/天

衬砌结构应力监测测点宜布置在拱顶、拱腰、墙脚等部位，对称布置 3~7 个；宜采用表面应变计监测，量程宜取设计值的 2 倍；监测精度不宜低于 0.01MPa；监测数据应进行温度修正。

5. 轨道变形监测

邻近既有线施工的现场监测，应采用远程监测与常规监测相结合的方法。在既有线受施工影响的轨道上同时埋设应变片和水准测点（不影响列车正常通过）。当隧道开挖至轨道附近时，利用远程监测系统连续对轨道进行监测；每日采用水准测量对轨道进行监测，两者结合监测轨道的变位情况。

道床刚度较小时为柔性结构，且道床与隧道结构无连接、易脱开时，应加密测点。既有隧道结构在横断面方向上的倾斜量一般较小，故两走行轨的横向差异沉降监测和水平距离变化监测布点可以相对稀疏。按轨道结构变形确定的监测频率见表6-6。

按轨道结构变形确定的监测频率 表6-6

监测项目	监测仪器	监测频率
轨道结构纵向变形监测	静力水准系统	施工关键期：1次/20min；一般施工状态：1次/2h
两走行轨横向差异沉降	梁氏倾斜仪	

6.4 监测管理

监测中应建立完备的预警管理制度和畅通的信息反馈渠道，监测数据分析前应整理基础资料。数据分析可采用比较法、作图法、特征值统计法、数值模拟计算法等；数据分析结果应包含各监测项目的日变化量、累计变化量、时程曲线、发展趋势及不同监测项目的相关性等内容。

1. 隧道裂缝监测

分析裂缝长度、宽度、错台量的日变化量和累计变化量，绘制监测数据时程曲线，分析其随时间的变化规律，预测发展趋势。分析周边位移、拱顶下沉、衬砌应力等监测项目的日变化量和累计变化量，绘制监测数据时程曲线、结构各测点数据平面分布图、围岩温度场，预测发展趋势。采用特征值统计法、数值模拟计算法等，建立衬砌应力、变形与外荷载、围岩温度的关系。

分析裂缝长度、宽度、错台量与周边位移、拱顶下沉、衬砌应力、洞门位移、边仰坡变形、隧道整体位移、地层水平位移、墙脚沉降、水压力、围岩温度的关系，结合基础资料，判断裂缝成因。

2. 衬砌起层剥落等监测

分析起层剥落面积、深度的日变化量和累计变化量，绘制监测数据时程曲线，分析其随时间的变化规律，预测发展趋势。分析周边位移、拱顶下沉、衬砌应力的日变化量和累计变化量，绘制监测数据时程曲线、结构各测点数据平面分布图，预测发展趋势。

分析起层剥落面积、深度与周边位移、拱顶下沉、衬砌应力的关系，结合基础资料，判断起层剥落成因。

3. 渗漏水监测

分析渗漏水面积、渗漏水量的日变化量和累计变化量，绘制监测数据时程曲线，分析渗漏水面积、渗漏水量和浑浊状态随时间的变化规律，预测发展趋势。根据pH、水质监测数据，分析渗漏水腐蚀性及其对衬砌劣化、钢筋锈蚀的影响。

分析水压力、周边位移、拱顶下沉、衬砌应力的日变化量和累计变化量，绘制监测数据时程曲线、结构各测点数据平面分布图，预测发展趋势。采用特征值统计法、数值模拟计算法等，建立衬砌应力、变形与水压力的关系。分析渗漏水面积、渗漏水量与水压力的关系，结合基础资料，判断渗漏水成因及水力联系。

6.5 反馈控制

监控量测数据一般按3个阶段进行管理,根据监测状态反馈施工措施效果并及时调整。其中把邻近施工允许的最大变形值(控制基准值)的60%作为预警值;把邻近施工允许的最大变形值的80%作为报警值。如果某一施工阶段的控制标准超标,则调整或加强后续施工措施,保证控制指标总量不超过控制基准,各管理阶段的控制指标见表6-7。

各管理阶段控制指标　　　　　　　　　　　　　　　　　表6-7

管理阶段	管理值G=控制指标值/控制基准值	监测状态	施工状态
Ⅲ	$G \leq 0.6$	一般状态	正常施工
Ⅱ	$0.6 < G \leq 0.8$	预警状态	加强监测
Ⅰ	$0.8 < G \leq 1.0$	报警状态	加强监测并采取相应的工程措施

为确保邻近施工的安全,实现信息化施工,应加快信息反馈速度。针对每一测点的监测结果,根据控制基准和3个阶段的管理等综合判断邻近施工的安全状况。全部监测数据(数据采集及数据分析)均由平台自动化管理,准时提供监测日报、周报和月报。一旦监测有异常现象(如在报警状态时),必须及时通知施工、设计、监理、产权和建设单位,研究并采取控制措施。

下篇　高速铁路隧道近接工程施工实践

第 7 章

北京地铁12号线下穿京张高铁清华园隧道工程实例

7.1 工程概况

7.1.1 工程简介

北京地铁12号线下穿清华园标段由一站一区间构成,总长1.1km,采用暗挖法施工。线路的风险源种类众多,就下穿京张高铁清华园隧道而言,地铁结构拱顶距盾构隧道最小距离为1.6m左右,如图7-1所示。同时,两方都属于新建地下结构,均在既有沉降期范围内,施工风险极大。

图7-1 北京地铁12号线下穿段与京张高铁关系

大钟寺站—蓟门桥站区间线路与京张隧道夹角为84°,线路方向为东西向,区间埋深25.4~32.6m。地铁隧道结构外轮廓线,距离京张隧道底1.62m。在京张隧道前、后10m范围内(里程同注浆里程)施作管棚加固。拱顶90°范围采用ϕ180mm大管棚(Δ_t=12mm),大管棚外插角α=1°~3°,环向间距Δ=300mm,管棚总长L=32.5m。

7.1.2 工程地质与水文地质情况

1. 气象及地形地貌条件

北京地区地处中纬度欧亚大陆东侧,属暖温带大陆性半湿润半干旱气候,受季风影响形成春季干旱多风、秋季秋高气爽、夏季炎热多雨、冬季寒冷干燥的四季分明气候特点。年平均气温为12.5~13.7℃，7月份平均气温为25~26℃，1月份平均气温为-4~-5℃。近十余年极端最高气温出现在1999年7月24日，为42.2℃；极端最低气温出现在2000年1月16日，为-15.0℃。近20年城内及近郊区最大冻土深度为0.80m。

北京地区属季风气候区，冬季盛行偏北风，夏季盛行偏南风，春、秋为南北风向转换季节；风速季节变化明显，春季平均风速最大，全市月平均风速以春季四月份最大，据北京市观象台观测，近十余年市区平均风速为2.4m/s，最大风速为13.2m/s。

北京地区年均降水量为550~660mm。降水量季节性变化大，年降水量80%以上集中在汛期（6~9月份），夏季降水量可达400~450mm，冬季降水量为10mm左右。

北京地处华北平原西北边缘，地势西北高、东南低。西部为太行山脉，北部为燕山山脉，山区多属中低山地形，东南是一块缓缓向渤海倾斜的平原。北京市区位于永定河、温榆河等河流形成的向东南倾斜的冲积平原上，海拔20~60m，坡降1‰~3‰。拟建线路主要位于永定河冲洪积扇的中部，自西向东第四纪沉积韵律较为明显。西段地层主要为碎石类土，向东逐步过渡为砂卵石层与粉土、黏土类地层交互沉积，且越往东部沉积的土层颗粒越细。地貌类型主要为二级阶地。

2. 地层岩性及构造

北京地区的地层，除缺失上奥陶统、志留系、泥盆系、下石炭统、三叠系和上白垩统以外，从太古界至第四系沉积都有出露。北京平原区除山前地带的孤山残丘为基岩外，其他地区地表全为第四系地层所覆盖。

拟建线路沿线无基岩出露，第四系（Q）直接覆盖在中元古界地层之上，下覆基岩主要为蓟县系（Jx）白云岩、白云质灰岩和白垩系（K）砾岩、黏土岩、砂岩等。

3. 地基土分层描述

根据野外勘探、原位测试及室内土工试验成果，结合本工程周边已有勘察成果资料，依据国家相关规范对本次所勘探地层进行划分。本次勘探最大孔深65.00m深度范围内所揭露地层，按成因年代分为人工堆积层和一般第四纪冲洪积层两大类，按地层岩性进一步分为9个大层及亚层。

各层土地层岩性、特点及分布规律自上而下依次为：

（1）人工堆积层：拟建场地表层为人工堆积层，主要地层情况为：

粉土填土①层：褐黄色，松散~稍密，稍湿~湿，含少量砖屑、灰渣，局部含植物根系，土质不均。

杂填土①$_1$层：杂色，松散~稍密，稍湿~湿，含砖块、灰渣、混凝土块、碎石等，成分较杂，表层部分为方砖及沥青路面。

人工填土层连续分布，厚度为1.20~6.00m，层底高程为43.510~48.950m。

（2）一般第四纪冲洪积层：人工堆积层以下为一般第四纪冲洪积层，主要地层情况为：

粉土③层：褐黄色，中密，湿，压缩模量平均值$\overline{Es_1}$=6.33MPa，$\overline{Es_2}$=7.58MPa，属中高压缩性土，含云母、氧化铁，土质不均，局部夹黏性土或细砂薄层。

粉质黏土③$_1$层：褐黄~灰色，湿~很湿，可塑，压缩模量平均值$\overline{Es_1}$=4.48MPa，$\overline{Es_2}$=5.35MPa，属中高压缩性土，含云母、有机质，偶含姜石，局部夹细砂或粉土薄层。

粉细砂③$_3$层：褐黄~灰黄色，中密，湿~饱和，标贯击数平均值为19，属低压缩性土，含云母、石英，局部夹黏性土、粉土薄层。

粉质黏土④层：褐黄色，湿，可塑，压缩模量平均值$\overline{Es_1}$=8.35MPa，$\overline{Es_2}$=9.13MPa，属中压缩性土，含云母和氧化铁，偶含姜石。

黏土④$_1$层：褐黄色，很湿，可塑，压缩模量平均值$\overline{Es_1}$=4.27MPa，$\overline{Es_2}$=4.93MPa，属中高压缩性土，含云母和氧化铁。

粉土④$_2$层：褐黄色，中密，湿，压缩模量平均值$\overline{Es_1}$=12.43MPa，$\overline{Es_2}$=13.62MPa，属中低压缩性土，含云母、氧化铁，局部夹黏性土薄层。

粉细砂④$_3$层：褐黄色，密实，湿~饱和，标贯击数平均值为29，属低压缩性土，含氧化铁，偶含圆砾或卵石，局部夹黏性土、粉土薄层。

中粗砂④$_4$层：褐黄色，密实，湿~饱和，标贯击数平均值为39，属低压缩性土，含氧化铁，偶含圆砾或卵石。

卵石-圆砾⑤层：杂色，密实，饱和，亚圆形，最大粒径大于15cm，一般为3~7cm，卵石或圆砾含量约为60%~70%，夹细砂薄层，级配较好，偶含漂石，漂石最大粒径约为30cm。重型动探击数平均值为43，属低压缩性土。

中粗砂⑤$_1$层：褐黄色，密实，饱和，属低压缩性土，含氧化铁及少量卵石或圆砾。

粉细砂⑤$_2$层：褐黄色，密实，饱和，标贯击数平均值为40，属低压缩性土，含氧化铁等，偶含卵石或圆砾。

粉质黏土⑥层：褐黄色，湿，可塑，压缩模量平均值$\overline{Es_1}$=10.59MPa，$\overline{Es_2}$=11.42MPa，属中压缩性土，含云母和氧化铁等，局部夹粉土或黏土薄层。

黏土⑥$_1$层：褐黄色，很湿，可塑，压缩模量平均值$\overline{Es_1}$=8.20MPa，$\overline{Es_2}$=9.00MPa，属中压缩性土，含云母和氧化铁等，局部夹粉质黏土薄层。

粉土⑥$_2$层：褐黄色，密实，湿，压缩模量平均值$\overline{Es_1}$=15.53MPa，$\overline{Es_2}$=16.59MPa，属中低压缩性土，含云母和氧化铁等，局部夹粉质黏土或粉细砂薄层。

卵石-圆砾⑦层：杂色，密实，亚圆形，最大粒径大于15cm，一般为3~8cm，局部为圆砾层，卵石或圆砾含量约为60%~70%，中粗砂填充，级配较好，偶见漂石，漂石最大粒径约为30cm；重型动探击数平均值为85，属低压缩性土。

粉细砂⑦$_2$层：褐黄色，密实，湿~饱和，标贯击数平均值为46，属低压缩性土，含氧化铁等，偶含圆砾或卵石，局部夹粉土或黏性土薄层。

粉质黏土⑦$_3$层：褐黄色，湿，可塑，含云母和氧化铁等，局部夹黏质粉土薄层。

粉土⑦$_4$层：褐黄色，密实，湿，含云母和氧化铁等。

卵石-圆砾⑨：杂色，密实，饱和，亚圆形，最大粒径大于18cm，一般为2~8cm，卵石或圆砾含量为60%~65%，中粗砂填充，级配较好，偶含漂石，漂石最大粒径约为30cm，重型动探击数平均值为109，属低压缩性土。

中粗砂⑨$_1$层：褐黄色，密实，饱和，含云母、氧化铁及少量圆砾。

粉细砂⑨$_2$层：褐黄色，密实，饱和，含云母和氧化铁等，偶含圆砾或卵石。

粉质黏土⑨$_3$层：褐黄色，湿，可塑~硬塑，压缩模量平均值$\overline{Es_1}$=16.29MPa，$\overline{Es_2}$=17.36MPa，属低压缩性土，含云母和氧化铁等，局部夹黏土薄层。

粉质黏土⑩层：褐黄色，很湿，可塑~硬塑，含云母和氧化铁等，局部夹黏土或粉土薄层。

粉细砂⑩$_3$层：褐黄色，密实，饱和，标贯击数平均值为63，属低压缩性土，含云母和氧化铁等，偶含圆砾或卵石。

卵石-圆砾⑪层：杂色，密实，饱和，亚圆形，最大粒径大于15cm，一般为4~8cm，卵石或圆砾含量为60%~70%，中粗砂填充，级配较好，重型动探击数平均值为132，属低压缩性土。

中粗砂⑪$_1$层：褐黄色，密实，饱和，含氧化铁及少量圆砾，圆砾含量约为15%。

粉质黏土⑪$_4$层：褐黄色，湿，可塑，含云母、氧化铁。

4. 水文地质特征

拟建线路沿线所在地区地处永定河冲洪积扇中、下部，由于永定河在历史上河道频繁摆动，含水层交错变化，层次不稳定，连续性差，变化规律不明显。

次勘察最大孔深65.00m范围内，共揭露2层地下水，分别为层间潜水（三）和层间潜水（四）。本次钻探未揭露上层滞水（一）和潜水（二）。

层间潜水（三）：稳定水位高程为36.840~38.300m，水位埋深为11.60~15.95m，含水层岩性主要为粉细砂④$_3$层、卵石-圆砾⑤层、粉细砂⑤$_2$层及中粗砂⑤$_1$层，局部为粉土⑥$_2$层，透水性较好。受多年来水位下降影响，基本无承压性。

层间潜水（四）：稳定水位高程为18.840~18.900m，水位埋深为32.10~33.95m，含水层岩性主要为卵石-圆砾⑦层和卵石-圆砾⑨层，局部为中粗砂⑦$_1$层和粉细砂⑦$_2$层，透水性较好。受多年来水位下降影响，基本无承压性。

抗浮设防水位按43.00m选用。

根据详勘报告，本区间范围内存在2层地下水，水位位于区间结构底板上方1.9~4.4m。

5. 地震动参数

拟建场地位于抗震设防烈度8度区内，场地抗震设防地震动分档为0.20g，设计地震分组为第二组，场地类别为Ⅲ类。该场地自地面下20m深度范围内的饱和粉土层和砂土层在地震作用下均不液化。

6. 不良地质及特殊地质工程地质

根据本次勘探结果，结合场区已有工程地质资料，拟建场地潜在不良地质作用主要为活动断裂，特殊岩土主要为人工填土。除此之外，本次勘察过程中未发现采空区、岩溶、地裂缝、地面沉降、有害气体等不良地质作用或特殊地质现象。

7.1.3 新建隧道设计概况

大钟寺站—蓟门桥站区间起点位于大钟寺市场东路与北三环西路路口西侧的大钟寺站，区间线路沿北三环西路路中敷设，终点位于蓟门桥区的蓟门桥站。区间起终点里程为右（左）SSK107+972.250~右（左）SSK108+807.350，区间右线长度为835.10m，左线长度为834.97m，线间距为15~17.2m。左线的三个平曲线半径分别为1500m、1200m和2000m，右线的三个平曲线半径分别为1500m、1200m和2000m。区间三个竖曲线半径分别为3000m、5000m、3000m。区间线路出大钟寺站后以2‰的纵坡向下然后3‰的纵坡向上，最后以5.645‰的纵坡向下进入蓟门桥站，区间埋深为25.4~32.6m。

区间设置2个施工竖井与横通道，其中1号竖井横通道中心里程为右SSK108+

347.410，2号竖井横通道中心里程为右SSK108+673.371。其中1号竖井横通道兼作联络通道。区间于大钟寺站后右SSK108+475.690~484.090设置区间人防段，蓟门桥站前右SSK108+766.560~774.960设置区间人防段，2处人防段兼顾防淹。

区间两端大钟寺站、蓟门桥站均采用暗挖法施工。本段区间采用矿山法施工。

7.1.4 既有隧道概况

在建京张高铁隧道采用单洞双线的大断面盾构法施工，隧道直径12.2m，管片厚550mm。盾构机主机长14.5m，开挖直径12.64m，如图7-2和图7-3所示。

京张高铁隧道在地铁12号线处，轨面高程为28.313m。

京张高铁隧道盾构机预计2018年8月底推进至北三环（地铁12号线范围）、2019年3—4月铺轨至北三环、2019年6月联调联试、2019年底通车。

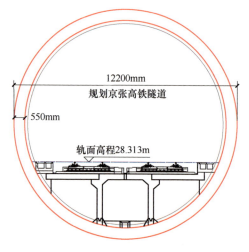

图7-2 京张高铁隧道剖面图

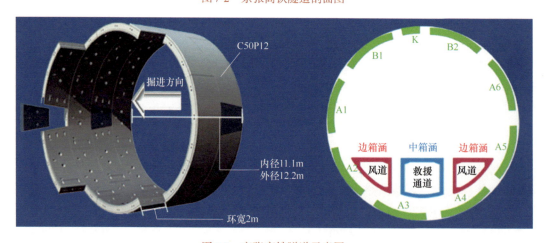

图7-3 京张高铁隧道示意图

7.1.5 新建与既有隧道空间位置关系

北京地铁12号线下穿清华园盾构隧道段采用矿山法施工。地铁结构拱顶距盾构管片最小距离约1.6m，既有盾构隧道尚在沉降期范围内，地铁穿越施工风险极大，穿越工程相对位置关系如图7-4所示。

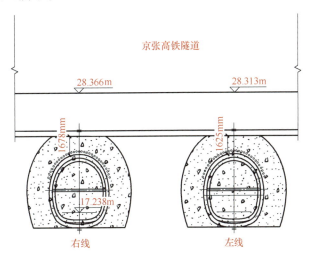

图7-4 北京地铁12号线与京张高铁盾构隧道位置关系

7.2 高速铁路隧道变形规律

7.2.1 计算模拟及假定

计算模型中考虑既有京张城际铁路清华园盾构隧道结构的影响，建立三维实体模型。数值分析模型如图7-5所示。

三维模型的尺寸：长度90m，宽度64m，深度60m。模型共离散出单元数238370个、节点数367372。采用实体单元（C3D8R）模拟各土层、12号线注浆加固层和初期支护结构及京张城际铁路清华园盾构管片，管棚采用桁架单元（Truss）模拟。各土层、结构材料参数见表7-1和表7-2。

土层材料参数　　　　　　　　表7-1

上覆土层	重度 (kN/m³)	弹性模量 (MPa)	泊松比	黏聚力 (kPa)	内摩擦角 (°)	厚度 (m)
①₁杂填土	18.0	10.0	0.30	2	10	2.0
④₁黏土	18.8	12.8	0.31	35	10	5.0
④₃粉细砂	20.2	45.0	0.23	1	30	2.0
⑥₂粉土	20.7	46.6	0.30	23	30.5	15.2
⑦卵石-圆砾	21.5	195	0.20	1	45	35.8

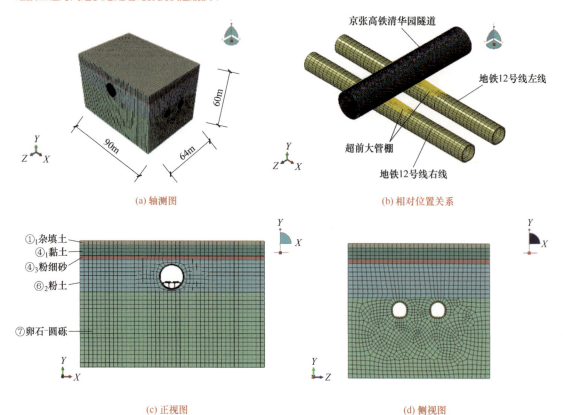

(a) 轴测图　　　　　　　　　　　　(b) 相对位置关系

(c) 正视图　　　　　　　　　　　　(d) 侧视图

图 7-5　数值分析模型

结构材料参数　　　　　　　　　　　　　　　表 7-2

类别	重度(kN/m³)	弹性模量(MPa)	泊松比	参数
盾构管片	25.0	34500	0.2	外径为 12.2m，内径为 11.1m，环宽为 2m，厚度为 0.55m
预制仰拱	25.0	32500	0.2	3.3m×1.98m×2.8m
钢轨	78.3	206000	0.3	长度 64 m
道床板	25.0	32500	0.2	64m×2.8m×0.26m
底座板	25.0	32500	0.2	64m×2.8m×0.21m
地铁衬砌	25.0	28000	0.2	厚度 350mm
深孔注浆	22.2	100	0.3	京张隧道前后 10m 进行加固

各计算工况模拟情况的说明见表 7-3。

计算工况　　　　　　　　　　　　　　　表 7-3

施工阶段	对应阶段	示意图	说明
1	初始地应力阶段		计算初始地应力，消除自重产生的变形

续表

施工阶段	对应阶段	示意图	说明
2~4	右线开挖支护1		模拟开挖地铁右线暗挖隧道至管棚并施作支护对高铁隧道的影响
5	施作右线管棚		模拟施作右线超前大管棚对高铁隧道的影响
6~8	左线开挖支护1		模拟开挖地铁左线暗挖隧道至管棚并施作支护对高铁隧道的影响
9	施作左线管棚		模拟施作左线超前大管棚对高铁隧道的影响
10	高铁铺轨		模拟京张铺轨对高铁隧道的影响
11~13	右线开挖支护2		模拟开挖地铁右线暗挖隧道至京张正下方并施作支护对高铁隧道的影响
14~16	右线开挖支护3		模拟开挖地铁右线暗挖隧道通过管棚并施作支护对高铁隧道的影响

续表

施工阶段	对应阶段	示意图	说明
17~19	右线开挖支护4		模拟开挖地铁右线暗挖隧道开挖结束并施作支护对高铁隧道的影响
20~22	左线开挖支护2		模拟开挖地铁左线暗挖隧道至京张正下方并施作支护对高铁隧道的影响
23~25	左线开挖支护3		模拟开挖地铁左线暗挖隧道通过管棚并施作支护对高铁隧道的影响
26~28	左线开挖支护4		模拟开挖地铁左线暗挖隧道开挖结束并施作支护对高铁隧道的影响

模型中第一阶段为隧道施工的初始阶段，计算出土体及结构在自重作用下的位移场和应力场。运算结束后，在结果文件中选择应力场输出各积分点上的各个应力分量：S_{11}、S_{22}、S_{33}、S_{12}、S_{13}、S_{23}，创建并导出新的文件，经过处理后得到以逗号分隔的csv文件，通过修改ABAQUS的inp文件将上次计算结果导入，作为此次计算的预应力场，反复多次提交计算，减小在自重作用下的沉降位移，并形成初始应力场，如图7-6所示。

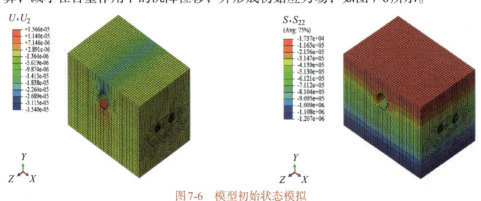

图7-6 模型初始状态模拟

7.2.2 隧道竖向变形规律

1. 土体

铺设无砟轨道后，由于轨道及盾构管片自重和地铁隧道开挖效应的叠加，在地表相应位置出现了等值线，影响范围局限于地铁隧道开挖一侧；随着施工的进行，开挖的影响范围也在向前扩展，在右线施工至高铁正下方阶段，影响范围扩大到了地铁隧道下方土体，而当左线施工至高铁正下方时，影响范围变为沿开挖方向延伸的带状，且在高铁下方局部范围发生沉降；最后阶段，施工结束后土体受影响范围继续向下扩展，且地表影响区域也进一步变大。

土体典型阶段竖向位移计算结果如图7-7所示。

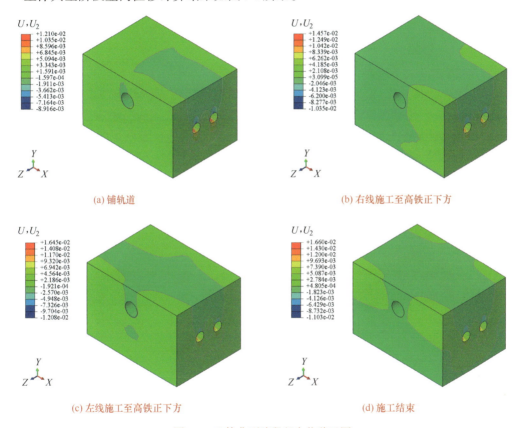

(a) 铺轨道　　　　　　　　　　(b) 右线施工至高铁正下方

(c) 左线施工至高铁正下方　　　　(d) 施工结束

图7-7　土体典型阶段竖向位移云图

选取典型施工阶段盾构隧道正上方地表节点竖向位移随高铁隧道中心距离绘制点线图，如图7-8所示，均呈现出Peck公式所描述的钟形曲线特征，其中从数值看具有以下规律：铺轨道（−0.258mm）<右线施工至高铁正下方（−0.620mm）<左线施工至高铁正下方（−1.196mm）<施工结束（−1.379mm）。

从最值出现的位置看：铺轨道时位于盾构隧道中心处，右线施工到达盾构正下方时，最值位于右线隧道上方，左线施工到达盾构隧道正下方时，最值出现位置向左移动，最后施工完成后最值位于盾构隧道中心处。

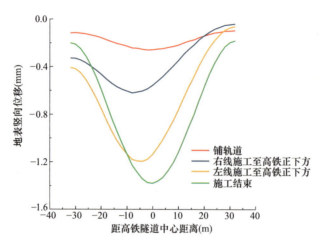

图 7-8 典型施工阶段地表竖向位移曲线

2. 盾构隧道

从图 7-9 得到铺设无砟轨道后,地铁开挖对盾构隧道的影响尚未波及,由于在轨道及其自重作用下,整体竖向位移增大,拱顶处管片出现了较大的沉降,且中部的值最大为 −0.248mm;随着地铁右线施工推进到高铁正下方时,对应位置附近的管片拱底沉降达到 1.456mm;紧接着下一阶段结束后,沉降范围比上阶段要大,有向中部移动的趋势,沉降值也增大到 2.011mm,幅度变化了 38.1%;在最后阶段,地铁左线上方的盾构隧道的拱底也出现了 1.901mm 的沉降,同时右线上方对应位置的竖向变形减小到了 −1.884mm。

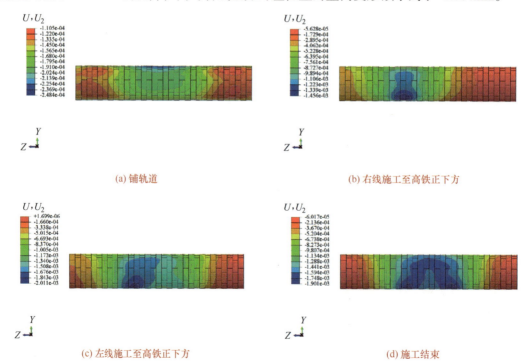

(a) 铺轨道　　　　　　　　　　　(b) 右线施工至高铁正下方

(c) 左线施工至高铁正下方　　　　(d) 施工结束

图 7-9 盾构管片典型阶段竖向位移云图

选取典型施工阶段盾构隧道底部节点竖向位移随高铁隧道中心距离绘制点线图，如图7-10所示，其中从数值看具有以下规律：铺轨道（-0.185mm）<右线施工至高铁正下方（-1.032mm）<施工结束（-1.896mm）<左线施工至高铁正下方（-1.998mm）。

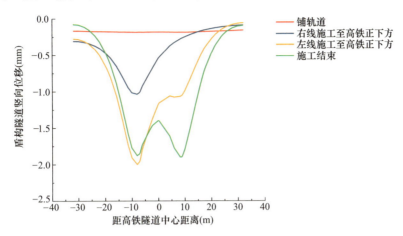

图7-10　典型施工阶段盾构隧道竖向位移曲线

从最值出现的位置看：铺轨道时高铁隧道产生的竖向位移与其他阶段相比数值较小，图上近似为一条水平线。右线施工到达盾构正下方时，最值位于右线隧道上方，呈现单峰；左线施工到达盾构隧道正下方时，原有最值出现位置保持不变，同时数值增大为1.998mm，在左线正上方位置出现了一个小的峰值-1.498mm。最后施工阶段完成后在左右隧道的相应位置正上方盾构隧道拱底处出现了2个峰值，其中最值位于左线一侧，最大沉降值为1.896mm。

3. 预制仰拱

铺设无砟轨道后，地铁开挖对预制仰拱的影响较小，由于在轨道及预制仰拱自重作用下，整体竖向位移增大，中部预制仰拱结构出现了较大的沉降，且数值最大为-0.629mm；随着地铁右线施工推进到高铁正下方时，对应位置附近的预制右侧仰拱沉降达到1.544mm；紧接着下一阶段结束后，沉降范围比上阶段要大，有向中部移动的趋势，沉降值也增大到2.429mm，幅度变化了57.3%；在最后阶段，地铁左线上方的预制中仰拱的上部也出现了2.297mm的沉降，同时右线上方对应位置的竖向变形减小到了-2.284mm，减幅为6.0%，具体计算结果如图7-11所示。

选取典型施工阶段预制仰拱中心节点竖向位移随高铁隧道中心距离绘制点线图，如图7-12所示，其中从数值看具有以下规律：铺轨道（-0.629mm）<右线施工至高铁正下方（-1.454mm）<施工结束（-2.297mm）<左线施工至高铁正下方（-2.429mm）。

从最值出现的位置看：铺轨道时位于预制中仰拱的中部处，这时预制仰拱整体受到竖向向下的均布力，同样产生了类似梁的挠曲线。右线施工到达盾构正下方时，最值位于右线隧道上方，呈现单峰；左线施工到达盾构隧道正下方时，原有最值出现位置保持不变同时数值增大，在左线正上方位置出现了一个小的沉降峰值-1.552mm。最后施工完成后最值位于盾构隧道中心处。施工完成后在左右隧道的相应位置对称出现了2个峰值，即"W"形，最大沉降值为2.297mm，较前一阶段有小幅回落。

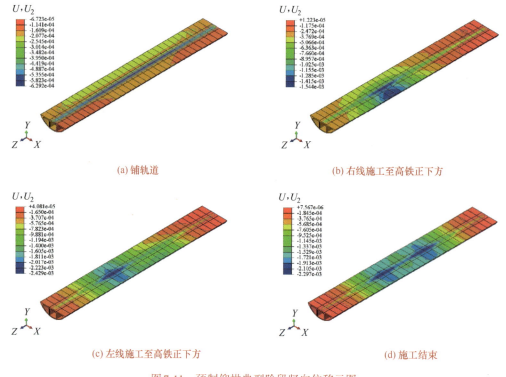

(a) 铺轨道　　　　　　　　　　　　(b) 右线施工至高铁正下方

(c) 左线施工至高铁正下方　　　　　(d) 施工结束

图 7-11　预制仰拱典型阶段竖向位移云图

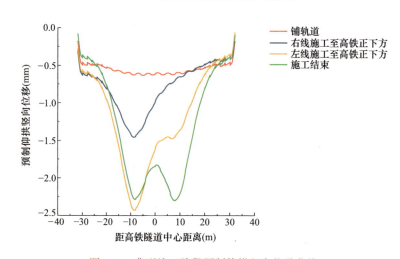

图 7-12　典型施工阶段预制仰拱竖向位移曲线

4. 轨道

铺设无砟轨道后，由于在轨道自重作用下，整体竖向位移增大，无砟轨道结构中部出现了较大的沉降，且数值最大为-0.418mm；随着地铁右线施工推进到高铁正下方时，对应位置附近的无砟轨道沉降达到1.642mm；紧接着下一阶段结束后，沉降范围比上阶段要大，有向中部移动的趋势，沉降值也增大到2.188mm，幅度变化了33.3%；在最后阶段，地铁左线上方的轨道上部也出现了2.086mm的沉降，同时右线上方对应位置的竖向变形减小到了-2.058mm，减幅为5.9%。具体计算结果如图7-13所示。

第7章 北京地铁12号线下穿京张高铁清华园隧道工程实例

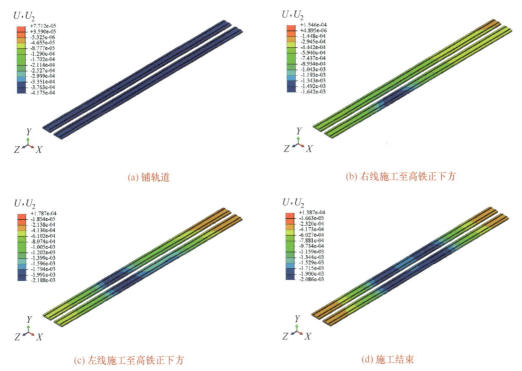

(a) 铺轨道　　(b) 右线施工至高铁正下方

(c) 左线施工至高铁正下方　　(d) 施工结束

图 7-13　轨道典型阶段竖向位移云图

选取典型施工阶段各股钢轨中心节点竖向位移随高铁隧道中心距离绘制点线图，如图 7-14 所示，在各阶段，高铁右线的沉降值最大，以其为例进行分析，从数值看具有以下规律：铺轨道（-0.418mm）<右线施工至高铁正下方（-1.507mm）<施工结束（-2.067mm）<左线施工至高铁正下方（-2.142mm）。

从最值出现的位置看：铺轨道时位于无砟轨道中部位置处，这时轨道整体承受竖直向下的均布力，产生了类似梁的挠曲变形。右线施工到达盾构正下方时，最值位于右线隧道上方对应的无砟轨道处，呈现单峰；左线施工到达盾构隧道正下方时，原有最值出现位置保持不变同时数值增大，在左线正上方位置出现了一个小的峰值-1.553mm。最后施工完成后最值位于盾构隧道中心处。施工完成后在左右隧道的相应位置出现了2个峰值，即"W"形，最大沉降值为2.142mm，较前一阶段有小幅回落。

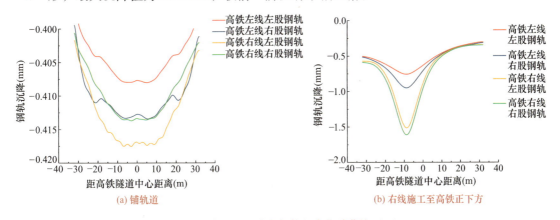

(a) 铺轨道　　(b) 右线施工至高铁正下方

图 7-14　典型施工阶段钢轨竖向位移曲线（一）

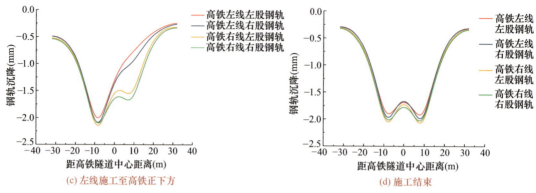

图 7-14 典型施工阶段钢轨竖向位移曲线（二）

7.2.3 隧道水平变形规律

1. 土体

铺设轨道前后，地铁隧道下方及其周围土体发生向开挖方向的位移区域明显有扩大的迹象，此后右线连续开挖直到开挖结束，受影响区域也不断前移。而隧道开挖掌子面前方及上方土体整体有向掌子面移动的趋势。随后左线接着开挖，土体也表现出一致的规律。直至施工结束，土体位移整体向开挖方向移动。土体典型阶段水平位移计算结果如图 7-15 所示。

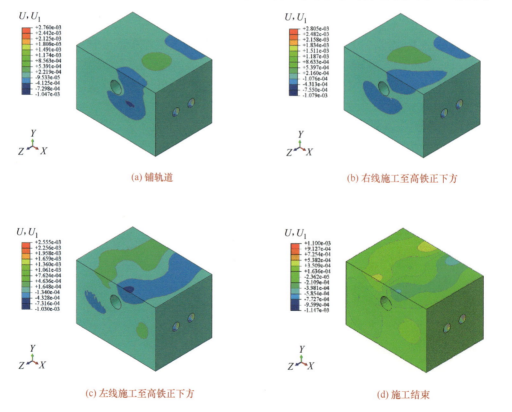

图 7-15 土体典型阶段水平位移云图

选取施工结束后盾构隧道正上方地表节点水平位移随高铁隧道中心距离绘制的曲线如

图 7-16 所示，从铺轨道到左线施工至高铁正下方亦呈现 Peck 公式所描述的钟形曲线特征，而施工结束后为双线施工的叠加效果。其中从数值看具有以下规律：施工结束（<0.1mm）<铺轨道（0.175mm）<左线施工至高铁正下方（0.3mm）<右线施工至高铁正下方（0.35mm）。从最值出现的位置看：铺轨道时位于盾构隧道中心处，右线施工到达盾构正下方时，最值位于右线隧道上方；左线施工到达盾构隧道正下方时，最值出现位置向左移动，位于左线隧道对应位置上方；最后施工完成后最值分别位于地铁隧道两线上方各自中心处。施工完成后最大水平位移值不足 0.1mm，方向整体向开挖方向移动。

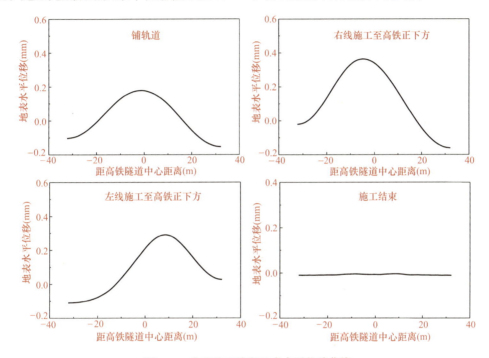

图 7-16　典型施工阶段地表水平位移曲线

2. 盾构隧道

铺设轨道后，高铁隧道整体受下方地铁隧道开挖影响不是沉降的主要因素。当地铁右线施工至高铁隧道正下方时，对应位置的管片向掌子面移动了 0.284mm，而稍靠上位置的管片发生向内收敛位移，数值为 0.328mm。当地铁左线施工至高铁隧道正下方时，对应位置的管片向掌子面移动了 0.388mm，稍靠上位置的管片发生向内收敛位移，而地铁右线上方的管片向内收敛数值为 0.335mm，增幅为 0.21%。当施工全部结束时，地铁隧道掌子面位于纸面向里一侧，此时，地铁左右线中心轴线上方高铁管片均发生了向掌子面方向的移动，数值最大为 0.266mm。盾构隧道典型阶段水平位移计算结果如图 7-17 所示。

选取典型施工阶段盾构隧道 X 方向直径处水平位移随高铁隧道中心距离绘制的曲线如图7-18 所示，在铺轨道阶段，盾构隧道的整体变形较小，仅在两个端部发生了向开挖面方向的位移。右线开挖至盾构隧道正下方时，在右线隧道拱顶上方的盾构隧道发生靠近开挖方向的位移，其他部位则发生远离开挖方向的位移，呈现弓字形；类似的，左线开挖至高铁下方和施工结束后，在地铁左右线拱顶处的盾构隧道发生了向先前开挖卸载方向的位移，其他部分则相反。其中从数值看具有以下规律：铺轨道（-0.048mm）<施工结束（-0.258mm）<右线施工

至高铁正下方（–0.303mm）<左线施工至高铁正下方（–0.317mm）。

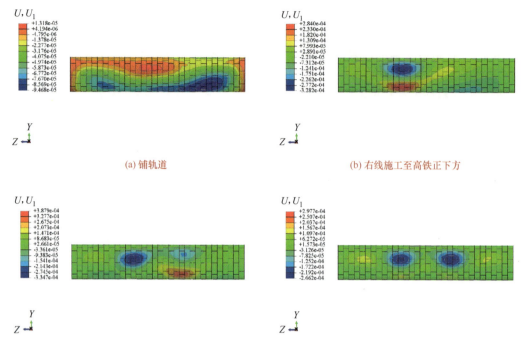

图 7-17　盾构隧道典型阶段水平位移云图

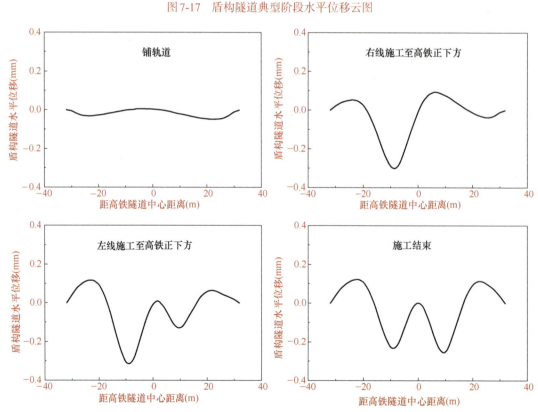

图 7-18　典型施工阶段盾构隧道水平位移曲线

3. 预制仰拱

铺设轨道后，预制仰拱整体发生远离开挖方向的水平位移。当地铁右线施工至高铁隧道正下方时，对应位置的预制仰拱向掌子面移动了0.338mm。当地铁左线施工至高铁隧道正下方时，对应位置的预制仰拱向掌子面移动了0.368mm。当施工全部结束时，地铁隧道掌子面位于纸面向里一侧，此时，地铁左右线中心轴线上方预制仰拱均发生了向掌子面方向的移动，最大数值为0.473mm。预制仰拱典型阶段水平位移计算结果如图7-19所示。

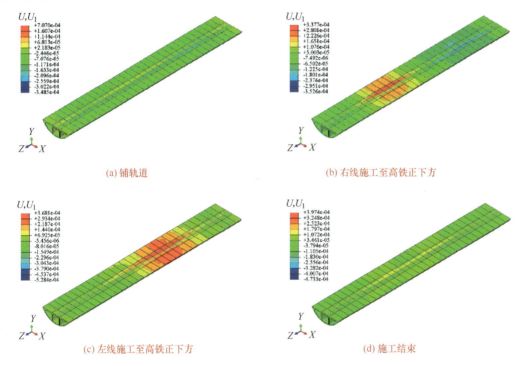

图7-19 预制仰拱典型阶段水平位移云图

选取典型施工阶段预制仰拱中部节点位移随高铁隧道中心距离绘制的曲线如图7-20所示，铺设轨道阶段，地铁隧道尚未开挖至高铁隧道明显影响区域，预制仰拱整体向背离开挖区域移动，当地铁右线开挖至预制仰拱正下方时，预制仰拱向开挖区域移动，且达到峰值0.282mm；当地铁左线开挖至预制仰拱正下方时，预制仰拱向开挖区域移动，且达到峰值0.317mm；当施工阶段结束后，预制仰拱向背离开挖面移动，且仰拱中心处的位移达到最大值0.098mm。

4. 轨道

铺设轨道后，高铁轨道整体发生了远离开挖方向的水平位移。当地铁右线施工至高铁隧道正下方时，对应位置的轨道左右线均向掌子面移动，且左线移动幅度较右线大，移动了0.368mm。当地铁左线施工至高铁隧道正下方时，对应位置的轨道左右线均向掌子面移动，且左线移动幅度较右线大，移动了0.400mm。当施工全部结束时，此时，地铁左右线中心轴线上方高铁轨道均发生了向掌子面方向的移动，且左线运动比较明显，数值最大为0.210mm。轨道典型阶段水平位移计算结果如图7-21所示。

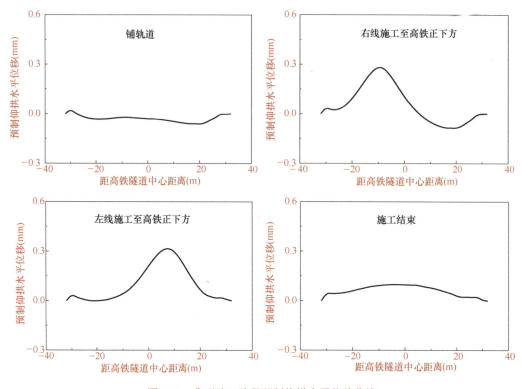

图 7-20 典型施工阶段预制仰拱水平位移曲线

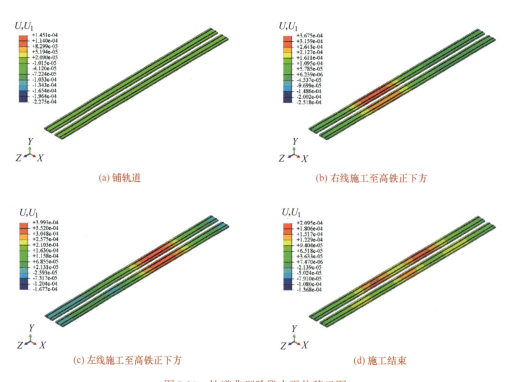

图 7-21 轨道典型阶段水平位移云图

选取典型施工阶段各股钢轨水平位移随高铁隧道中心距离绘制的曲线如图7-22所示，铺设轨道阶段，高铁左右线钢轨发生了相反方向的运动：左线向开挖方向移动，右线向背离开挖方向移动，且左线移动幅度较大，但数值均小于0.1mm。当地铁右线开挖至高铁隧道正下方时，高铁双线钢轨均向开挖区域移动，且左线右股钢轨达到峰值0.347mm。当地铁左线开挖至高铁隧道正下方时，其上方的高铁轨道向开挖区域移动，且左线右股的水平位移达到峰值0.399mm。当施工阶段结束后，高铁双线钢轨整体向背离开挖面移动，具体表现不一样：高铁左线钢轨在距高铁隧道中心左右各10m附近，水平位移分别达到局部区域的极值，而中部位移相对上一阶段保持0.142mm不变，呈现双峰形状；高铁右线钢轨在距高铁隧道中心左右各20m附近及高铁隧道中心处，水平位移分别达到局部区域的极值，且中部水平位移最大为0.143mm，呈现三峰形状。

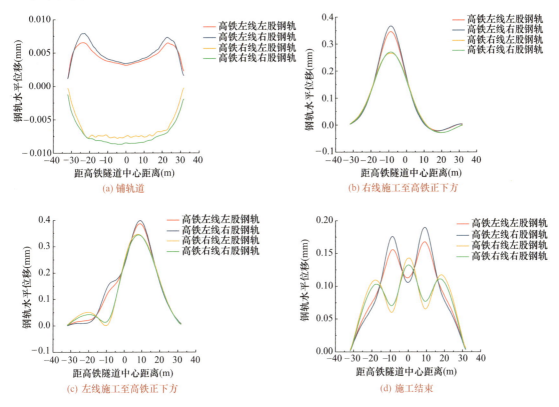

图7-22 典型施工阶段钢轨水平位移曲线

7.3 模型验证

7.3.1 京张高铁隧道自动化监测布置

采用静力水准传感器对京张高铁隧道进行自动化第三方监测复核，分别选取5个断面，如图7-23所示。所在管节编号分别为：环770、环776、环780、环785、环790。基准点布设在环755。

每个隧道断面左右两侧拱腰处分别布设一个静力水准传感器，测点编号如图 7-23 所示（以环 770 为例），电信号采用串联形式连接。由于洞内无网络，因此从监测区域内引信号线至 2 号竖井。因监测区域至洞口处有 1.5km 远，需从基准点引至隧道管节编号环 450，布置一个中继器增强信号，从环 450 至洞口处，布置一个采集箱，对隧道进行实时自动化监测。

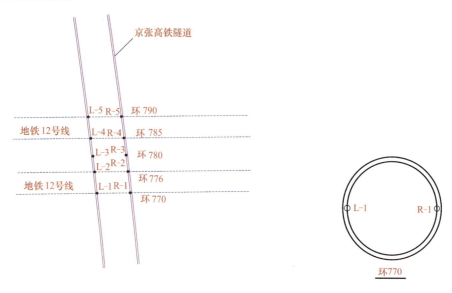

图 7-23 监测断面及自动化测点示意图

7.3.2 方案结果对比情况

监测数据和有限元计算结果如图 7-24 和图 7-25 所示。

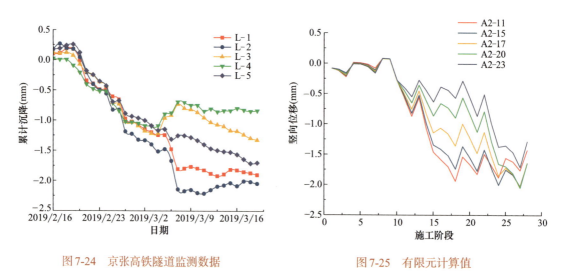

图 7-24 京张高铁隧道监测数据　　　　图 7-25 有限元计算值

由图 7-24 得出京张高铁清华园隧道左侧实际监测数据累计沉降为 2.25mm，而施工阶段最大沉降为 2.011mm，如图 7-25 所示，误差为 8.9%，计算结果与监测值较为接近。

利用MATLAB编制随机介质法计算程序,并将得到的计算结果与前述有限元计算结果绘制于图7-26。

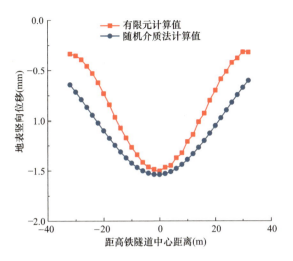

图7-26 有限元和随机介质计算法土体竖向位移结果对比

分析图7-26的计算结果,随机介质法和有限元计算总体的变形规律接近,呈现单峰的Peck沉降曲线,峰值误差为2.4%,且从高铁隧道中间向两边延伸,随机介质法的计算结果相比有限元计算结果偏大,究其原因,随机介质法计算的是最不利状态下,即隧道开挖后发生完全坍塌,没有考虑支护对变形的约束作用,而有限元除了考虑支护、打设超前管棚及高铁铺设轨道的影响,还计入了深孔注浆加固的效果。

7.4 本章小结

以北京地铁12号线大钟寺站—蓟门桥站区间隧道矿山法下穿京张高铁清华园盾构隧道为背景,采用数值分析与现场监测数据及随机介质法,分析了在超前大管棚和深孔注浆加固下的高铁盾构隧道、预制仰拱及无砟轨道的变形响应,得到以下结论:

(1)与监测数据相比误差为8.9%,与随机介质法相比峰值误差为2.4%,验证了计算结果的相对准确性。

(2)从竖向位移看,地表沉降具有Peck曲线特征,且随着施工进度的进行,峰值由高铁隧道中心处先移动至地铁右线开挖处,然后又运动到地铁左线开挖处,此时,地表沉降达到最大值。在最后阶段,重新回到高铁隧道中心的位置。盾构隧道、预制仰拱和以钢轨为代表的无砟轨道,也有类似的形变规律。

(3)从水平位移看,地表和预制仰拱中心处的水平位移在铺轨道、右线开挖至高铁隧道正下方和左线开挖至高铁隧道正下方阶段形状为"几"字形,且高铁隧道中心、地铁右线中心轴线及地铁左线中心轴线上方的土体水平位移依次达到最值,在施工结束阶段近似为零;而盾构隧道水平直径处的水平位移形状表现出类似竖向位移的特点,所不同的是,位移方向水平指向开挖方向;高铁双线各股钢轨的水平位移较为复杂,铺设轨道阶段,高铁左右线钢轨发生了相反方向的运动:左线向开挖方向移动,右线向背离开挖方向移动,且左线移动幅度较大；当地铁右线开挖至高铁隧道正下方时，高铁双线钢轨均向开挖区域移动；当地铁左线开挖至高铁隧道正下方时，其上方的高铁轨道向开挖区域移动。当施工阶段结束后高铁左线钢轨在距高铁隧道中心左右各10m附近，水平位移分别达到局部区域的极值，而中部位移相对上一阶段保持不变，整体呈现双峰形状；高铁右线钢轨在距高铁隧道中心左右各20m附近及高铁隧道中心处，水平位移分别达到局部区域的极值，整体呈现三峰形状。

第 8 章

京张铁路遗址公共空间近接京张高铁隧道改造提升工程实例

8.1 工程概况

8.1.1 工程简介

京张铁路遗址公共空间是利用北京市海淀区京张高铁旁的京张铁路旧线改造而成的遗址公园。

京张铁路遗址公共空间改造提升工程（以下简称京张铁路遗址公园）南起北京北站，北至北五环，全长约9km，服务海淀区9个街镇。京张铁路遗址公园范围如图8-1和图8-2所示。

图8-1 京张铁路遗址公园范围俯视图

京张铁路遗址公园的规划研究和实施工作于2019年年初启动。

2021年6月，北京市海淀区与中国铁路北京局集团有限公司正式签订协议，完成京张铁路遗址公园范围内涉及的铁路用地授权；中国铁路北京局集团有限公司授权这部分用地无偿用于建设京张铁路遗址公园。

根据规划，京张铁路遗址公园将分期分段实施，选取清华东路至大运村足球场全长2.4km的区段为项目一期；2021年10月，京张铁路遗址公园一期获得北京市发展和改革委员会批复。

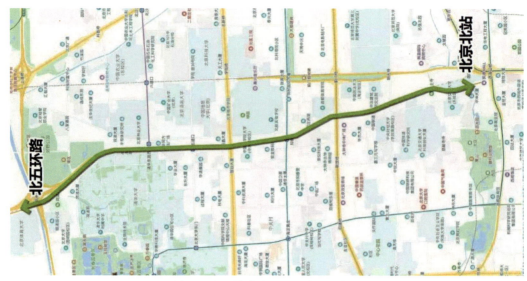

图 8-2 京张铁路遗址公园范围示意图

京张铁路遗址公园一期项目包括三块内容，从北向南依次为：清华东路至成府路部分（A区面积23580m²）、成府路至北四环中路部分（B区面积25590m²）、北四环路至知春路部分（C区面积118830m²）。一期项目区位及平面图如图8-3和图8-4所示。

图 8-3 京张铁路遗址公园（一期）项目区位图

图 8-4 京张铁路遗址公园（一期）项目平面图

京张铁路遗址公园工程包含：绿化工程、庭院工程、给水排水工程、电气工程、弱电智慧化工程和市政道路工程等。

8.1.2 工程地质与水文地质情况

根据京张铁路建设资料，调研与京张铁路遗址公园（一期）C区工程邻近处钻孔揭露的土质情况如下：

1. 工程地形地貌

北京市位于华北平原的北端，东南距渤海约150km。北京市中心位于北纬39°、东经116°。地势西北高、东南低。西部是太行山余脉的西山，北部是燕山山脉的军都山，东南是永定河、潮白河等河流冲积而成的、缓缓向渤海倾斜的平原。海拔高度为20~60m，山地一般海拔1000~1500m，与河北交界的东灵山海拔2303m，为北京市最高峰。

该市政道路工程位于北京市海淀区，处于北京平原区的西北部。地面高程为48.500~51.000m，地形平坦。

2. 地质构造

北京地区位于华北平原北部边缘，北部、西部为山区，属于燕山和太行山余脉。大地构造位置位于祁吕贺兰山字形构造东翼反射弧南翼、新华夏系第二沉降带与第二隆起带之间，构造主要受新华夏系控制，与我国东部大地构造总体背景基本一致。北京地区的地质构造格局是新生代地壳构造运动形成的，其特点是以断裂及其控制的断块活动为主要特征，新生代活动的断裂主要有北北东-北东向和北西-东西向两组，大部分为正断裂性质，并在不同程度上控制着新生代不同时期发育的断陷盆地。断裂分布多集中成带。

北京地区北东-北北东向的断裂主要有延矾盆地北缘断裂、南口山前断裂、沿河城-紫荆关断裂、八宝山断裂、黄庄-高丽营断裂、顺义-前门-良乡隐伏断裂、南苑-通县断裂、礼贤-牛堡屯断裂、夏垫-马坊断裂、大华山断裂、河防口-北石城断裂、青石岭断裂。各条断裂在第四纪以来活动性差异较大，且具有分段活动的特点。

本工程邻近黄庄-高丽营断裂，大致相交于北三环附近。该断裂为隐伏断裂，上覆较厚的第四系地层，该断裂主要活动于晚更新世以前，全新世以来没有活动，对工程影响较小。

3. 地层岩性

地层以第四系全新统人工堆积层（Q_4^{ml}）杂填土和第四系全新统冲洪积层（Q_4^{al+pl}）黏性土、粉土、砂类土、圆砾土及卵石土为主。地层情况分述如下：

（1）第四系全新统人工堆积层（Q_4^{ml}）

① 杂填土，稍湿，主要为建筑垃圾、碎石等，以粉质黏土、粉土充填。厚度0.8~6.5m。

$①_1$素填土：稍湿，主要为既有铁路路基。

（2）第四系全新统冲洪积层（Q_4^{al+pl}）

②粉质黏土：黄褐色，硬塑，含少量铁锰质氧化物，局部夹粉砂。属中压缩性土。厚度0.4~21.5m。

$②_1$粉土：黄褐色，中密，稍湿~饱和，土质不均，含砂量较高，局部含少量钙质结核。属中压缩性土~低压缩性土。厚度0.5~9.3m。

$②_2$粉砂：黄褐色，中密，稍湿~饱和，主要矿物成分为石英、长石。属中低压缩性土。厚度0.3~7.4m。

②$_3$细砂：黄褐色，中密，饱和，主要矿物成分为石英、长石。属中低压缩性土。厚度0.7~3.3m。

②$_4$中砂：黄褐色，稍密~中密，饱和，主要矿物成分为石英、长石。属中低压缩性土。厚度0.5~4.0m。

②$_5$卵石土：杂色，稍密~中密，饱和，呈圆棱状，母岩成分主要为砂岩、花岗岩，一般粒径大于60mm，最大粒径超过75mm，级配较好，岩芯呈散状，未见胶结。充填少量中粗砂和粉质黏土，含量约为15%。厚度0.8~4.4m。

②$_6$圆砾土：黄褐色，稍密~中密，饱和，呈圆棱状，母岩成分主要为砂岩、花岗岩，填充物主要为中粗砂，一般粒径2~20mm，最大粒径大于35mm，大于2mm的颗粒含量约占50%，级配较好，岩芯呈散状，未见胶结。厚度0.8~4.4m。

②$_7$粉质黏土：黄褐色，软塑，刀切面光滑，可见铁锰结核和氧化铁，土质较均匀，含姜石约占5%。

③卵石土夹粉土、粉质黏土薄层：黄褐色，稍密~中密，饱和，呈圆棱状，母岩成分主要为砂岩、花岗岩，岩质坚硬。粒径最大约为150mm，大于60mm的颗粒含量约为55%，20~60mm颗粒含量约为15%，余为砂充填，级配较好，岩芯呈散状，未见胶结。厚度0.8~16.6m，常夹粉土、粉质黏土薄层及透镜体。

③$_1$粉土：黄褐色，中密，饱和，土质不均，含砂量较高，局部含少量钙质结核。属中压缩性土~低压缩性土。厚度1.0~1.7m。

③$_2$粉砂：黄褐色，中密，饱和，主要矿物成分为石英、长石。属低压缩性土。厚度0.4~3.7m。

③$_3$细砂：黄褐色，中密，饱和，主要矿物成分为石英、长石。属低压缩性土。厚度1.0~1.2m。

③$_4$中砂：黄褐色，稍密~中密，饱和，主要矿物成分为石英、长石。属低压缩性土。厚度1.0~1.4m。

③$_5$粗砂：黄褐色，稍密~中密，饱和，主要矿物成分为石英、长石。属低压缩性土。厚度0.4~3.4m。

③$_6$砾砂：黄褐色，稍密~中密，饱和，主要矿物成分为石英、长石。属低压缩性土。厚度1.5~2.8m。

④粉质黏土：黄褐色，硬塑，含少量铁锰质氧化物，局部夹粉砂。属中压缩性土。厚度1.8~12.5m。

④$_1$粉土：黄褐色，密实，饱和，土质不均，含砂量较高，局部含少量钙质结核。属中压缩性土~低压缩性土。厚度0.5~0.7m。

④$_2$细砂：黄褐色，密实，饱和，主要矿物成分为石英、长石。属低压缩性土。厚度0.2~0.4m。

④$_3$粉砂：黄褐色，密实，饱和，主要矿物成分为石英、长石。属低压缩性土。厚度0.5~3.4m。

④$_4$粗砂：黄褐色，中密~密实，饱和，主要矿物成分为石英、长石。属低压缩性土。厚度1.5~2.2m。

④$_5$中砂：黄褐色，中密~密实，饱和，主要矿物成分为石英、长石。属低压缩性土。厚度1.0~2.0m。

⑤卵石土夹粉土、粉质黏土薄层：黄褐色，中密~密实，饱和，呈圆棱状，母岩成分主要为砂岩、花岗岩，一般粒径60mm约占70%，20~60mm粒径约占15%，级配较好，岩芯呈散状，未见胶结。厚度2.0~18.2m，常夹粉土、粉质黏土薄层及透镜体。

⑤$_1$粉质黏土：黄褐色，硬塑，含少量铁锰质氧化物，局部夹粉砂。属中压缩性土。厚度0.5~3.1m。

⑤$_2$粉土：黄褐色，密实，饱和，土质不均，含砂量较高，局部含少量钙质结核。属中压缩性土~低压缩性土。厚度1.2~3.2m。

⑤$_3$细砂：黄褐色，密实，饱和，主要矿物成分为石英、长石。属低压缩性土。厚度1.1~2.3m。

⑥粉质黏土：黄褐色，硬塑，含少量铁锰质氧化物，局部夹粉砂。属中压缩性土。厚度4.1~13.2m。

⑥$_1$粉土：黄褐色，密实，饱和，土质不均，含砂量较高，局部含少量钙质结核。属中压缩性土~低压缩性土。该层钻探未揭穿。

⑥$_2$粉砂：黄褐色，密实，饱和，主要矿物成分为石英、长石。属低压缩性土。该层呈透镜体分布。

⑥$_3$粗砂：黄褐色，中密~密实，饱和，主要矿物成分为石英、长石。属低压缩性土。该层呈透镜体分布。

4. 水文地质

北京是华北平原地下水资源最丰富的地区之一，地下水主要赋存在平原区第四系砂砾卵石层和山区及平原隐伏碳质岩地层中。平原区地下水为第四系松散层孔隙水，水文地质条件主要受永定河、潮白河、温榆河、泃河和大石河等冲洪积层所控制，含水层具有明显的水平分带性。

北京平原地区第四系地层中的松散岩类孔隙水按埋藏条件分为上层滞水、潜水和承压水。

上层滞水分布不均、水位高低变化很大，主要受大气降水、生活废水、污水等地下管线渗漏的垂直补给。不同地段，含水层的渗透系数相差很大，补给方式和补给量悬殊较大。以蒸发、向下越流补给潜水和降水等方式排泄。

潜水普遍分布，地下水位受地形起伏和地层埋深变化的影响，地下水位略有起伏。接受大气降水和上层滞水的垂直渗透补给，以向下越流补给承压水的方式排泄。

承压水主要分布在中、下部，被若干隔水层分隔，形成多层承压水。部分含水层局部地段因隔水层分布的变化或受地下水开采的影响，地下水位低于含水层顶板，形成层间潜水，补给以侧向径流和越流为主，排泄以侧向径流和人工抽取地下水的方式为主。

上层滞水：水位高程一般为44.910~49.620m，含水层为粉土②$_1$层及粉砂②$_2$层，主要接受大气降水补给，其次为管沟渗漏补给。钻探揭示该层水位埋藏深度为3.4~5.7m。

承压水：水头高程为27.970~29.000m（水头埋深为21.7~22.5m），含水层为卵石土③层、粉土③$_1$层、粉砂③$_2$层、细砂③$_3$层、中砂③$_4$层、粗砂③$_5$层等。受区域性地下水位下降的影响，局部承压，在部分地段已失去承压性。主要接受侧向径流及越流补给，以侧向径流方式排泄。钻探揭示该层水位埋藏深度为21.0~25.0m。

5. 地震记录及基本参数

根据史料记载及仪器记录，北京及周边邻近地区（北纬38.5°~41.0°，东经114.0°~120.0°）自公元274年3月以来，共发生4.75级以上的大地震近百次，其中对北京城区影响最大的是公元1057年发生于固安的6.75级地震、公元1679年9月2日发生于三河和平谷的8级地震，以及公元1730年9月30日发生于北京西郊的6.5级地震，这三次地震北京城区的地震烈度均为8度。公元1976年7月28日的唐山地震，北京地区的地震烈度为8度。

根据《中国地震动参数区划图》GB 18306—2001、《建筑抗震设计规范（2016年版）》GB 50011—2010及京张铁路建设基础资料，本工程场地内地震动峰值加速度为0.20g，抗震设防烈度为Ⅷ度，设计地震分组为第一组。

6. 特殊岩土

特殊岩土主要为人工填土，广泛分布于表层，厚度为0.8~1.5m，力学性质差异较大，稳定性较差，在设计施工中应予以重视。

8.1.3 改造工程环境现状

京张铁路遗址公园（一期）C区位于北京市海淀区北四环中路至知春路之间，西邻中关村南五街，东邻大运村路。京张铁路遗址公园（一期）C区位置示意如图8-5所示。

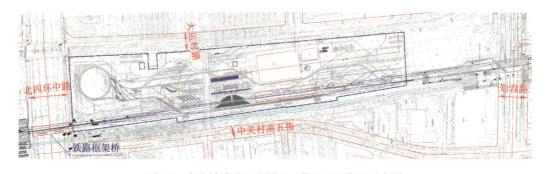

图8-5 京张铁路遗址公园（一期）C区位置示意图

京张铁路遗址公园（一期）C区建设规模约118830m²，工程内容主要有：市政道路工程、绿化工程、庭院工程、给水排水工程、电气工程及弱电智慧化工程。

1. 市政道路工程

根据建设规划，京张铁路遗址公园（一期）C区内含有一条配套市政道路6号路，6号路道路工程建设归属北京市海淀区园林局，与遗址公园同步推进建设。

6号路为城市支路，道路规划红线宽20m，设计速度为20km/h，道路最大纵坡为1.7%，最小纵坡为0.4%。设计6号路西起中关村南五街，东至大运村路，道路全长约217.13m。京张铁路遗址公园（一期）C区内市政配套道路平面位置示意如图8-6所示。

6号路横断面采用一幅路形式，施工中线与规划中线重合。断面布置保证了行人、非机动车、机动车各交通方式的出行需求，同时充分与京张铁路遗址公园相结合。标准横断面组成为：4m（人行步道）+2.5m（非机动车道）+3.5m（机动车道）+3.5m（机动车道）+2.5m（非机动车道）+4m（人行步道）=20m，横断面与纵断面如图8-7和图8-8所示。

第8章 京张铁路遗址公共空间近接京张高铁隧道改造提升工程实例

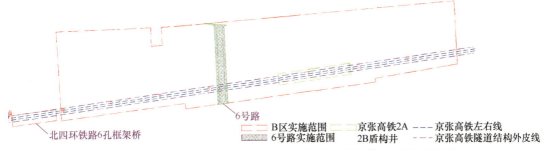

图 8-6 京张铁路遗址公园（一期）C区内市政配套道路平面位置示意图

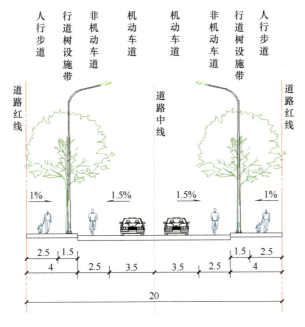

图 8-7 道路东西向标准横断面示意图（单位：m）

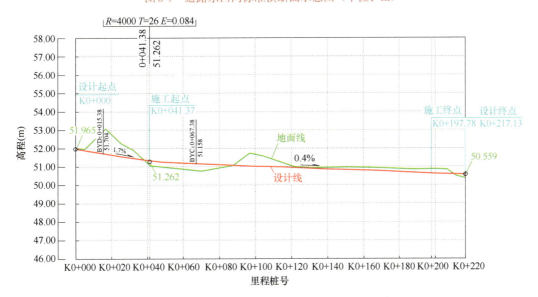

图 8-8 道路纵断面示意图

· 131 ·

6号道路需开挖16个照明灯杆的基坑,基本为深度不大的小型土方工程,尺寸为30cm(长)×30cm(宽)×60cm(深),有着量小、面窄、分散的特点,拟采用人工进行开挖,挖出的土方先堆放在沟槽及基坑的旁边,待回填后,再将剩余的土方及时进行回填或者外运。

2. 绿化工程

C区绿化工程常绿乔木共有179株,落叶乔木840株,亚乔木179株,灌木148m²,绿篱及色带2780m²,花卉及水生植物2242m²,地被20873m²,混合地被1034m²,草坪及时令花卉8273m²,现状乔木保留94株,现状树移植3株,整理绿化用地面积35651m²。

C区绿化前需对场地进行平整及回填种植土,种植土最小厚度应满足植物主要根系分布深度;根据大树移植(落叶乔木)所带土球直径大小(1.5~1.8m)确定种植穴大小,并对种植穴进行适当扩挖。

绿化工程宜在道路等土建施工完成后进场,如有交叉施工应采取措施保证种植施工质量。绿化及植被种植示意图详见园林设计图。C区高铁保护区内绿化工程数量统计见表8-1。

C区高铁保护区内绿化工程数量统计表　　　　表8-1

序号	树种	规格要求			单位	数量
		高度(m)	胸径(cm)	冠幅(m)		
一	常绿乔木				株	13
1	高杆造型油松	8~9	19~20	4.5~5	株	13
二	落叶乔木				株	97
1	金银木	5.5~6		3~3.5	株	3
2	元宝枫	4~4.5		2.5~3	株	3
3	悬铃木	6.5~7		4~4.5	株	3
4	国槐	5~6		3.5~4	株	34
5	现状保留槐	6~6.5		1.5~2	株	2
6	白蜡	9~10	21~22	5~5.5	株	6
7	丛生金枝国槐	>8	14~15	3~4	株	1
8	美国红枫	7~8	24~25	4~4.5	株	3
9	山杏	6~7	15~16	4~4.5	株	7
10	丁香	7~8	21~22	4~4.5	株	3
11	银杏	6~7	19~20	3.5~4	株	2
12	五角枫	>8	19~20	5~5.5	株	8
13	现状保留榆	7~8	19~20	4.5~5	株	1
14	马褂木	4~5	14~15	3~3.5	株	6
15	现状保留椿	6~7	单杆杆径8	6~6.5	株	1
16	丛生元宝枫	>8	19~20	4~4.5	株	1
17	山桃	4~4.5	10~12	0.5~1	株	8

续表

序号	树种	规格要求			单位	数量
		高度(m)	胸径(cm)	冠幅(m)		
18	黄栌	6~7	17~18	4~4.5	株	5
三	灌木地被				m²	1404.7
1	崂峪苔草				m²	164.4
2	小叶黄杨				m²	15
3	索格纳丁香				m²	29.4
4	美国紫苑				m²	12.1
5	拂子茅				m²	12
6	细叶芒				m²	198.2
7	时令花卉				m²	562.5
8	冷季型观赏草				m²	74.1
9	西伯利亚鸢尾				m²	24.5
10	大叶黄杨				m²	67.7
11	花叶锦带				m²	57.6
12	小兔子狼尾草				m²	40.4
13	八宝景天				m²	23
14	假龙头				m²	18
15	杜松				m²	22.3
16	紫叶狼尾草				m²	83.5

种植开挖时，种植开挖要求如下：

（1）土球规格主要为120~160cm。

（2）种植穴规格以大于土球规格180~220cm、深度为土球直径的4/5+30cm为宜，即方便施工中树木调向和调直，也方便回填土改良。

（3）种植穴的挖掘应保持穴壁垂直下挖。树穴挖掘以人工为主、挖掘机为辅。操作时将好土与渣土分开堆放，不散乱，以便好土回填及渣土外运。

（4）土球规格和种植穴的规格应及时报监理工程师审核检验，合格后方可栽树。

相关种植穴规格统计见表8-2和表8-3。

乔木类树穴规格（单位：cm） 表8-2

树高	胸径	土球直径	种植穴深度	种植穴直径
150	4~7	40~50	50~60	80~90
150~250	7~9	70~80	80~90	100~110
250~400	9~12	80~100	90~100	120~130
400以上	12以上	140以上	120以上	180以上

花灌木树穴规格(单位:cm)　　　　　　　　表8-3

冠径	种植穴深度	种植穴直径
200	70~90	90~110
100	60~70	70~90

3. 庭院工程

C区内庭院工程主要有自行车道、铁轨、广场铺装、道牙、入口种植池、火车转盘节点、木平台、音乐互动铁轨森林、座椅类、文化景墙类、铺装嵌入文化类、大廊架(含观景塔)等。

庭院工程中采用的素混凝土强度等级不低于C15,钢筋混凝土中混凝土强度等级不低于C25。

庭院工程布设平面示意及道路剖面示意如图8-9~图8-13所示。

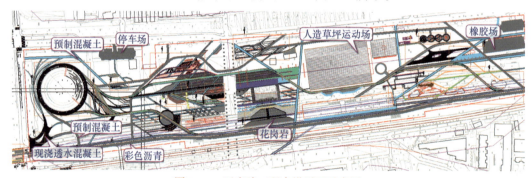

图8-9　C区庭院工程布设平面示意图

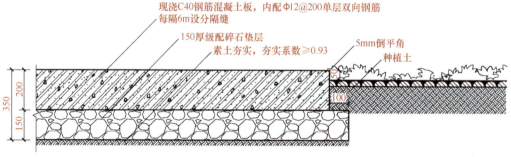

图8-10　现浇混凝土道路剖面示意图(一)(单位:mm)

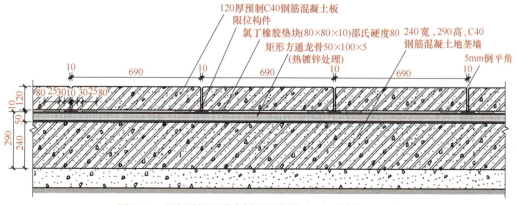

图8-11　现浇混凝土道路剖面示意图(二)(单位:mm)

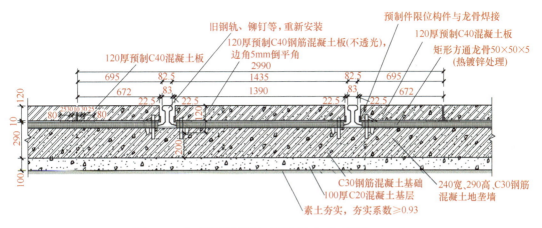

图8-12 移动盒子轨道剖面示意图（一）(单位：mm)

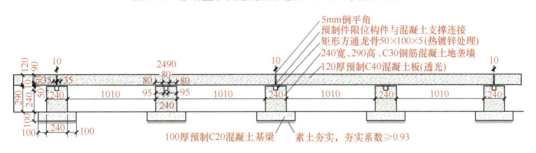

图8-13 移动盒子轨道剖面示意图（二）(单位：mm)

C区高铁保护区内庭院工程数量统计见表8-4。

C区高铁保护区内庭院工程数量统计表　　表8-4

项目	材料名称	数量	单位
自行车道	3m宽自行车道	127	m²
	自行车道道牙	80	m
道路铺装	预制钢筋混凝土板	99	m²
	小料石	267.6	m²
	花岗岩	324	m²
轨道道路	铁轨主路—大规格混凝土砖	137	m²
	铁轨主路—小规格混凝土砖	152	m²
	复原铁轨	125	m²
小品及构筑物	树池箅子金属成品	2	套
	原木座椅	2	个

4. 给水排水工程

（1）雨水工程

C区内雨水经道路雨水口及雨水沟收集，经硅砂蓄水池及雨水花园调蓄，最终接入市政雨水系统。

雨水沟采用成品线性排水沟，雨水口采用砖砌平箅子雨水口，箅子为铸铁材质。雨水管采用HDPE双壁波纹管，场地内及下穿人行步道雨水管管径采用DN300。

雨水草沟平面布设、断面及过路井剖面如图8-14~图8-16所示。

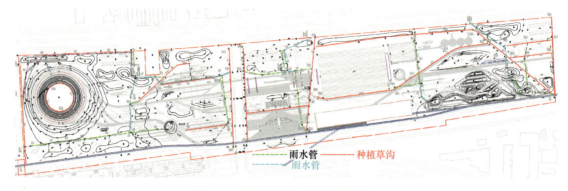

图 8-14 雨水草沟平面布设示意图

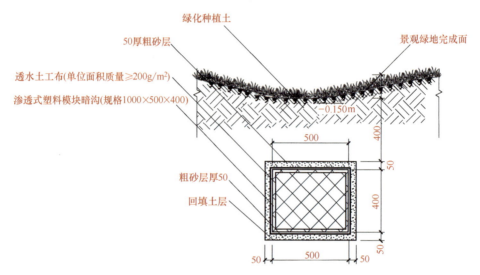

图 8-15 雨水草沟断面示意图（单位：mm）

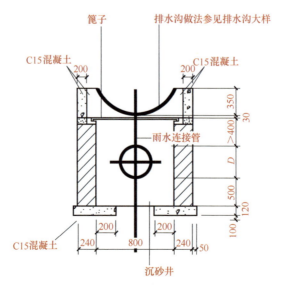

图 8-16 雨水草沟过路井剖面图（单位：mm）

(2) 绿化灌溉给水工程

C区灌溉采用喷灌、浇灌、滴灌相结合的方式,灌溉给水管材及附件采用聚乙烯PE80管,管径小于等于50mm,管线沿地形敷设,施工时根据现场种植、地形可做适当调整。C区高铁保护区内给水排水工程数量统计见表8-5。

C区高铁保护区内给水排水工程数量统计表　　　　　表8-5

序号	项目名称	名称	描述	单位	图纸数量
1	喷灌工程	给水管	PE63	m	32
		给水管	PE32	m	48
		喷头	—	个	4
2	排水工程	排水沟	线性排水沟	m	20

5. 电气工程及弱电智慧化工程

C区内电气工程主要含园区内园路及景观照明、配电系统、接地保护等。所有电气管线过车行路段时须加穿SC100热镀锌钢管保护,套管长出路肩1m;在地坪下1m敷设,电力干线的布置如图8-17所示。C区内弱电工程主要含园区内广播系统、监控系统、LED显示屏以及设备设施的防雷、接地设计。

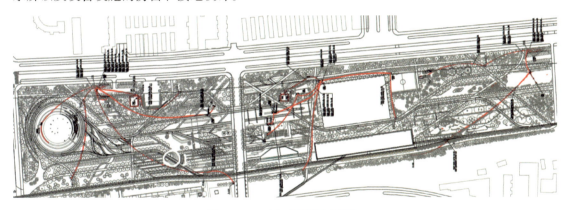

图8-17　C区电力干线布置图

C区高铁保护区内电气工程数量统计见表8-6。

C区高铁保护区内电气工程数量统计表　　　　　表8-6

项目名称		单位	数量
电气工程	灯具　G1庭院灯	m	3
	灯具　F1插泥投光灯	m	6
	电力电缆　YJV3×16电缆	m	60
	电力电缆　YJV3×16电缆	m	60
	电力电缆　YJV22-4×95电缆	m	359

8.1.4　既有京张高速铁路隧道现状

京张高速铁路,又名京张客运专线,即京包客运专线京张段,是一条连接北京市与河北省张家口市的城际高速铁路，是"八纵八横"高速铁路主通道中"京兰通道"的重要组成部分；京张高速铁路主线由北京北站至张家口站，正线全长174km，设10个车站，最高设计速度350km/h。

2016年4月，京张高速铁路开工建设；2019年12月，京张高速铁路开通运营；2020年12月，京张高速铁路延庆线开通运营；2022年1月，专为北京冬奥会量身定制的北京冬奥列车正式在京张高速铁路上线运行。

京张高速铁路自北京北站引出，过学院南路后转入地下，连续下穿北三环、知春路、北四环、成府路、清华东路，于万泉河以南转出地面，后下穿北五环，沿既有京张铁路增建二线至沙河站，沙河站至昌平站区段增建沙昌三线至昌平站，平面引入既有昌平站后经南口镇东侧以隧道穿越军都山，出隧道后于康庄跨既有京包铁路进入河北境内，于既有线北侧在军事设施影响范围内采用地下隧道形式，出隧道后设东花园北站，跨官厅水库、大秦铁路、京藏高速公路，与既有京张铁路并行，下穿京新高速公路后设怀来站，出怀来站后一路西行经下花园北、宣化北新设站，终至张家口站，线路走向如图8-18所示。

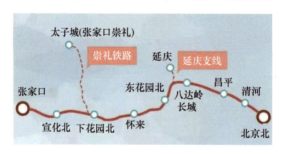

图8-18 京张高铁线路走向示意图

京张高速铁路途经北京市西城区、海淀区、昌平区、延庆区、河北省张家口市，呈东西走向，全长173.964km，其中北京市境内70.503km，河北省境内103.461km。

1. 清华园隧道工程概况

清华园隧道位于北京市海淀区，穿城铁13号线及既有京包铁路东侧，线路自DK12+413（运营里程K20+518）北京北站向北引出，在设计里程DK13+400（运营里程K21+505）处进入清华园隧道，依次下穿学院南路、北三环（上穿规划地铁12号线）、知春路、北四环、成府路、清华东路（上穿地铁15号线）等城市主干道，隧道自DK19+420（运营里程K27+525）出地面，区段设计速度目标值120km/h，隧道采用"隧限-2B"建筑限界。

隧道进口设计里程DK13+400（运营里程K21+505），出口里程DK19+420（运营里程K27+525），隧道全长6020m，进口端明挖区间隧道210m（包含1处盾构接收井），出口端明挖隧道1220m（包含1处盾构始发井），盾构施工区间4590m（包含1处盾构始发、1处接收井及井间明挖100.5m）。

1号工作竖井为进口端盾构始发井，1号盾构井里程为DK13+592.4~DK13+610（运营里程K21+697.4~K21+715），内净空尺寸15m×15.6m×19.2m（长×宽×高），井深20.84m，该竖井位于学院南路南侧。

2号竖井设计里程为DK16+317.5~DK16+459（运营里程K24+422.5~K24+564），分为2-A和2-B及竖井间，总长141.5m，位于清华园车站范围内。2-A盾构井设计里程为

DK16+317.5~DK16+340.5（运营里程 K24+422.5~K24+445.5），内净空尺寸 19m×15.6m×35m（长×宽×高），井深 37.1m；2-B 盾构井设计里程为 DK16+441~DK16+459（运营里程 K24+546~K24+564），内净空尺寸 15m×15.6m×33.2m（长×宽×高），井深 35m。

3 号井为出口端盾构始发井，设计中心里程为 DK18+214.5（运营里程 K26+319.5），利用明挖基坑场地进行整体始发，施工临时场地主要为绿化用地。

2. 隧道设计主要技术标准

（1）地下段结构主要构件的工程安全等级为一级。

（2）隧道主体结构、轨下主体结构等不可更换的结构设计使用年限为 100 年。

（3）环境类别及作用等级：化学侵蚀环境 H1，碳化环境 T2。

（4）地下段结构的防水等级为一级。

（5）地下段结构的耐火等级为一级。

（6）结构设计按最不利情况进行抗浮验算。在不考虑侧壁摩阻力时，其抗浮安全系数不得小于 1.05；当计算侧壁摩阻力时，其抗浮安全系数不得小于 1.15。

（7）为提高结构自防水能力，设计要求钢筋混凝土抗渗等级不低于 P10。

（8）主体结构的抗震设防烈度为 8 度，抗震等级为 Ⅱ 级。

3. 主要建筑材料

（1）盾构区间

预制钢筋混凝土管片：强度等级 C50，抗渗等级 P12。

钢筋：HPB300、HRB400 钢筋。

防水材料：三元乙丙橡胶密封垫、遇水膨胀橡胶密封垫、遇水膨胀橡胶止水条等。

连接件：预制钢筋混凝土管片连接螺栓强度等级为 8.8 级、10.9 级。

预埋件及型钢：Q235。

定位杆：ϕ50PVC 棒，长 800mm。

轨下结构：C40 混凝土。

所有连接件及外露铁件均需进行纳米复合粉末渗锌防腐处理，防腐层厚度不小于 50μm，以防止锈蚀。

（2）盾构井

地下连续墙：C30 混凝土。

井壁主体侧墙、消防水池：C40、P12 防水混凝土。

盾构井轨下结构：C40 混凝土。

内部结构（梁、板、疏散楼梯、砌体结构的构造柱、构造梁）：C35 混凝土。

内部结构（楼梯、砌体结构的构造柱、构造梁、轨下结构）：C30 混凝土。

钢筋：HPB300、HRB400。

钢支撑：Q235。

（3）明挖区间

顶板、侧墙（拱墙）、底板（仰拱）：C40 防水钢筋混凝土、抗渗等级 P10。

钢筋：HPB300、HRB400 钢筋。

4. 结构耐久性设计

（1）隧道主体结构（含管片、轨下结构）设计使用年限为100年。
（2）附属次要结构设计使用年限为30年。
（3）各作用环境根据地质资料分别确定，碳化环境按T2设计，氯盐环境按L1设计。

8.1.5 改造工程与京张高铁隧道的空间位置关系

京张铁路遗址公园（一期）C区范围南北向长约800m，东西向宽约120~160m。C区场地内京张高铁里程为DK16+100~DK16+901。C区与京张高铁平面位置关系如图8-19所示。

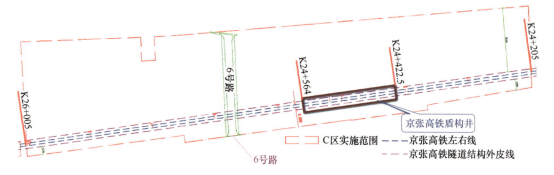

图8-19　京张铁路遗址公园C区与京张高铁平面位置关系示意图

根据京张铁路建设资料，京张铁路遗址公园C区场地范围内京张铁路隧道拱顶距离地面17.9~25.7m，京张铁路遗址公园C区与京张高铁地质剖面位置关系如图8-20所示。

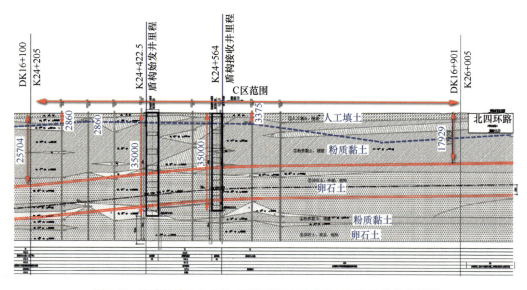

图8-20　京张铁路遗址公园C区与京张高铁地质剖面位置关系示意图

京张铁路遗址公园C区场地内京张高铁隧道结构断面如图8-21所示。

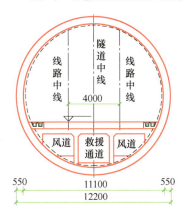

图8-21 京张高铁隧道结构断面示意图（单位：mm）

8.2 工程风险源与控制标准

8.2.1 风险评估依据

（1）《京张遗址公园建设工程（一期）C区 施工图设计》（北京北林地景园林规划设计院有限责任公司，2021年5月）

（2）《新建北京至张家口铁路工程—清华园隧道 京张施隧-10-01》（中铁工程设计咨询集团有限公司，2016年3月）

（3）《新建铁路 北京至张家口铁路 施工图设计 清华园隧道工程地质勘查报告》（中铁工程设计咨询集团有限公司，2015年8月）

8.2.2 风险评估内容及方法

评估报告应包含以下内容：

（1）根据新建京张铁路遗址公园建设工程处京张高铁线路现状及周边地质条件和环境条件，提出影响范围内既有高铁隧道结构、轨道的变形控制标准及控制值。

（2）通过建立三维有限元模型，模拟分析新建工程穿越既有京张高铁线影响范围内全过程施工阶段和运营期，分析既有隧道结构及轨道变形规律，核验隧道结构的安全性，评估外部作业施工对京张高铁线路的影响，并对穿越范围内的设计、施工中采用的工程措施或对策、监控量测方案提出意见和建议。

本项目主要通过收集、整理和分析各种地质、设计和现状调查资料，运用理论分析和数值模拟手段，结合本工程的工程地质条件和水文地质条件、周边环境条件以及本工程的施工工法等具体情况，对京张铁路遗址公园配套道路工程穿越施工对京张高铁营业线的影响进行评估。

评估主要从以下几个方面开展：

（1）结合类似工程案例，总结分析位于既有铁路地下隧道结构投影上方施工的风险特征，分析其上浮或沉降控制标准及风险控制原则，为相关咨询意见和建议的制定提供参考。

(2) 通过调研并收集京张高铁设计、施工相关资料,掌握工程位置处地下隧道结构的当前状态,为结构变形控制标准和工程保护措施提供依据。

(3) 通过理论分析和数值模拟等方法和手段,分析外部施工作业对京张高铁隧道结构安全性产生的影响,采用有限元软件建立三维模型,模拟分析京张铁路遗址公共空间施工的各阶段对铁路设备设施产生的影响,评价该工程的安全性风险。

(4) 根据数值模拟的分析和计算结果,并结合类似工程的相关资料,对设计、施工、监测提出意见和建议。

(5) 形成评估报告。

8.2.3 控制标准

1. 轨道线路相关控制标准

根据《高速铁路无砟轨道线路维修规则(试行)》TG/GW 115—2012(铁运〔2012〕83号),关于线路轨道静态几何尺寸容许偏差管理值相关规定,见表8-7和表8-8。

200~250km/h线路轨道静态几何尺寸容许偏差管理值　　　表8-7

项目	作业验收	经常保养	临时补修	限速(160km/h)
轨距(mm)	+1 −1	+4 −2	+6 −4	+8 −6
水平(mm)	2	5	8	10
高低(mm)	2	5	8	11
轨向(直线)(mm)	2	4	7	9
扭曲(mm/3m)	2	4	6	8
轨距变化率	1/1500	1/1000	—	—

注：1. 高低和轨向偏差为10m及以下弦测量的最大矢度值。
　　2. 扭曲偏差不含曲线超高顺坡造成的扭曲量。

250(不含)~350km/h线路轨道静态几何尺寸容许偏差管理值　　　表8-8

项目	作业验收	经常保养	临时补修	限速(160km/h)
轨距(mm)	+1 −1	+4 −2	+5 −3	+6 −4
水平(mm)	2	4	6	7
高低(mm)	2	4	7	8
轨向(直线)(mm)	2	4	5	6
扭曲(mm/3m)	2	3	5	6
轨距变化率	1/1500	1/1000	—	—

注：1. 高低和轨向偏差为10m及以下弦测量的最大矢度值。
　　2. 扭曲偏差不含曲线超高顺坡造成的扭曲量。

根据《邻近铁路营业线施工安全监测技术规程》TB 10314—2021,关于高速铁路轨道位移变形监测预警值、报警值、控制值的相关要求见表8-9。

轨道位移变形监测预警值、报警值和控制值（单位：mm）　　表8-9

监测项目		控制标准		
		累计量预警值	累计量报警值	控制值
高速铁路	轨道竖向位移	±1.2	±1.6	±2
	轨道水平位移	±1.2	±1.6	±2

2. 隧道结构相关控制标准

根据《高速铁路隧道工程施工质量验收标准》TB 10753—2018，关于成型隧道结构允许偏差值的相关规定见表8-10。

成型隧道结构允许偏差值　　表8-10

序号	项目	允许偏差(mm)	检验方法
1	衬砌环直径椭圆度	±6%D	测量
2	隧道圆环平面位置	±120	测量
3	隧道圆环高程	±120	测量
4	衬砌环内错台	12	尺量
5	衬砌环间错台	17	尺量

注：D指隧道的外直径，单位为mm。

根据《邻近铁路营业线施工安全监测技术规程》TB 10314—2021，关于高速铁路隧道位移变形监测预警值、报警值、控制值的相关要求见表8-11。

隧道位移变形监测预警值、报警值和控制值（单位：mm）　　表8-11

监测项目		控制标准		
		累计量预警值	累计量报警值	控制值
高速铁路	隧道结构竖向位移	±3	±4	±5
	隧道结构水平位移	±3	±4	±5

根据《铁路隧道设计规范》TB 10003—2016，考虑长期荷载作用的影响对钢筋混凝土衬砌结构构件进行计算时，表面裂缝计算宽度限值不应大于0.2mm，特殊环境条件下应符合现行《铁路混凝土结构耐久性设计规范》TB 10005—2010的要求，具体见表8-12。

钢筋混凝土结构表面裂缝计算宽度限值（单位：mm）　　表8-12

环境类别	环境等级	表面裂缝计算宽度最大限值
碳化环境	T1	0.2
	T2	0.2
	T3	0.2
氯盐环境	L1	0.2
	L2	0.2
	L3	0.15

根据《铁路混凝土结构耐久性设计规范》TB 10005—2010相关规定，对铁路隧道管

片结构进行计算时，裂缝宽度控制值为0.2mm。

根据上述规范要求，考虑京张铁路盾构隧道结构形式、地层条件、市政道路施工方法，综合考虑施工、运营安全要求等综合因素，选取较为严格的控制标准，提出本工程控制指标建议值，见表8-13。

本工程控制指标建议值（单位：mm） 表8-13

监测项目		控制标准		
		累计量预警值	累计量报警值	控制值
高速铁路	隧道结构竖向位移	±3	±4	±5
	隧道结构水平位移	±3	±4	±5
	轨道竖向位移	±1.2	±1.6	±2
	轨道水平位移	±1.2	±1.6	±2
	结构裂缝宽度	—	—	0.2

8.3 京张高铁结构安全性评价

8.3.1 计算模型及参数选取

根据有限元原理，结合穿越处几何位置关系，并考虑尺寸效应的影响，选取模型包含京张铁路遗址公园建设工程（一期）C区主要施工项、京张高铁隧道结构及轨下结构。模型边界为隧洞两侧各取5倍直径线隧道洞径宽度，模型尺寸为：京张高铁线路方向900m，横向京张高铁方向约320m，竖向50m。模型共含459865个单元、230330个节点；采用实体单元模拟各土层，采用板单元模拟京张高铁管片，建立的有限元模型如图8-22所示。

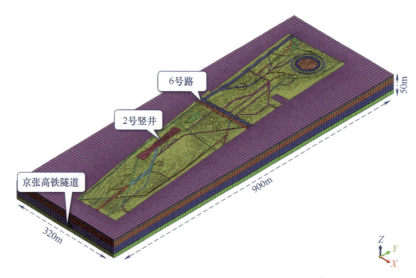

图8-22 京张铁路遗址公园C区三维模型示意图

根据《新建铁路 北京至张家口铁路 施工图设计 清华园隧道工程地质勘查报告》，计算分析中涉及的主要土层参数及材料参数见表8-14。

主要土层及材料参数表　　　表8-14

序号	名称及岩土编号	重度γ(kN/m³)	黏聚力c(kPa)	内摩擦角φ(°)	压缩模量E_s(MPa)	泊松比υ
1	人工填土①	16.5	8	10	—	—
2	粉质黏土②	18.5	23.5	25.6	—	—
3	卵石土③	22.0	0	35	40	—
4	粉质黏土④	21.0	25.0	21.0	18	—
5	卵石土⑤	21.0	0	38	50.0	—
6	隧道结构	25.0	—	—	34500	0.2

注：隧道结构考虑刚度折减0.85。

模型计算荷载主要考虑：

（1）上部荷载，包括地面超载、道路荷载、隧道上方和破坏棱体范围内的设施和建筑物压力。道路荷载考虑非机动车道荷载，按人群荷载4kN/m²选取。

（2）自重及土压力，这部分荷载在地层结构模型中通过单元密度和单元尺寸由程序自动加载。

（3）铁路设备设施及列车荷载，按高速铁路轨道和列车荷载选取，其中轨道荷载14.34kN/m²、列车荷载42.44kN/m²。

（4）后期运营荷载，考虑人防特殊工况，按拟建场地满布人群荷载4kN/m²考虑。

（5）市政6号道路荷载。

市政道路荷载按照《铁路轨道设计规范》TB 10082—2017中的要求，考虑与隧道立交的公路车辆荷载及其动力作用。

市政道路荷载按照《城市桥梁设计规范（2019年版）》CJJ 11—2011取值，等级：城-B级。

8.3.2　工况设置

根据拟建工程建设需求，模拟计算时，根据施工主要工序并考虑施工中可能出现的不利工况，模拟计算主要工况见表8-15。

模拟计算主要工况统计表　　　表8-15

工况序号	对应阶段	示意图
1	初始地应力平衡	

续表

工况序号	对应阶段	示意图
2	激活铁路设备设施	
3	施加铁路荷载	
4	园区给水排水施工	
5	园区北侧庭院工程（步道及绿化）	
6	园区南侧庭院工程（步道及绿化）	

续表

工况序号	对应阶段	示意图
7	6号路施工	
8	园区正常运营阶段	
9	园区满人荷载(高铁上方及1倍洞径范围内)	

8.3.3 高铁隧道轨道、结构变形规律

根据计算结果，既有硬化场地破拆工况较回填工况更不利，选取破拆阶段计算结果描述京张高铁结构的附加变形。

既有硬化场地破拆1号结构变形计算结果如图8-23~图8-26所示。

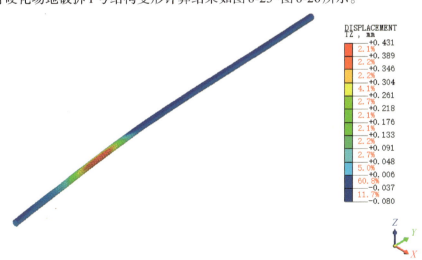

图8-23 京张高铁隧道结构竖向变形云图（一）

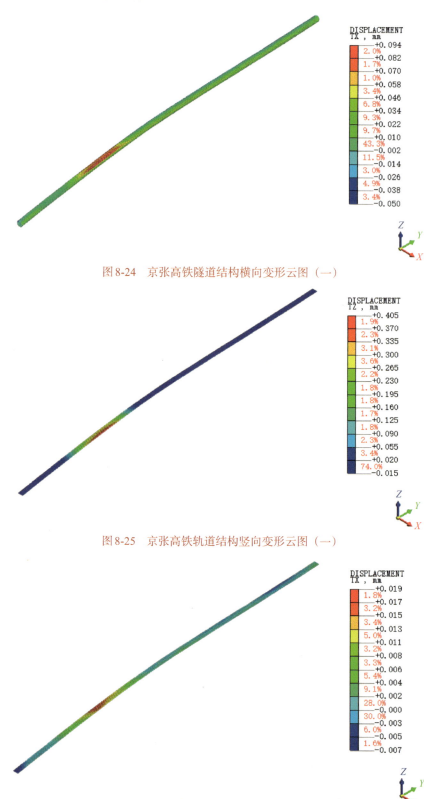

图 8-24　京张高铁隧道结构横向变形云图（一）

图 8-25　京张高铁轨道结构竖向变形云图（一）

图 8-26　京张高铁轨道结构横向变形云图（一）

既有硬化场地破拆2号结构变形计算结果如图8-27~图8-30所示。

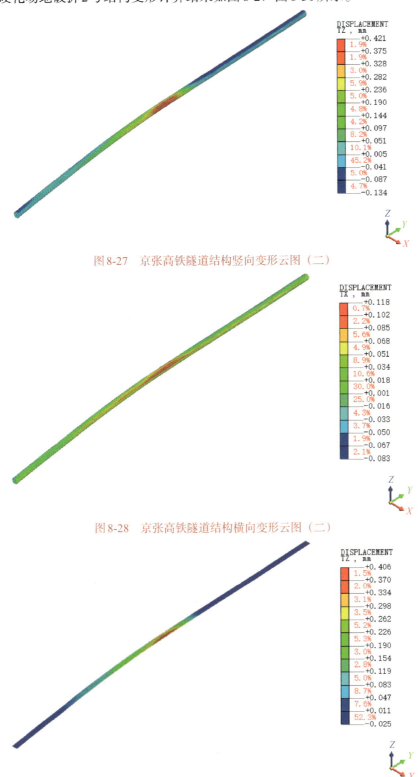

图8-27 京张高铁隧道结构竖向变形云图（二）

图8-28 京张高铁隧道结构横向变形云图（二）

图8-29 京张高铁轨道结构竖向变形云图（二）

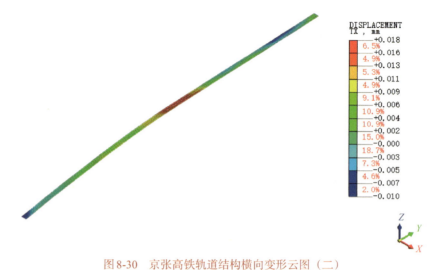

图 8-30　京张高铁轨道结构横向变形云图（二）

既有硬化场地破拆 3 号结构变形计算结果如图 8-31~图 8-34 所示。

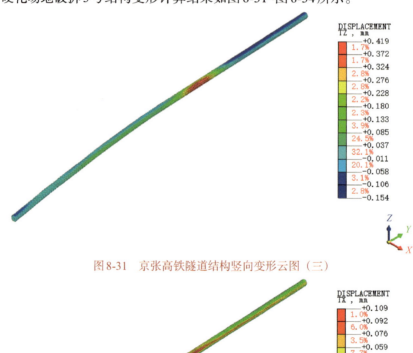

图 8-31　京张高铁隧道结构竖向变形云图（三）

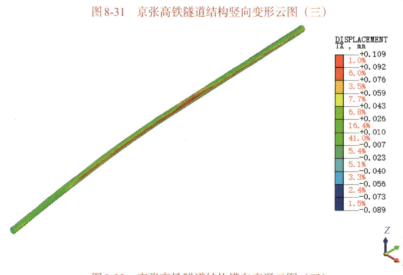

图 8-32　京张高铁隧道结构横向变形云图（三）

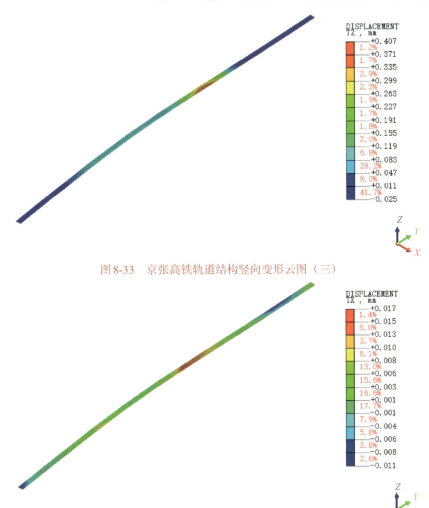

图8-33 京张高铁轨道结构竖向变形云图（三）

图8-34 京张高铁轨道结构横向变形云图（三）

既有硬化场地破拆4号结构变形计算结果如图8-35~图8-38所示。

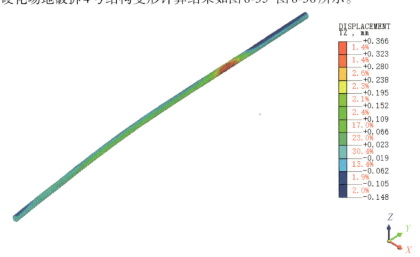

图8-35 京张高铁隧道结构竖向变形云图（四）

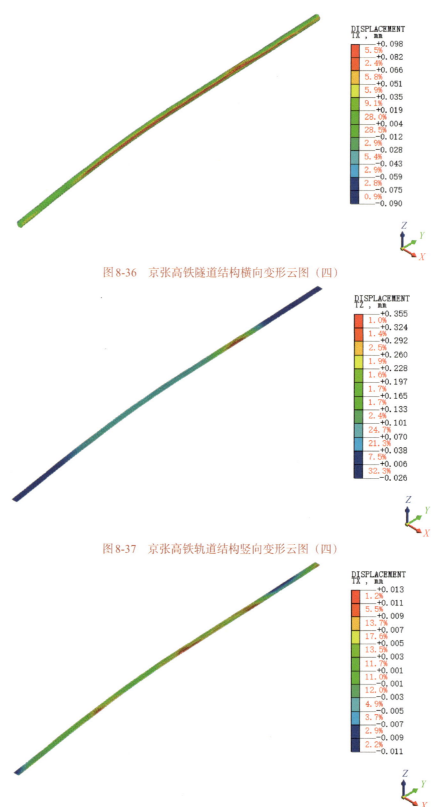

图 8-36　京张高铁隧道结构横向变形云图（四）

图 8-37　京张高铁轨道结构竖向变形云图（四）

图 8-38　京张高铁轨道结构横向变形云图（四）

园区内给水排水管道施工结构变形计算结果如图8-39~图8-42所示。

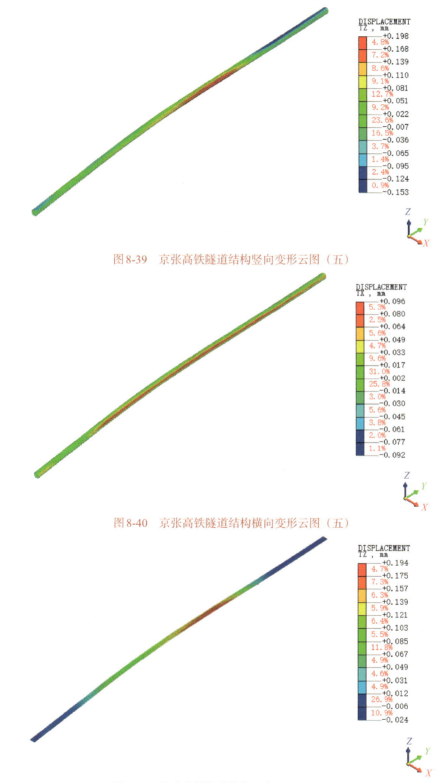

图8-39　京张高铁隧道结构竖向变形云图（五）

图8-40　京张高铁隧道结构横向变形云图（五）

图8-41　京张高铁轨道结构竖向变形云图（五）

图 8-42　京张高铁轨道结构横向变形云图（五）

园区内步道施工结构变形计算结果如图 8-43~图 8-46 所示。

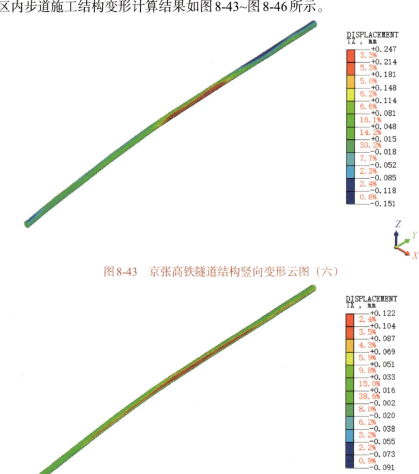

图 8-43　京张高铁隧道结构竖向变形云图（六）

图 8-44　京张高铁隧道结构横向变形云图（六）

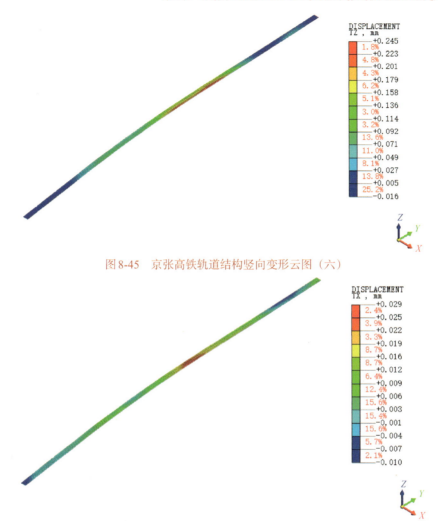

图 8-45　京张高铁轨道结构竖向变形云图（六）

图 8-46　京张高铁轨道结构横向变形云图（六）

园区内小品及构筑物施工结构变形计算结果如图 8-47~图 8-50 所示。

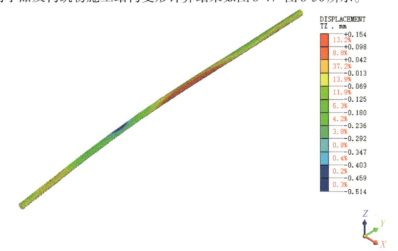

图 8-47　京张高铁隧道结构竖向变形云图（七）

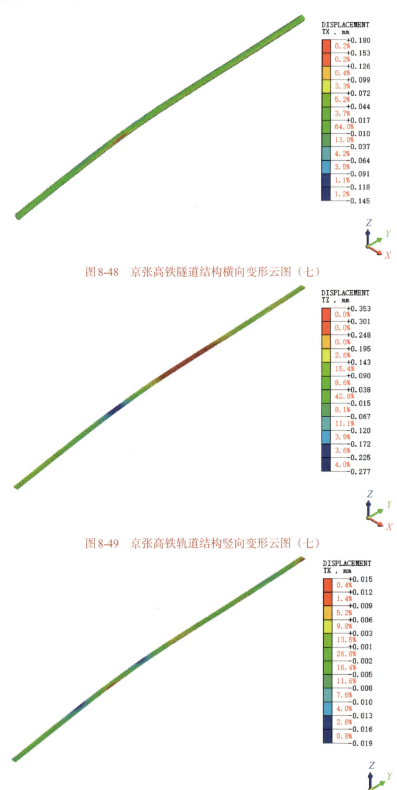

图 8-48 京张高铁隧道结构横向变形云图（七）

图 8-49 京张高铁轨道结构竖向变形云图（七）

图 8-50 京张高铁轨道结构横向变形云图（七）

2号道路支线施工结构变形计算结果如图8-51~图8-54所示。

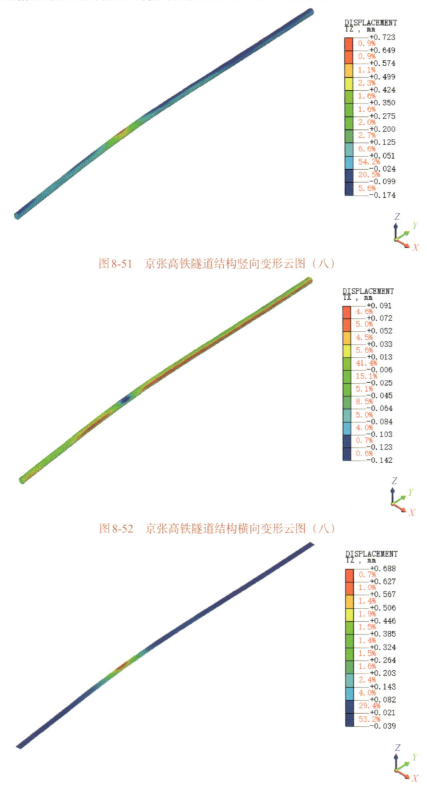

图8-51　京张高铁隧道结构竖向变形云图（八）

图8-52　京张高铁隧道结构横向变形云图（八）

图8-53　京张高铁轨道结构竖向变形云图（八）

图8-54　京张高铁轨道结构横向变形云图（八）

2号道路干线及蓄排沟槽施工结构变形计算结果如图8-55~图8-58所示。

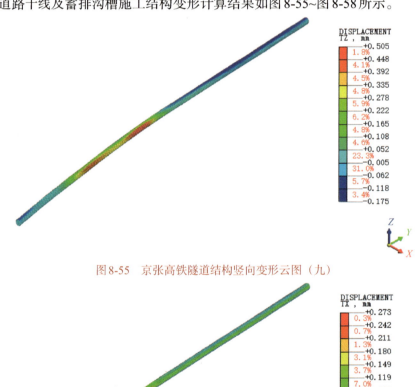

图8-55　京张高铁隧道结构竖向变形云图（九）

图8-56　京张高铁隧道结构横向变形云图（九）

第8章　京张铁路遗址公共空间近接京张高铁隧道改造提升工程实例

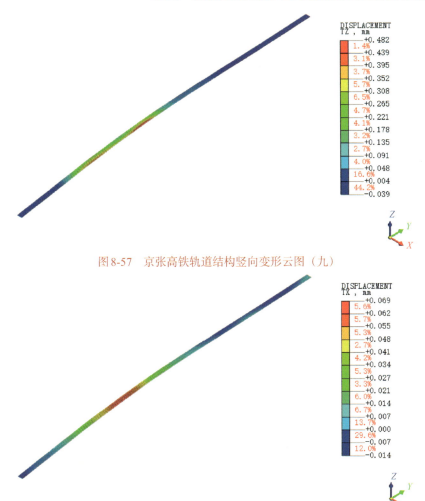

图 8-57　京张高铁轨道结构竖向变形云图（九）

图 8-58　京张高铁轨道结构横向变形云图（九）

园区正常运营荷载结构变形计算结果如图 8-59~图 8-62 所示。

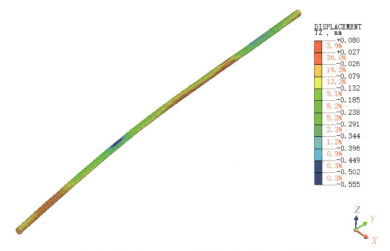

图 8-59　京张高铁隧道结构竖向变形云图（十）

· 159 ·

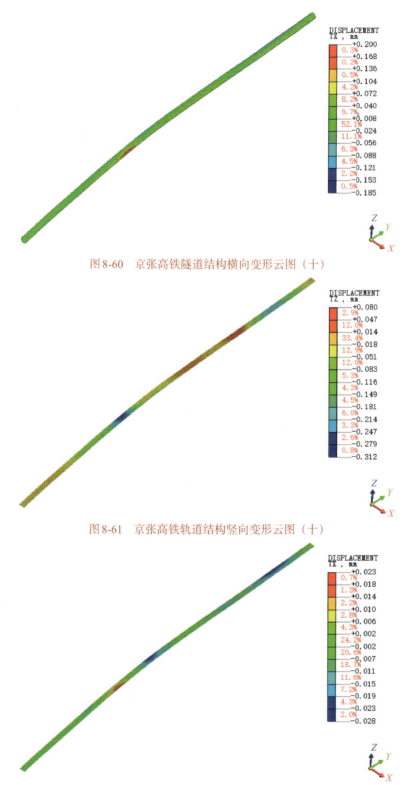

图 8-60　京张高铁隧道结构横向变形云图（十）

图 8-61　京张高铁轨道结构竖向变形云图（十）

图 8-62　京张高铁轨道结构横向变形云图（十）

园区满人荷载结构变形计算结果如图 8-63~图 8-66 所示。

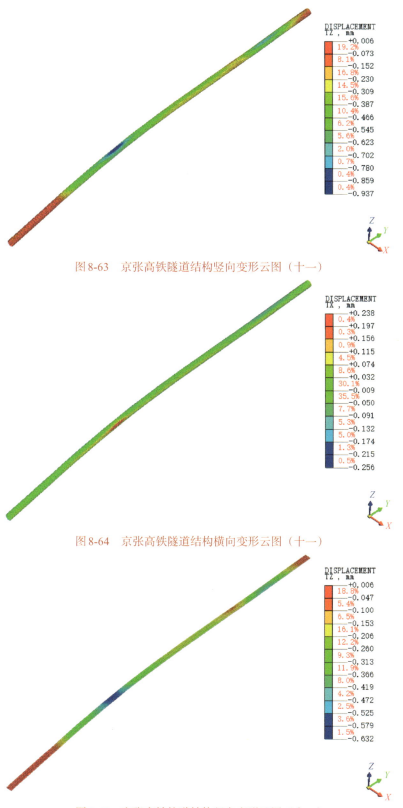

图8-63 京张高铁隧道结构竖向变形云图（十一）

图8-64 京张高铁隧道结构横向变形云图（十一）

图8-65 京张高铁轨道结构竖向变形云图（十一）

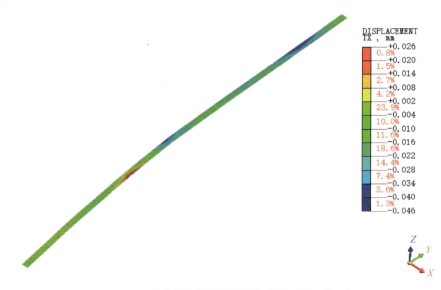

图 8-66 京张高铁轨道结构横向变形云图(十一)

根据京张遗址公园(一期)B 区实施范围内建设工程施工模拟结果可知,B 区内施工作业会对京张高铁设备设施产生一定的变形影响,施工期间,竖向变形最大位置位于京张高铁 DK17+145(K25+250)位置处,轨道竖向最大变形值为 0.688mm,隧道竖向最大变形值为 0.723。水平变形最大位置位于 DK17+145(K25+250)位置,轨道水平最大变形值为 0.015mm,隧道水平最大变形值为 0.018mm。根据上述结果,铁路结构竖向变形为主要变形。场地破拆、给水排水、步道施工、2 号市政道路等开挖施工,引起铁路结构隆起变形,待施工回填、施加运营荷载后,铁路结构变形逐步由隆起变为下沉。

经分析归纳,将竖向变形极值计算结果进行整理,见表 8-16。

京张高铁轨道结构竖向变形极值计算结果统计 表 8-16

工况内容	高铁设备设施	
	隧道竖向变形(mm)	轨道竖向变形(mm)
既有硬化场地破拆 1 号结构	0.431	0.405
既有硬化场地破拆 2 号结构	0.421	0.406
既有硬化场地破拆 3 号结构	0.419	0.407
既有硬化场地破拆 4 号结构	0.366	0.355
园区内给水排水管道施工	0.198	0.194
园区内步道施工	0.247	0.245
园区内小品及构筑物施工	0.358	0.351
2 号道路支线施工	0.723	0.688
2 号道路干线及蓄排沟槽施工	0.505	0.482
园区正常运营荷载	−0.555	−0.312
园区满人荷载	−0.937	−0.632

注:负值表示沉降。

8.3.4 高铁隧道结构内力分析

根据第8.3.3节结构竖向变形分析可知，盾构区间段隧道结构变形最大值位置处为DK17+145（K25+250）；选取该处的盾构隧道管片作为分析对象，对其内力在地铁隧道施工过程中的变化进行分析。

调研B区邻近京张高铁隧道竣工设计资料，其管片设计资料如下：

（1）管片参数

管片采用环宽2m通用环计算并综合确定。盾构预判管片设计参数见表8-17。

京张高铁盾构预制管片设计参数表　　表8-17

项目	参数	备注
盾构隧道内径/外径	11100mm/12200mm	—
衬砌管片类型	C50混凝土衬砌	抗渗等级不小于P12
衬砌管片厚度	550mm	—
衬砌管片宽度	2000mm	通用环双面楔形量 44mm
衬砌环类型	8+1	6个标准块+2个邻接块+1个K形块

（2）管片连接

衬砌环纵、环缝采用斜螺栓连接，其中块与块之间采用2根M36螺栓，环与环之间采用25根M36螺栓。管片螺栓性能等级为8.8级。

（3）管片混凝土等级

混凝土强度等级为C50，抗渗等级不小于P12。

（4）管片配筋设计

结合区间地质、水文、埋深、建（构）筑物等实际情况，采取以下几种配筋形式，具体见表8-18。

京张高铁盾构预制管片配筋参数表（每环）　　表8-18

序号	配筋类型	内侧配筋	外侧配筋	适用范围	长度(m)
1	I	4Φ28+12Φ25	16Φ22	DK13+610~DK14+700(545环) （运营：K21+715~K22+805）	1090
				DK17+820~DK18+200(190环) （运营：K25+925~K26+305）	380
2	II	10Φ28+6Φ25	16Φ22	DK14+700~DK14+710(5环) （运营：K22+805~K22+815）	10
				DK14+770~DK15+808(519环) （运营：K22+875~K23+913）	1038
				DK15+864~DK16+441(289环) （运营：K23+969~K24+546）	577
				DK16+459~DK17+820(681环) （运营：K24+564~K25+925）	1361

续表

序号	配筋类型	内侧配筋	外侧配筋	适用范围	长度(m)
3	Ⅲ	16Φ28	16Φ22	DK14+710~DK14+770(30环) （运营:K22+815~K22+875）	60
				DK15+808~DK15+864(28环) （运营:K23+913~K23+969）	56

提取变形最大处高铁隧道结构作为分析对象，内力云图见表8-19。

DK17+145（K25+250）处盾构隧道结构内力统计表　　　　表8-19

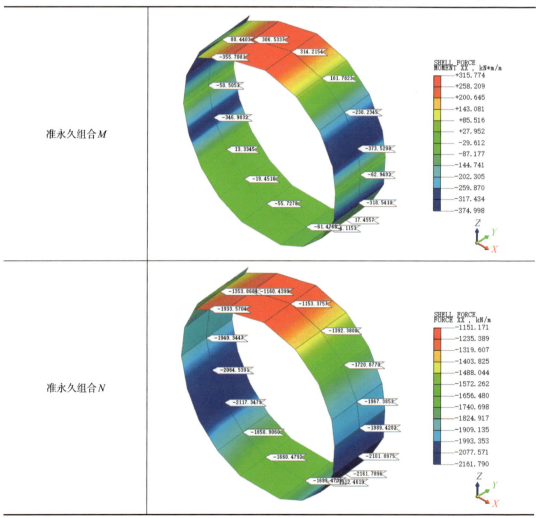

管片参数：盾构隧道内径：11000mm；隧道外径：12200mm；管片厚度：550mm；管片宽度：2000mm。

考虑管片接头影响，进行刚度折减后按均质圆环进行计算；计算结果考虑管片环间错缝拼装效应的影响进行内力调整。弯曲刚度有效率$\eta=0.8$，弯矩增大系数$\xi=0.2$。

一般隧道结构配筋由正常使用阶段控制，本次按荷载准永久组合（组合结构重要性系数为1.0）验算其裂缝宽度是否满足控制要求，对压弯构件来说，弯矩越大及轴力越小时，产生的裂缝越大，选取管片变形最大处的内力计算结果进行分析，见表8-20。

B区邻近京张高铁隧道标准段内力变化（变形最大处） 表8-20

工况1			M (kN/m)	N (kN)	实配钢筋	裂缝宽度 (mm)	裂缝控制值 (mm)	验算结果
裂缝验算	准永久组合	最大正弯矩	314	1154	3Φ25+5Φ28	0.088	0.2	满足
		最大负弯矩	−373	1968	8Φ22	0.053	0.2	满足

经检算，京张铁路遗址公共空间B区在施工期间及正常运营后，京张铁路清华园隧道盾构区间结构满足正常使用极限状态设计。

8.4 本章小结

本章结合京张高铁勘察报告、京张铁路遗址公园（一期）A区建设设计资料，基于地层-结构法，利用有限元软件MIDAS/GTS NX建立了三维模型，模拟分析了遗址公园B区建设施工作业对营业线京张高铁的安全性的影响，得出以下结论：

（1）为确保京张铁路遗址公园（一期）B区建设工程施工期间对京张高铁的影响满足营业线行车舒适性及运营安全的要求，综合考虑京张高铁当前运营现状、京张铁路遗址公园B区建设工程施工工艺，采用以规范为基础的变形控制指标，提出京张高铁隧道结构变形、轨道结构变形、结构受力控制值。

（2）根据分析计算，考虑线路平顺性、结构安全性要求，以轨道结构变形控制为限的原则，对京张铁路遗址公园（一期）B区建设工程施工过程及后期运营阶段对京张高铁结构变形结果进行预测，汇总建设施工中及运营阶段京张高铁结构竖向附加变形极值。

（3）通过将计算结果与变形控制标准进行对比，京张铁路遗址公园（一期）B区施工及后期运营阶段引起的京张高铁隧道、轨道结构变形满足控制值要求。

考虑到京张高铁线路的重要性、高铁线路对变形的敏感性及地下施工中面临的不确定因素较多，京张铁路遗址公园（一期）B区建设工程施工位于京张高铁正上方等客观条件，建议采用第三方监测作为保障措施，以监测数据和信息指导施工，确保京张高铁运营安全。

第 9 章

东莞市民富路上跨近接莞惠城际铁路隧道工程实例

9.1 工程概况

9.1.1 工程简介

莞惠城际铁路连接了东莞和惠州,自穗莞深城际铁路望洪站东端接轨,在东莞境内经道滘、西平西、东城南、寮步、松山湖北、大朗镇、常平南、常平东、樟木头东、银瓶站,在惠州境内经沥林北、仲恺、惠环、龙丰、西湖东、云山站,终点为小金口站。线路全长101.742km,速度目标值为200km/h。

民富路(金松路至石大路段)设计起点桩号为K0+000,设计终点桩号为K1+570.809。路线走向自北向南,自西向东,全长约1.57km,先后与金松路、规划一路、规划四路、源丰南路、曲岭一路及石大路平交,民富路(金松路至石大路段)一般路段标准横断面如图9-1所示。

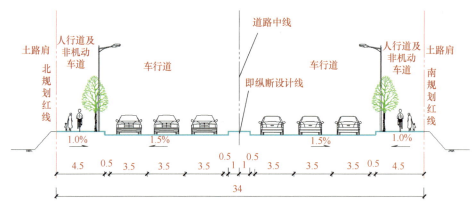

图9-1 民富路(金松路至石大路段)一般路段标准横断面(单位:m)

9.1.2 工程地质与水文地质情况

1. 工程地质

场地上覆第四系全新统人工堆积层、第四系残积层,下伏基岩为下第三系含砾砂岩。

(1) 第四系全新统人工堆积层素填土：主要为褐黄色、灰黄、红褐色，松散~稍密状态，主要成分为风化黏性土，砂岩、砖或混凝土碎块堆填，局部钻孔顶部0.30~0.50m为混凝土，厚0.50~5.80m，层底高程10.230~22.690m。

(2) 第四系残积层粉质黏土：以浅黄、紫红色为主，夹灰白色，硬塑，为含砾砂岩风化残积土，遇水易软化，具中压缩性，厚1.30~16.00m，层顶高程-2.260~21.500m，层底高程-3.860~18.050m。

(3) 下第三系含砾砂岩：泥质胶结，砂状结构，层状构造，按风化程度可分为强风化含砾砂岩和弱风化含砾砂岩2个亚层，分述如下：

强风化含砾砂岩：岩芯呈碎块状，局部柱状，最大揭露厚度0.70~17.00m，层顶高程-9.090~23.090m，层顶埋深0.00~24.40m。

弱风化含砾砂岩：岩芯呈柱状及少量碎块状，局部含砾较多，胶结较差，机械破碎岩芯呈碎石状。层顶高程-28.900~22.790m，层顶埋深0.00~44.70m。

2. 水文地质

孔隙水主要赋存于人工堆积层及残积层中，主要受大气降水及寒溪河侧向补给，随季节变化较大；基岩裂隙水主要赋存于弱风化混合片麻岩节理、裂隙中，主要补给来源为渗入的地表水。勘察期间地下稳定水位埋深0.90~5.50m，水位高程8.960~15.600m。岩石富水性和透水性与节理裂隙发育情况关系密切，节理裂隙发育的不均匀性导致其富水性和透水性也不均匀。

9.1.3 设计方案

民富路金松路至石大路段K0+000~K0+380与莞惠城际铁路DK28+900~GDK29+200段隧道线路并行，至规划一路后离开莞惠城际铁路线路走向。本段路基最大开挖高度2.1m，最大填方高度1.1m。民富路近接并行段平面布置图、并行铁路隧道剖面图，如图9-2和图9-3所示。

图9-2 民富路（金松路至石大路段）近接并行段平面布置图

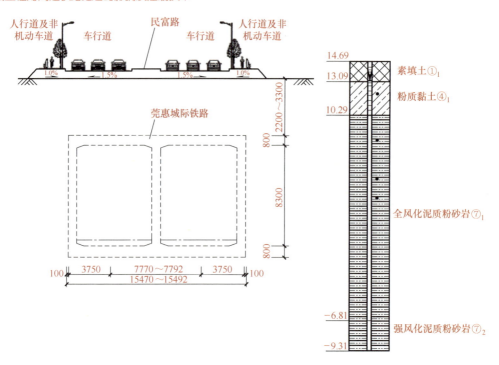

图 9-3 民富路（金松路至石大路段）并行铁路隧道剖面图

9.2 工程风险源及控制指标

基于现场调查、经验分析，本近接工程实例的主要风险源为隧道结构变形风险，包括仰拱上鼓和拱顶沉降超限。既有城际铁路隧道变形风险控制指标见表9-1。该工程变形风险控制指标为3mm。

既有城际铁路隧道变形风险控制指标　　　　表9-1

序号	项目		容许偏差			
			250km/h≤V≤350km/h	V=200km/h	V=160km/h	V=120km/h
1	轨距	相对于标准轨距	±2mm	±2mm	+4mm −2mm	+6mm −2mm
		变化率	1/1500	1/1500	—	—
2	轨向	弦长10m	2mm	3mm	4mm	4mm
		基线长 30m 基线长 300m	2mm/5m 10mm/150m	2mm/5m 10mm/150m	—	—
3	高低	弦长10m	2mm	3mm	4mm	4mm
		基线长 30m 基线长 300m	2mm/5m 10mm/150m	2mm/5m 10mm/150m	—	—
4	水平		2mm	3mm	4mm	4mm
5	扭曲	基线长 3m	2mm	2mm	3mm	3mm

9.3 莞惠城际铁路隧道安全性评价

9.3.1 计算模型及参数选取

模型以莞惠城际铁路区间隧道轴线方向为 Y 轴（200m），垂直隧道轴线方向为 X 轴（100m），竖直方向为 Z 轴（45m），路基宽为37m，挖方高度为4.6m，填方高度为1.4m，隧道顶部距离路面为5m，公路走向与隧道平行。根据莞惠城际铁路区间隧道和民富路路基的空间位置关系，建立的三维计算模型及计算模型网格划分如图9-4和图9-5所示，模型共划分为12520个单元、13230个节点。

图9-4　数值模型图　　　　　　　　图9-5　民富路与铁路隧道模型图

根据设计院提供的地质勘查资料确定模型各岩土参数，铁路隧道衬砌结构按C40混凝土考虑。根据并行段实际情况，计算模型中施加的主要荷载包括围岩和结构的自重荷载、公路的行车荷载。围岩和结构的自重荷载由软件自动施加。

根据《公路工程技术标准》JTG B01—2014规定，桥梁结构整体计算应考虑车道荷载；桥梁局部加载及涵洞、桥台台后汽车引起的土压力和挡土墙上汽车引起的土压力等的计算应考虑车辆荷载。本工程采用的车辆荷载标准值为550kN，考虑行车最不利工况，即重型车辆首尾相连，左右并排，转化为均布荷载后，则车辆荷载为14.67kPa。假设重型车辆超载百分之百，则车辆荷载为29.33kPa。车辆荷载布置图，如图9-6所示。

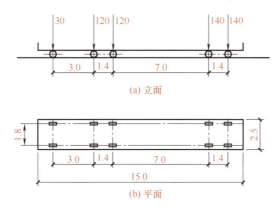

图9-6　车辆荷载布置图（轴重力单位：kN，尺寸单位：m）

根据民富路与铁路隧道近接情况，设置了以下五种工况，见表9-2。

各计算工况一览表　　　　　　　　　　　　　表9-2

方案	工况	工况说明
初始	工况1	路基施工前，铁路隧道初始状态
挖方路段	工况2	挖方路段施工状态，最大开挖高度4.6m
	工况3	挖方路段运营状态
填方路段	工况4	填方路段施工状态，最大填方高度1.4m
	工况5	填方路段运营状态

9.3.2　隧道力学特性

民富路近接铁路隧道不同工况下地层与铁路隧道模拟计算结果，如图9-7~图9-24所示。

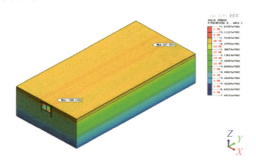

图9-7　地层初始最大主应力

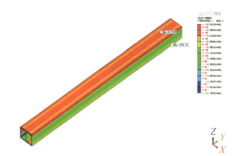

图9-8　铁路隧道初始最大主应力

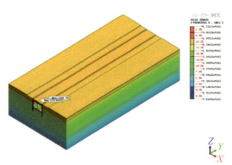

图9-9　挖方路段施工工况地层最大主应力

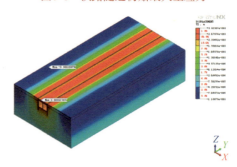

图9-10　挖方路段施工工况地层沉降变形

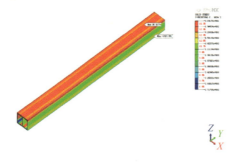

图9-11　挖方路段施工铁路隧道最大主应力

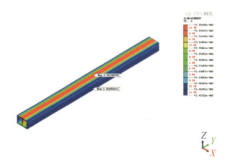

图9-12　挖方路段施工铁路隧道沉降变形

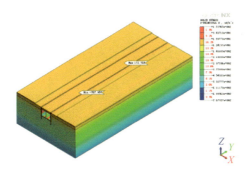
图9-13 挖方路段运营工况地层最大主应力

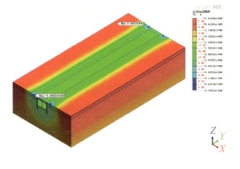
图9-14 挖方路段运营工况地层沉降变形

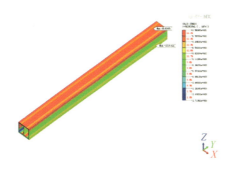
图9-15 挖方路段运营铁路隧道最大主应力

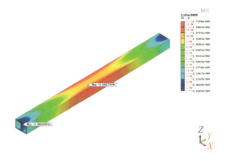
图9-16 挖方路段运营铁路隧道沉降变形

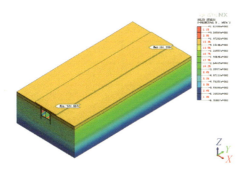
图9-17 填方路段施工工况地层最大主应力

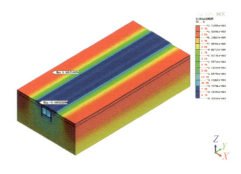
图9-18 填方路段施工工况地层沉降变形

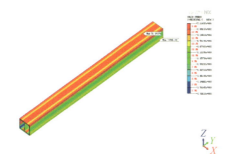
图9-19 填方路段施工铁路隧道最大主应力

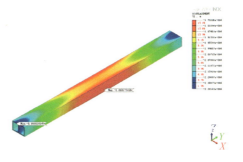
图9-20 填方路段施工铁路隧道沉降变形

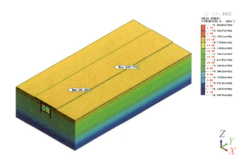

图9-21 填方路段运营工况地层最大主应力

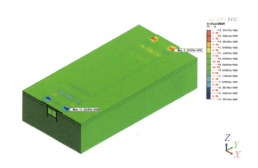

图9-22 填方路段运营工况地层沉降变形

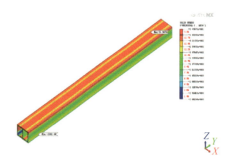

图9-23 填方路段运营铁路隧道最大主应力

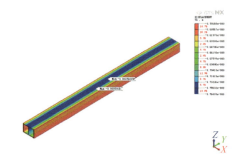

图9-24 填方路段运营铁路隧道沉降变形

通过对民富路施工过程的数值模拟，可计算得到各工况下铁路隧道的变形值，见表9-3。

不同工况下铁路隧道变形计算结果汇总表（单位：mm）　　　表9-3

方案	工况	X方向水平变形	Y方向水平变形	Z方向竖直变形
初始	工况1	0	0	0
挖方路段	工况2	0.004	0	2.548
	工况3	0.051	0.003	−0.231
填方路段	工况4	0.003	0	−0.228
	工况5	0.045	0.003	−3.760

注：竖直变形中负值代表沉降，正值代表隆起。

9.4 工程风险评价

通过对民富路施工过程的数值模拟计算，结果表明，在路基施工前的初始状态，铁路隧道的初始最大压应力为2.75MPa，最大拉应力为1.74MPa，结构状态良好，受力和变形满足规范要求。挖方路段施工期，在基坑土方开挖的卸载作用下，铁路隧道最大压应力为2.71MPa，最大拉应力为1.79MPa，竖直方向最大隆起变形为2.548mm。挖方路段运营期，在汽车荷载作用下，区间隧道的初始最大压应力为2.72MPa，最大拉应力为1.80MPa，竖直方向最大沉降为0.231mm。填方路段施工期，在路堤填方加载作用下，区间隧道的最大压应力为2.77MPa，最大拉应力为1.71MPa，竖直方向最大沉降为0.228mm。填方路段运营期，在汽车荷载作用下，区间隧道的初始最大压应力为 2.80MPa，最大拉应力为 1.72MPa，竖直方向最大沉降为 3.760mm。

经计算，民富路施工全过程对铁路隧道结构变形沉降影响均小于风险控制值；民富路运营期对铁路隧道结构变形影响亦小于风险控制值。因此，民富路近接设计施工方案合理。

9.5 本章小结

本章以不同近接类型选取了相应的近接隧道工程实例，首先，采用前文提出的风险评估方法，确定了各隧道工程实例的风险源及相应风险控制指标；其次，采用数值模拟方法，明确近接施工对铁路隧道变形、受力影响规律；最后，基于风险评估方法，对该工程实例近接施工风险进行评价，验证该工程实例近接工程设计方法及控制措施的合理性。主要结论如下：

（1）本章选取了东莞市民富路上跨近接莞惠城际铁路隧道工程，作为近接隧道工程实例。基于前述风险控制方法，确定了各隧道工程实例风险源为既有城际隧道结构变形风险，包括仰拱上鼓和拱顶沉降超限。基于既有城际铁路隧道变形风险控制指标，确定了该工程实例的变形风险控制指标为 3mm。

（2）采用数值模拟方法，针对所选近接隧道工程实例，分别分析了近接施工工况影响下既有隧道结构的变形规律；对比各工程实例影响下既有隧道结构变形沉降与风险变形控制指标，得出各隧道工程实例中近接工程施工期、运营期均不会造成既有城际铁路隧道拱顶、仰拱位置沉降变形量超限，由此说明该隧道工程实例中近接工程设计方案合理、可行。

第 10 章

惠州大道过街通道上跨莞惠城际铁路隧道工程实例

10.1 工程概况

10.1.1 工程简介

惠州大道过街通道（以下简称过街通道）在莞惠城际铁路 GDK105+867~GDK105+955 段区间上跨铁路隧道。过街通道结构净跨 15m，总宽度 16.2m，净高 4.2m，总高度 5.7m，结构顶板厚度为 700mm，结构底板厚度为 800mm。结构边墙厚度为 600mm，中柱采用长方形截面，长为 800mm，宽为 600mm。结构顶板、底板、顶纵梁、底纵梁为 C35、P8 钢筋混凝土，柱为 C50 钢筋混凝土。过街通道结构剖面图如图 10-1 所示。

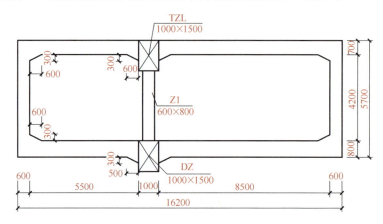

图 10-1 过街通道结构剖面图（单位：mm）

通道采用明挖法施工，通道基坑开挖深度为 9.459m，基坑开挖宽度为 16.3m，基坑围护结构为 $\phi 800@1000$ 钻孔灌注桩，嵌固深度 3m，内支撑采用一道混凝土支撑，尺寸为 800mm×800mm。上跨隧道处采用工字钢支护结构，结构上表面距地面 3.159m。过街通道基坑开挖剖面示意图如图 10-2 所示。

莞惠城际铁路 GDK105+867~GDK105+955 段区间隧道（以下简称铁路隧道）位于惠州火车站站前广场北侧，终点位于惠州市中心医院第二分院南侧。全段为矿山法隧道，全长 88m。铁路隧道结构形式为双线单洞断面，隧道起终点均位于直线段上，线路纵坡为 2‰

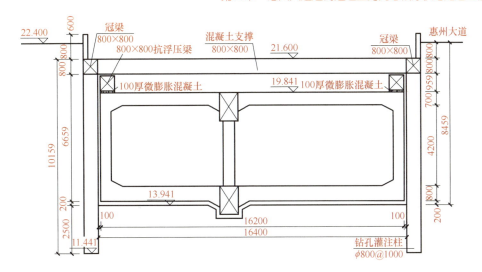

图10-2 过街通道基坑开挖剖面示意图（尺寸单位：mm，高程单位：m）

的上坡，隧道拱顶埋深为11.2~12.1m。铁路隧道为马蹄形断面，隧道净高9.5m，净宽12m，左右隧道净距7.6m，隧道断面形式如图10-3所示。

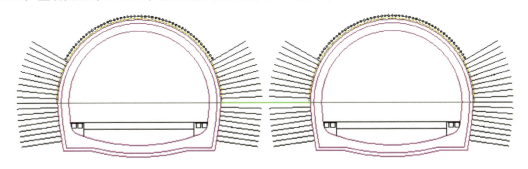

图10-3 隧道断面形式

惠州大道过街通道与莞惠城际铁路GDK105+867~GDK105+955段区间隧道呈大角度相交，交角85°，如图10-4所示。

10.1.2 工程地质与水文地质情况

1. 工程地质

场地上覆第四系全新统人工堆积层、第四系残积层，下伏基岩为下第三系含砾砂岩，具体地层描述如下：

第四系全新统人工堆积层主要为褐黄色、灰黄、红褐色，松散~稍密状态，主要成分为风化黏性土、砂岩、砖或混凝土碎块堆填，局部钻孔顶部0.30~0.50m为混凝土，厚0.50~5.80m，层底高程10.230~22.690m。

第四系残积层粉质黏土主要以浅黄、紫红色为主，夹灰白色，硬塑，为含砾砂岩风化残积土，遇水易软化，具中压缩性，厚1.30~16.00m，层顶高程-2.260~21.500m，层底高程-3.860~18.050m。

下第三系含砾砂岩，泥质胶结，砂状结构，层状构造，按风化程度可分为强风化含砾砂岩和弱风化含砾砂岩2个亚层，分述如下：强风化含砾砂岩：岩芯呈碎块状，局部柱状，

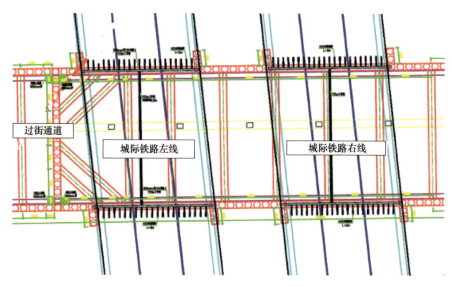

图 10-4 城际铁路隧道和过街通道位置平面图

最大揭露厚度 0.70~17.00m，层顶高程 –9.090~23.090m，层顶埋深 0.00~24.40m。弱风化含砾砂岩：岩芯呈柱状及少量碎块状，局部含砾较多，胶结较差，机械破碎岩芯呈碎石状。层顶高程 –28.900~22.790m，层顶埋深 0.00~44.70m。

2. 水文地质

隧道上方地表水不发育，无水塘、无沟渠。

场地内水文地质条件受当地气候、地形地貌岩性、地质构造、地表水系及人类活动等因素的影响，根据地下水埋藏条件可划分为孔隙水、基岩裂隙水。孔隙水主要赋存于人工堆积层及残积层中，主要受大气降水及寒溪河侧向补给，随季节变化较大。基岩裂隙水主要赋存于弱风化混合片麻岩节理、裂隙中，主要补给来源为地表水的渗入。

10.1.3 设计方案

基坑开挖施工前先从地面采用袖阀管注浆对铁路隧道进行加固。铁路隧道加固范围为隧道拱腰以上外围 5m，纵向上为通道围护结构外 5m 范围，如图 10-5 和图 10-6 所示。注浆材料为水泥浆液。

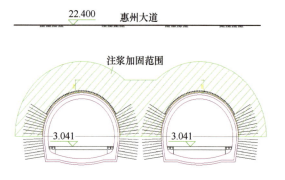

图 10-5 近接下穿段注浆加固剖面图

图 10-6 下穿段注浆加固范围

10.2 工程风险源及控制指标

基于现场调查、经验分析，本近接工程实例的主要风险源为隧道结构变形风险，包括仰拱上鼓和拱顶沉降超限。既有城际铁路隧道变形风险控制指标见表9-1。该工程变形风险控制指标为3mm。

10.3 莞惠城际铁路隧道安全性评价

10.3.1 计算模型及参数选取

模型以铁路隧道轴线方向为Y轴（60m），垂直隧道轴线方向为X轴（110m），竖直方向为Z轴（60m），过街通道宽为16.3m，隧道顶部距离路面为10.759m，距通道底面最近处为1.5m。根据铁路隧道和过街通道结构的空间位置关系，建立的三维计算模型及计算模型网格划分如图10-7和图10-8所示，模型共划分为242074个单元、43378个节点。

图10-7 数值模型图

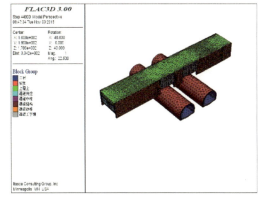
图10-8 过街通道与铁路隧道模型图

根据设计院提供的资料选取模型地层材料计算参数，过街通道柱为C50钢筋混凝土，其他结构按C35考虑，莞惠城际铁路区间隧道衬砌结构按C40混凝土考虑。

根据实际施工情况，主要模拟了以下4种工况：

（1）工况1：惠州大道过街通道开挖前的初始工况。指惠州大道过街通道开挖施工前莞惠城际铁路区间隧道结构及周围土层自重作用下的初始状态。

（2）工况2：惠州大道过街通道施工期基坑开挖状态。基坑采用钻孔灌注桩及工字钢支护，基坑底部为自由面，基坑处荷载减小，莞惠城际铁路区间隧道结构在卸载作用下此处将出现变形和受力状态的改变。

（3）工况3：惠州大道过街通道施工期浇筑通道结构。浇筑通道结构后该处荷载增大，莞惠城际铁路区间隧道结构在加载作用下将出现变形和受力状态的改变。

（4）工况4：惠州大道过街通道施工后的运营状态。惠州大道过街通道建成后开始运营，在通道内人行荷载作用下周围土层的变形和应力将重新调整，进而引起莞惠城际铁路区间隧道结构产生新的变形。

10.3.2 隧道力学特性

过街通道近接铁路隧道不同工况下地层与铁路隧道模拟计算结果，如图10-9~图10-22所示。

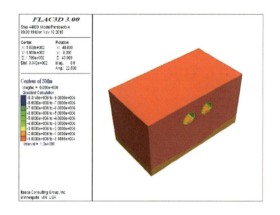

图10-9 地层初始最大主应力

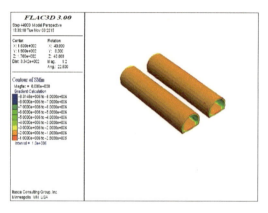

图10-10 铁路隧道初始最大主应力

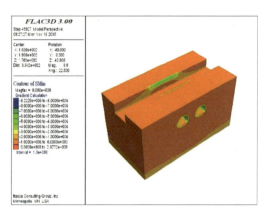

图10-11 基坑开挖工况地层最大主应力

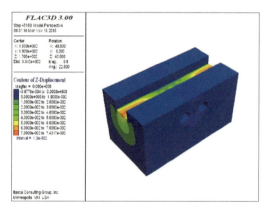

图10-12 基坑开挖工况地层沉降变形

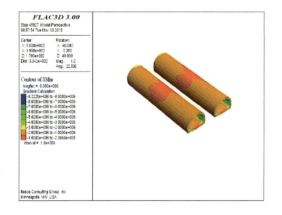

图10-13 基坑开挖工况铁路隧道最大主应力

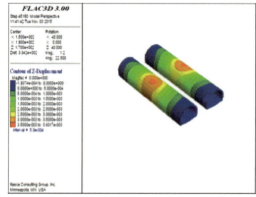

图10-14 基坑开挖工况铁路隧道沉降变形

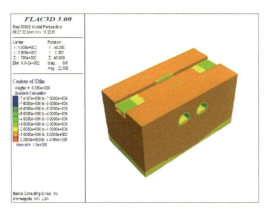

图 10-15 隧道施作工况地层最大主应力

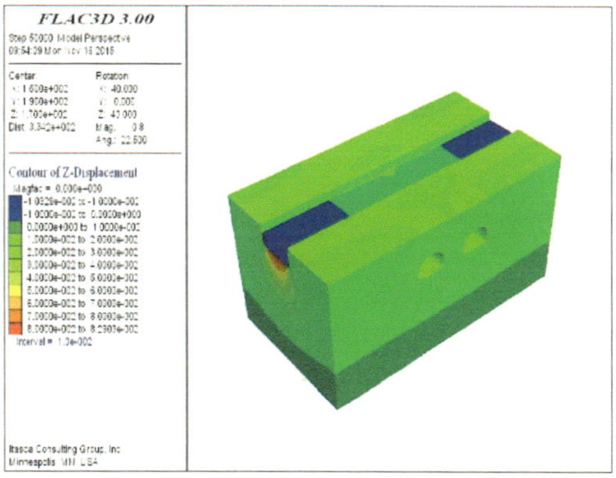

图 10-16 隧道施作工况地层沉降变形

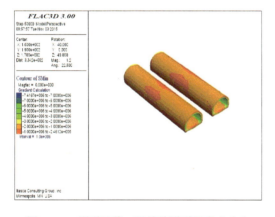
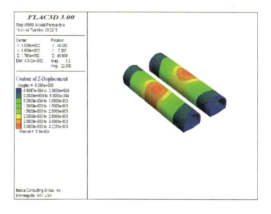

图 10-17 隧道施作工况铁路隧道最大主应力

图 10-18 隧道施作工况铁路隧道沉降变形

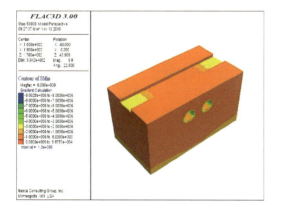
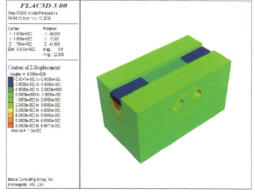

图 10-19 运营期地层最大主应力

图 10-20 运营期地层沉降变形

图10-21 运营期铁路隧道最大主应力

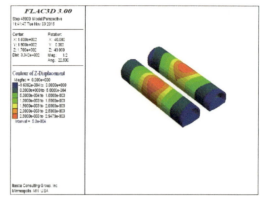
图10-22 运营期铁路隧道沉降变形

通过对过街通道施工过程的数值模拟，可计算得到各工况下铁路隧道的变形值，见表10-1。

不同工况下铁路隧道变形计算结果汇总表（单位：mm） 表10-1

工况	X方向	Y方向	Z方向
工况1	0	0	0
工况2	0.28	0.46	3.60
工况3	0.30	0.43	3.22
工况4	0.34	0.39	2.95

10.4 工程风险评价

采用袖阀管注浆加固设计方案，对过街通道近接铁路隧道施工期、运营期进行数值模拟，计算结果表明，在过街通道施工前初始状态，铁路隧道结构状态良好，受力和变形满足规范要求；过街通道基坑开挖完成时，铁路隧道结构最大隆起变形为3.60mm；过街通道运营期，铁路隧道最大隆起变形为2.95mm。因此，采用加固措施近接方案，既有铁路隧道变形均满足规范要求。

10.5 本章小结

本章以不同近接类型，选取了相应的近接隧道工程实例，首先，采用前文提出的风险评估方法，确定了隧道工程实例的风险源及相应风险控制指标；其次，采用数值模拟方法，明确近接过街通道施工对铁路隧道变形、受力的影响规律；最后，基于风险评估方法，对该工程实例近接施工风险进行评价，验证该工程实例近接工程设计方法及控制措施的合理性。主要结论如下：

（1）计算过街通道不同施工步骤及运营状态下铁路隧道的变形值，各工况导致隧道结构Z方向变形量较大。

（2）计算结果表明，在过街通道施工前初始状态，铁路隧道结构状态良好，受力和变形满足规范要求。

（3）过街通道基坑开挖完成时，铁路隧道结构最大隆起变形为3.60mm；过街通道运营期，铁路隧道最大隆起变形为2.95mm。因此，采用加固措施近接方案，既有铁路隧道变形均满足。

第 11 章

排水箱涵并行莞惠城际铁路隧道工程实例

11.1 工程概况

11.1.1 工程简介

东莞市南城新河系统内涝整治工程K0+080~K0+620段排水箱涵（以下简称箱涵）并行莞惠城际铁路GDK12+250~GDK12+750段隧道（以下简称铁路隧道）（图11-1）。排水箱涵采用双孔5.0m×3.0m样式的箱涵，箱涵每隔30m设一道变形缝，箱涵基础地基承载力特征值不小于150kPa；箱涵开挖支护结构采用Ⅲ型拉森钢板桩（桩长12m），内设2道支撑钢管，钢管直径500mm、壁厚12mm，水平间距为5.5m（图11-2）。

图11-1 排水箱涵线路走向平面图

莞惠城际GZH-2标盾构区间隧道起始于东莞市蔡屋基村西南侧约100m处，后依次下穿蔡屋基村、周溪村社区、莞太立交桥，经GDK12+250区间风井后，沿莞太大道敷设约750m后，向东行驶，后依次下穿新基工业区、万科金域华府，转至规划二路至GDK14+199盾构接收井。莞惠城际铁路隧道受排水箱涵施工影响的范围为GDK12+250~GDK12+750，长约500m。此段隧道为圆形，直径8.5m，最小埋深约12m。盾构隧道的结构形式采用平板型单层管片衬砌，管片外径为8.5m，内径为7.7m，厚度为400mm，宽度为1.6m，分块数为7块。衬砌环分块及管片的编号见表11-1。铁路隧道断面图如图11-3所示。

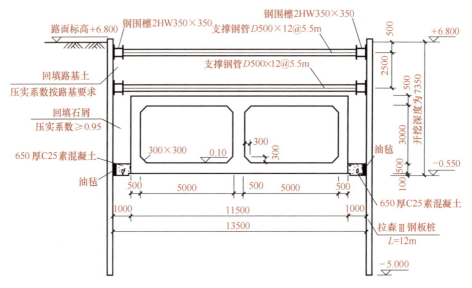

图 11-2 排水箱涵结构断面图（尺寸单位：mm，高程单位：m）

衬砌环分块及管片编号　　　　　　　　　　表 11-1

管片	封顶块	邻接块		标准块			
标准环	F	L1	L2	B1	B2	B3	B4

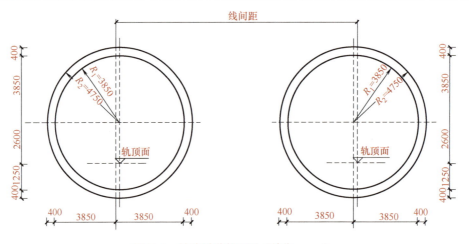

图 11-3 铁路隧道断面图（单位：mm）

11.1.2 工程地质与水文地质情况

1. 第四系全新统人工堆积层

根据组成成分，本段人工填土层主要分为素填土、杂填土 2 个亚层。

素填土：褐灰色，褐黄色，稍湿，松散~稍密，主要由黏性土、砂粒等组成，局部含碎石、砖、混凝土等碎块，层厚 0.50~7.80m，呈层状分布于地表，沿线各钻孔均有揭露，层底高程−1.740~10.020m。

杂填土：褐灰色，褐黄色，稍湿，松散，主要由砖、混凝土、碎石等建筑垃圾组成，层厚3.30~5.10m，在DK11+400~DK12+600段落局部分布，层底高程0.310~1.770m。

2. 第四系全新统海冲积层

按照颗粒级配或塑性指数可分为淤泥质粉质黏土、淤泥、粉质黏土、粉砂4个亚层。

淤泥质粉质黏土：深灰色，灰色，流塑，土质不均，味臭，含有机质，局部夹薄层状粉砂，局部含砂粒约3%~25%，层厚0.50~5.50m，在DK10+300~DK11+600段呈层状分布，其他地段局部呈透镜体状产出。层顶高程−1.270~3.070m，层底高程−5.130~2.170m。

淤泥：深灰色，灰色，流塑，土质不均，味臭，含有机质，局部夹薄层状粉砂，层厚1.20~4.00m，在DK10+200~DK10+500段呈层状分布，其他地段局部呈透镜体状产出。层顶高程−2.050~1.580m，层底高程−3.750~−0.120m。

粉质黏土：褐黄色，棕红色，软塑，局部夹硬塑状粉质黏土，土质不均，含较少量砂粒，层厚0.70~2.50m，仅在BD1Z-7027、BD1Z-M19、BD1Z-S18号钻孔有揭露。层顶高程0.490~4.850m，层底高程−1.560~4.150m。

粉砂：灰黑色，灰黄色，稍松~稍密，饱和，级配不良，含黏粒约5%~20%，层底含少量贝壳，局部夹薄层状淤泥及淤泥质粉质黏土，层厚0.70~5.20m，在GDK10+200~GDK11+900段呈层状分布，其余地段偶有零星的透镜体产出，层顶高程−3.920~4.400m，层底高程−6.760~1.000m。

3. 第四系全新统冲积层

按照颗粒级配或塑性指数可分为粉质黏土、淤泥质粉质黏土、粉砂3个亚层。

粉质黏土：褐黄色，棕红色，软塑，局部硬塑，土质不均，含砂粒约3%~15%，层厚0.80~5.20m，在DK14+000~DK14+651段呈层状、透镜体状产出。层顶高程1.580~6.700m，层底高程−2.420~3.250m。

淤泥质粉质黏土：深灰色，流塑，味臭，土质不均，含有机质，局部含砂粒约10%~30%，偶见朽木，层厚0.50~7.40m，在GDK10+500~DK14+000段呈层状分布，在GDK14+100~DK14+600段呈透镜体状产出。层顶高程−2.850~5.810m，层底高程−4.650~5.270m。

粉砂：灰黄色，灰色，稍密，饱和，级配不良，含黏粒约10%~15%，层厚1.00~6.40m，在DK11+500~DK14+600段呈透镜体状产出，层顶高程−3.880~5.000m，层底高程−5.280~2.740m。

4. 残积层

由下伏基岩风化残积形成，主要为粉质黏土。

粉质黏土：以棕红色、灰色、黄褐色为主，硬塑，层厚0.70~18.55m，在GDK10+200~GDK10+700段呈透镜体状产出，在GDK12+000~GDK14+651段呈层状产出，层顶高程−4.900~10.020m，层底高程−15.680~4.330m。

5. 上第三系泥质粉砂岩

主要为青灰色、棕红色，砂粒结构，层状构造，以泥铁质胶结为主，局部为钙质胶结。与下伏白垩系基岩呈平行不整合接触关系。按风化程度可分为全风化泥质粉砂岩、强风化泥质粉砂岩、弱风化泥质粉砂岩3个亚层。

全风化泥质粉砂岩：灰色，棕红色，岩芯呈土状，岩体风化剧烈，原岩结构尚可辨认，岩芯用手捏易散，浸水易软化，层厚0.90~9.80m，在GDK10+200~GDK10+700段呈层状分布，层顶高程-17.570~-2.950m，层底高程-18.470~-5.500m。

强风化泥质粉砂岩：青灰色，棕红色，岩芯呈碎块状、块状，局部扁~短柱状，砂粒结构，层状构造，裂隙发育，裂隙面内多为铁染，岩体较破碎。层厚0.30~12.70m，在GDK10+200~GDK10+700段呈层状分布，层顶高程-17.200~-3.000m，层底高程-19.800~-7.100m。

弱风化泥质粉砂岩：棕红色，局部青灰色，砂粒结构，层状构造，裂隙较发育，岩芯多呈长柱状，局部短柱状，岩体较完整。层厚2.00~36.45m，在GDK10+200~GDK10+600段呈层状分布，层顶高程-19.410~-7.100m，层顶埋深9.50~21.00m。

6. 白垩系含砾砂岩

主要为棕红色间灰白色，碎屑结构，层状构造，以泥铁质胶结为主，局部为钙质胶结。与下伏震旦系基岩呈角度不整合接触关系。按风化程度可分为⑦$_1$全风化泥质粉砂岩、⑦$_2$强风化泥质粉砂岩、⑦$_3$弱风化泥质粉砂岩3个亚层。

全风化泥质粉砂岩：棕红色，灰白色，岩芯呈土状、砂状，岩体风化剧烈，原岩风化松散，原岩结构尚可辨认，岩芯用手捏易散，浸水易软化，层厚0.60~23.00m，在GDK10+800~GDK12+100段呈层状分布，在DK12+500~GDK12+800段呈透镜体状产出，层顶高程-6.630~2.470m，层底高程-24.230~1.370m。

强风化泥质粉砂岩：棕红色间灰白色，岩芯呈碎块状、块状，局部扁~短柱状，碎屑结构，层状构造，裂隙发育，裂隙面内少见铁质渲染，岩体较破碎。层厚0.70~11.30m，在GDK10+800~GDK12+100段呈层状分布，在DK12+500~GDK12+800段呈透镜体状产出，层顶高程-24.220~3.300m，层底高程-35.520~-0.600m。

弱风化泥质粉砂岩：棕红色间灰白色，碎屑结构，层状构造，裂隙不发育，岩芯多呈长柱状，局部短柱状，岩体较完整。层厚1.00~33.40m，在GDK10+800~GDK12+100段呈层状分布，在DK12+500~GDK12+800段呈透镜体状产出，层顶高程-27.060~-0.600m，层顶埋深4.00~-30.00m。

11.1.3 设计方案

箱涵至广彩路引出至东莞大道，首次与莞惠城际铁路右线隧道GDK12+700交叉，基本

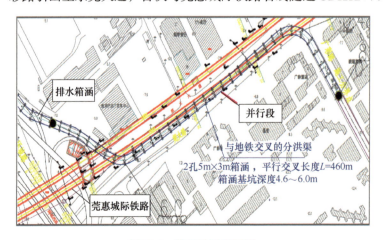

图11-4 位置关系平面图

位于右线隧道上方且沿右线隧道平行敷设至GDK12+300处，后走向为沿莞太立交桥匝道桥外侧至环城路。铁路隧道为单向坡，隧道坡度为22.2‰，隧道埋深随里程增加而逐渐增大。排水箱涵底板近似水平，排水箱涵底与隧道拱顶竖向净距为14.2~24.4m，其中里程GDK12+281处间距最小，为14.2m；里程GDK12+775处间距最大，为24.4m。莞惠城际铁路隧道和排水箱涵位置关系及并行段横剖面，如图11-4和图11-5所示。

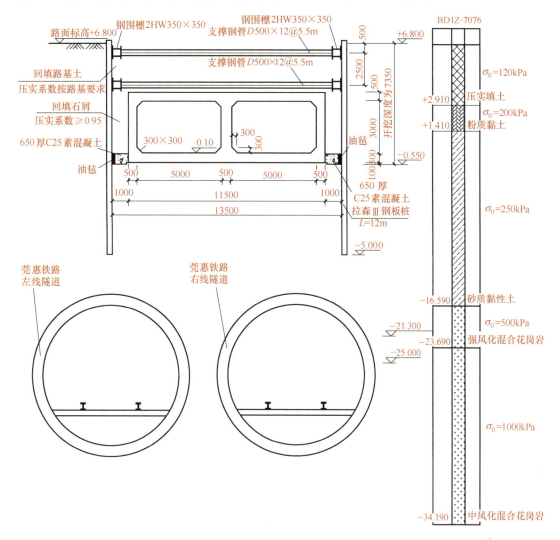

图11-5 并行段横剖面示意图（尺寸单位：mm，高程单位：m）

11.2 工程风险源及控制指标

基于现场调查、经验分析，本近接工程实例的主要风险源为隧道结构变形风险，包括仰拱上鼓和拱顶沉降超限。既有城际铁路隧道变形风险控制指标见表9-1。该工程实例变形风险控指标为3mm。

11.3 莞惠城际铁路隧道安全性评价

11.3.1 计算模型及参数选取

计算模型以铁路隧道轴线方向为 Y 轴（360m），垂直隧道轴线方向为 X 轴（90m），竖直方向为 Z 轴（60m）。根据铁路隧道和箱涵的空间位置关系，建立的三维计算模型及计算模型网格划分如图11-6和图11-7所示，模型共划分为118955个单元、21722个节点。

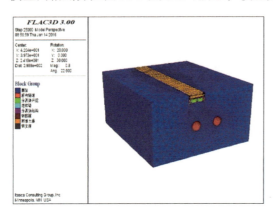

图11-6　数值模型图　　　　　　图11-7　排水箱涵与区间隧道模型图

根据设计院提供的资料选取模型地层材料计算参数。铁路隧道结构按C50混凝土考虑，箱涵结构按C35混凝土考虑，钢围檩、钢板桩和支撑钢管参数按《钢结构设计标准》GB 50017—2017选取。

根据设计说明文件，模型计算荷载主要为自重，按照实际断面尺寸取值。地层为粉质黏土层和风化混合片麻岩层，重度分别取 19kN/m³ 和 21kN/m³。

根据实际施工情况，并行段主要模拟了以下7种工况，见表11-2。

并行段各计算工况一览表　　　　　　　　　　　　表11-2

工况	工况说明	施工阶段
工况1	排水箱涵施工前铁路隧道初始状态	排水箱涵施工前
工况2	排水箱涵K0+120~K0+240段基坑开挖	排水箱涵施工期
工况3	排水箱涵K0+240~K0+360段基坑开挖	排水箱涵施工期
工况4	排水箱涵K0+360~K0+480段基坑开挖	排水箱涵施工期
工况5	排水箱涵施工期浇筑结构	排水箱涵施工期
工况6	排水箱涵回填上部土体	排水箱涵施工期
工况7	排水箱涵引水	排水箱涵引水期

（1）工况1：排水箱涵施工前铁路隧道的初始状态。指箱涵基坑开挖施工前铁路隧道结构及周围土层自重作用下的初始状态。

（2）工况2：排水箱涵施工期K0+120~K0+240段基坑开挖。基坑采用钢板桩、钢围檩及支撑钢管支护，基坑开挖将引起下部岩土体产生卸载作用，铁路隧道结构在卸载作用下将出现回弹变形和受力状态的改变。

（3）工况3：排水箱涵施工期K0+240~K0+360段基坑开挖。基坑采用钢板桩、钢围檩及支撑钢管支护，基坑开挖将引起下部岩土体产生卸载作用，铁路隧道结构在卸载作用下将出现回弹变形和受力状态的改变。

（4）工况4：排水箱涵施工期K0+360~K0+480段基坑开挖。基坑采用钢板桩、钢围檩及支撑钢管支护，基坑开挖将引起下部岩土体产生卸载作用，铁路隧道结构在卸载作用下将出现回弹变形和受力状态的改变。

（5）工况5：排水箱涵施工期浇筑结构。结构自重将引起该处荷载增大，铁路隧道结构在加载作用下将出现变形和受力状态的改变。

（6）工况6：排水箱涵回填上部土体。箱涵上部土体回填将引起该处荷载增大，铁路隧道结构在加载作用下此处将出现变形和受力状态的改变。

（7）工况7：排水箱涵引水。排水箱涵建成后开始使用，周围土层在排水水荷载的加载作用下变形和应力将重新调整，进而引起铁路隧道结构产生新的变形。

11.3.2 隧道力学特性

箱涵近接铁路隧道不同工况下地层与铁路隧道模拟计算结果，如图11-8~图11-33所示。

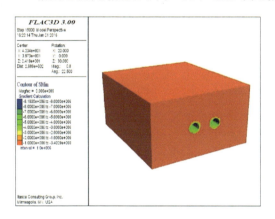

图11-8 地层初始最大主应力

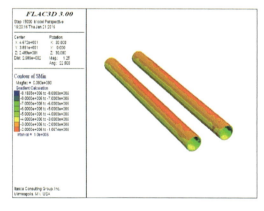

图11-9 铁路隧道初始最大主应力

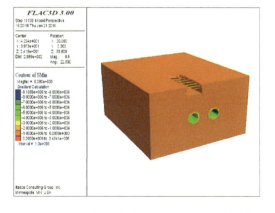

图11-10 第一段基坑开挖工况地层最大主应力

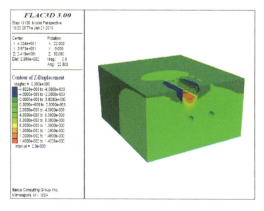

图11-11 第一段基坑开挖工况地层沉降变形

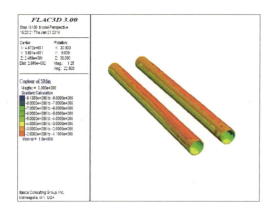

图 11-12　第一段基坑开挖工况铁路隧道最大主应力　　图 11-13　第一段基坑开挖工况铁路隧道沉降变形

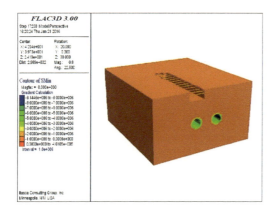

图 11-14　第二段基坑开挖工况地层最大主应力　　图 11-15　第二段基坑开挖工况地层沉降变形

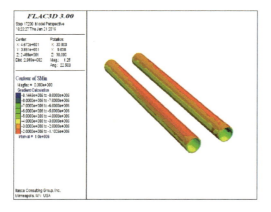 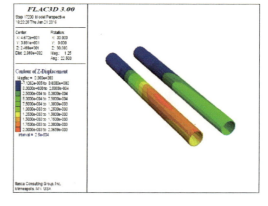

图 11-16　第二段基坑开挖工况铁路隧道最大主应力　　图 11-17　第二段基坑开挖工况铁路隧道沉降变形

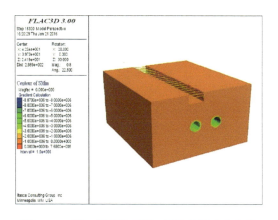

图11-18 第三段基坑开挖工况地层最大主应力

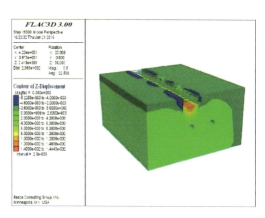

图11-19 第三段基坑开挖工况地层沉降变形

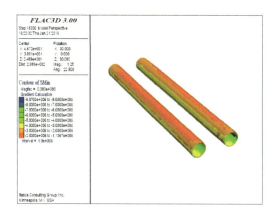

图11-20 第三段基坑开挖工况铁路隧道最大主应力

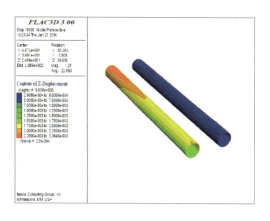

图11-21 第三段基坑开挖工况铁路隧道沉降变形

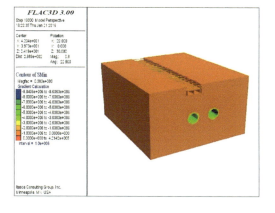

图11-22 箱涵施作工况地层最大主应力

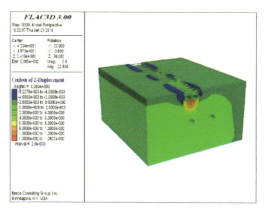

图11-23 箱涵施作工况地层沉降变形

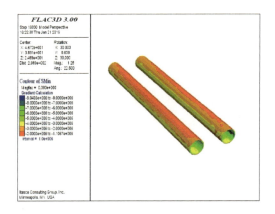

图 11-24　箱涵施作工况隧道最大主应力

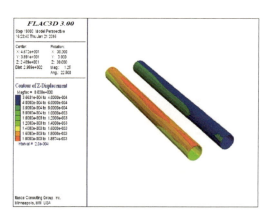

图 11-25　箱涵施作工况隧道沉降变形

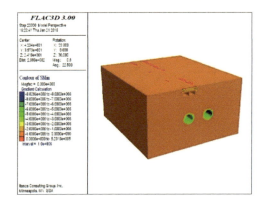

图 11-26　回填路面工况地层最大主应力

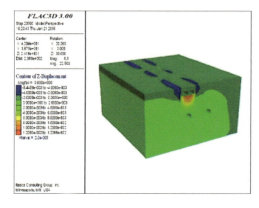

图 11-27　回填路面工况地层沉降变形

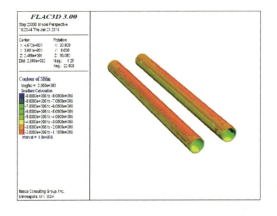

图 11-28　回填路面工况铁路隧道最大主应力

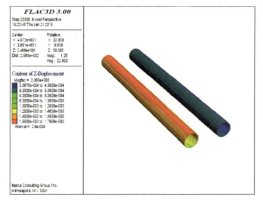

图 11-29　回填路面工况铁路隧道沉降变形

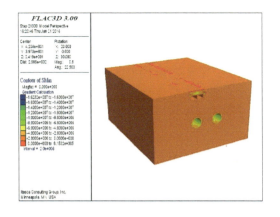

图 11-30 引水期地层最大主应力

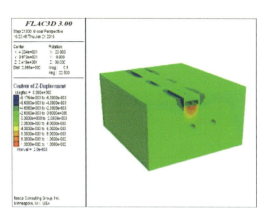

图 11-31 引水期地层沉降变形

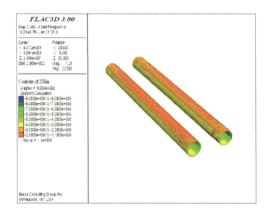

图 11-32 引水期铁路隧道最大主应力

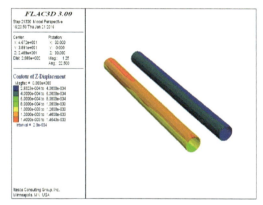

图 11-33 引水期铁路隧道沉降变形

11.4 工程风险评价

通过对箱涵施工过程进行数值模拟计算，结果表明，在箱涵施工前的初始状态，铁路隧道受力良好，变形满足规范。在箱涵 K0+120~K0+240 段基坑开挖卸载作用下，铁路隧道结构最大方向隆起变形为 2.39mm；在排水箱涵 K0+240~K0+360 段基坑开挖卸载作用下，铁路隧道结构最大竖直方向隆起变形为 2.07mm；在排水箱涵 K0+360~K0+480 段基坑开挖卸载作用下，铁路隧道结构最大竖直方向隆起变形为 2.39mm；在箱涵隧道结构混凝土浇筑加载作用下，铁路隧道结构最大竖直方向隆起变形为 1.89mm；在箱涵隧道上部回填土体自重加载作用下，铁路隧道结构最大竖直方向隆起变形为 1.80mm；在箱涵引水期水荷载作用下，铁路隧道结构最大竖直方向隆起变形为 1.45mm。

经计算，箱涵施工全过程对铁路隧道结构变形沉降影响均小于风险控制值；箱涵引水期对铁路隧道结构变形影响亦小于风险控制值。因此，箱涵施工近接设计施工方案合理。

11.5 本章小结

本章选取了相应的近接隧道工程实例,首先,采用前文提出的风险评估方法,确定了隧道工程实例的风险源及相应风险控制指标;其次,采用数值模拟方法,明确近接排水箱涵施工对铁路隧道变形、受力影响规律;最后,基于风险评估方法,对该工程实例近接施工风险进行评价,验证该工程实例近接工程设计方法及控制措施的合理性。主要结论如下:

(1) 在箱涵施工前的初始状态,铁路隧道受力良好,变形满足规范。

(2) 在箱涵基坑开挖卸载作用下,铁路隧道结构最大方向隆起变形为 2.07~2.39mm。

(3) 在箱涵隧道上部回填土体自重加载作用下,铁路隧道结构最大竖直方向隆起变形为 1.80mm;在箱涵引水期水荷载加载作用下,铁路隧道结构最大竖直方向隆起变形为 1.45mm。

第 12 章

莞番高速公路近接莞惠城际铁路隧道工程实例

12.1 工程概况

12.1.1 工程简介

莞番高速公路连接东莞市与广州番禺区，全长 90.6km，为双向六车道。莞番高速公路是《广东省高速公路网规划（2004—2030 年）》编号 S18 的加密线，是东莞市"一环六纵六横"主干线中的第三横，是东莞市中部东西向重要的主干线。高速公路起于东莞市沙田镇，接虎门二桥接线及广深沿江高速公路，止于东莞与惠州交界处，顺接河惠莞高速公路。

12.1.2 工程地质与水文地质情况

根据莞番高速公路与莞惠城际铁路的交叉情况，提出了两种设计方案，即莞番高速公路以隧道形式上跨莞惠城际铁路和莞番高速以高架形式上跨莞惠城际铁路方案。两方案近接影响区段的工程地质概况如下所述。

1. 工程地质

本区间里程范围内属冲积平原，为残丘及丘间谷地，地形起伏平缓，高程为 12.530~42.180m。

（1）第四系全新统人工堆积层

根据组成成分，近接影响区段土层主要为素填土，褐灰~黄色，稍湿，松散~稍密，由黏性土、砂粒等组成，局部含碎石、砖、混凝土等碎块。该层厚 0.50~13.30m，呈层状分布于地表，沿线各钻孔均有揭露，层底高程 1.730~22.410m。

（2）第四系全新统冲积层

按照颗粒级配或塑性指数可分为硬塑状粉质黏土、软塑状粉质黏土、淤泥质粉质黏土、粉砂、细砂 5 个亚层。

硬塑状粉质黏土：褐黄色，黄色，硬塑，土质不均，含少量砂粒，层厚 1.00~9.90m，在 GDK30+200~GDK31+200 段呈透镜体状产出。层顶高程 6.950~20.640m，层底高程 1.560~15.940m。

软塑状粉质黏土：褐黄色，棕红色，软塑，土质不均，含少量砂粒，层厚 0.70~7.30m，在整个区间呈层状、透镜体状产出。层顶高程 1.730~21.020m，层底高程-1.970~19.820m。

淤泥质粉质黏土：深灰色，流塑，味臭，土质不均，含有机质，局部含较多砂粒及朽木，层厚0.70~7.00m，在整个区间呈层状、透镜体状产出。层顶高程-1.970~20.210m，层底高程-6.070~15.820m。

粉砂：灰黄色，灰色，稍密，饱和，级配不良，含少量黏粒，层厚0.50~4.80m，在GDK29+530~GDK30+000段呈层状、透镜体状产出，层顶高程-5.870~10.710m，层底高程-9.870~9.110m。

细砂：灰黄色，灰色，稍密，饱和，级配不良，含少量黏粒，层厚1.80~2.10m，呈层状、透镜体状产出，层顶高程1.110~11.730m，层底高程-0.890~9.630m。

(3) 残积层

由下伏基岩风化残积形成，主要为粉质黏土：以棕红色、灰色、黄褐色为主，硬塑，层厚0.60~17.10m，在整个区间内呈层状产出，层顶高程-2.250~22.410m，层底高程-5.660~18.890m。

(4) 白垩系泥质粉砂岩

主要为青灰色、棕红色，砂粒结构，层状构造，以泥铁质胶结为主，局部为钙质胶结。按风化程度可分为全风化泥质粉砂岩、强风化泥质粉砂岩、弱风化泥质粉砂岩3个亚层。

全风化泥质粉砂岩：灰色，棕红色，岩芯呈土状，岩体风化剧烈，原岩结构尚可辨认，岩芯用手捏易散，浸水易软化，层厚0.90~33.00m，在GDK26+934~GDK30+000段呈层状分布，层顶高程-9.870~-16.110m，层底高程-23.300~-13.530m。

强风化泥质粉砂岩：青灰色，棕红色，岩芯呈碎块状、块状，局部扁~短柱状，砂粒结构，层状构造，裂隙发育，裂隙面内是有次生矿物发育，岩体较破碎。层厚0.40~24.00m，在GDK26+934~GDK30+000段呈层状分布，层顶高程-23.300~14.200m，层底高程-28.990~12.600m。

弱风化泥质粉砂岩：棕红色，局部青灰色，砂粒结构，层状构造，裂隙较发育，岩芯多呈短柱~长柱状，局部碎块状，岩体较完整。揭露层厚1.60~37.62m，在GDK26+934~GDK30+000段呈层状分布，层顶高程-28.990~12.600m，层顶埋深0.00~41.30m。

(5) 震旦系混合片麻岩

主要为黄褐色、浅黄色、灰白色、青灰色，变晶结构，片麻状构造，主要矿物成分为石英、长石、云母，按风化程度可分为全风化混合片麻岩、强风化混合片麻岩、弱风化混合片麻岩3个亚层。

全风化混合片麻岩：以褐黄色为主，岩芯呈土状，除石英外，各种矿物基本已风化蚀变，原岩被风化呈粒状，随着深度的增加，这种原岩颗粒越多，结构越清晰，层厚0.90~22.20m，在GDK30+000~GDK32+717.965段呈层状分布，层顶高程-5.660~21.940m，层底高程-21.660~17.010m。

强风化混合片麻岩：青灰色，灰白色，局部褐黄色，岩芯呈碎块状、块状，局部间夹短柱状，变晶结构，片麻状构造，裂隙发育，裂隙面内较多铁质渲染，岩体较破碎。层厚0.50~22.20m，在GDK30+000~GDK32+717.965段呈层状分布，层顶高程-21.660~17.010m，层底高程-25.160~13.650m。

弱风化混合片麻岩：青灰色，变晶结构，片麻状构造，岩体多呈短柱~长柱状，局部间夹碎块状、块状，节理裂隙较发育，裂隙面内少见次生矿物，揭露层厚0.76~35.58m，在GDK30+000~GDK32+717.965段呈层状分布，层顶高程−25.160~13.650m，层顶埋深6.20~43.00m。

控制近接影响区段的断裂主要有东西向的高要-惠来断裂，北东向的紫金-博罗断裂，北西向的观音山断裂。

（1）高要-惠来断裂

高要-惠来断裂破碎带宽约40~230m，上盘震旦系混合片麻岩逆冲于下盘震旦系混合片麻岩之上。破碎带内混合岩角砾岩化、糜棱岩化、绿泥石化程度较大。破碎带上下盘裂隙较为混乱，无明显的方向性。揭露断层带产状为3°∠49°，倾向向东南。

（2）紫金-博罗断裂

紫金-博罗断裂破碎带宽约150~200m，上盘震旦系混合片麻岩逆掩于白垩系泥质粉砂岩之上。白垩系泥质粉砂岩与震旦系混合片麻岩呈断层接触。破碎带内混合岩角砾岩化程度较大，泥质粉砂岩糜棱岩化程度较大。破碎带上盘裂隙较为混乱，无明显的方向性；断层下盘泥质粉砂岩内裂隙多为3组，把岩体多切割呈棱形体，方向较为有规律。在破碎带上盘所做抽水试验孔BD1Z-S1241较同一地层用水量较大些。揭露断层带产状为38°∠25°，倾向向东南。

2. 水文地质

沿线地下水主要为第四系地层中的孔隙水，在基岩中赋存有裂隙水。第四系孔隙水，主要赋存于第四系残积地层中，埋深1.00~7.00m，主要由大气降水补给，排泄以大气蒸发为主。

基岩裂隙水，主要赋存于基岩的裂隙中，水量不大，一般略具承压性，埋深变化较大。断层破碎带往往是地下水富集的场所及通道，在BD1Z-S1241的单孔抽水试验中，水量及地层渗透性均相对较大。

12.1.3　设计方案

1. 隧道近接高速铁路设计方案

高速公路近接铁路隧道交叉点里程为GDK30+996（莞惠铁路右线）和GDK31+028（莞惠铁路左线），莞惠铁路隧道受上跨近接影响范围为GDK30+800~GDK31+200，受并行近接影响范围为GDK31+200~GDK32+500。高速公路隧道与铁路隧道近接线路平面图如图12-1所示。

铁路隧道为两条单洞单线的暗挖隧道，左右线隧道净距约为11.2m。隧道为马蹄形断面，开挖宽度为9.47m，开挖高度为10.45m，采用暗挖法施工。铁路隧道左线纵向坡度3.1‰，右线纵向坡度3.0‰。上跨段隧道拱顶覆土层厚21.4m，并行段隧道拱顶覆土随里程增大而逐渐减小，最小拱顶覆土厚约8.3m。围岩等级为Ⅵ级，采用Ⅵ级围岩复合式衬砌断面，采用衬砌类型为Ⅵ级的支护参数，即超前支护为拱部180°范围长3.0m的超前小导管，初期支护为3.5m长的锚杆、间距0.5m的20a型工字钢架、厚30cm的喷射混凝土，二次衬砌为50cm厚的钢筋混凝土。铁路隧道断面图如图12-2所示。

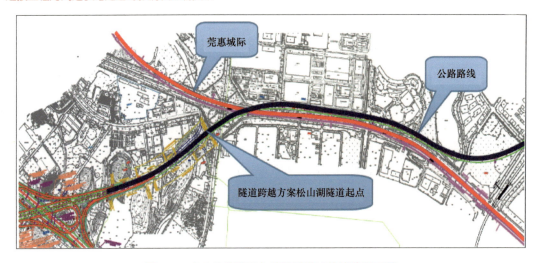

图12-1 高速公路隧道与铁路隧道近接线路平面图

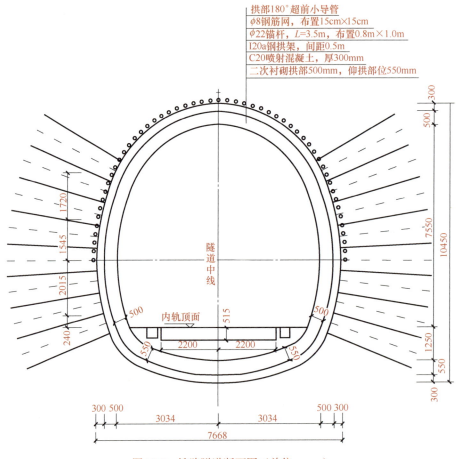

图12-2 铁路隧道断面图（单位：mm）

高速公路隧道桩号 K31+080~K35+460，全长 4380m，其中，暗埋段里程 K31+650~K35+260，长 3610m，设计时速 100km/h，采用双向六车道，建筑限界宽度 14.50m，视距不足加宽段限界宽度15.7m。高速公路隧道横断面如图12-3所示。高速公路隧道为矩形断面,隧道结构宽33.1m、高9.9m,顶板厚130cm,底板厚140cm,左右边墙厚120cm,中墙后90cm。

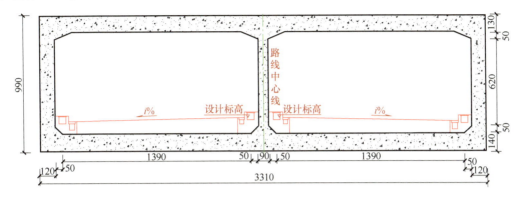

图12-3 高速公路隧道横断面图(单位:cm)

高速公路隧道线路上跨铁路隧道后,并行铁路隧道修建。上跨段两条线路呈23°小角度相交,并行段长约1.3km,水平净距约为0~50m。上跨段高速公路隧道与铁路隧道垂直净距最小值位于高速公路里程K31+960的位置,此处公路隧道明挖基坑底部高程为3.974m,铁路隧道结构拱顶高程为-3.4535m,净差7.42m,即高速公路隧底与铁路隧道拱顶最小垂直净距为7.42m。高速公路隧道与铁路隧道位置关系如图12-4所示。

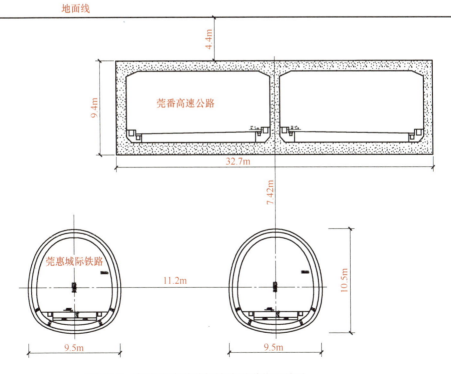

图12-4 高速公路隧道与铁路隧道位置关系

2. 高架桥近接高速铁路设计方案

高架桥近接高速铁路设计方案采用预应力混凝土简支小箱梁、预应力混凝土连续箱梁，桥长956.40m，桥梁跨度28~75m，全桥共9联，跨度分别为：3×30+3×31+4×31+(45+75+45)+3×32+4×28+3×30+3×30+3×30。上部结构第4联采用预应力混凝土连续箱梁，其余联采用预应力混凝土简支小箱梁，桥面连续；下部结构0号桥台采用肋板台，29号桥台采用柱式台，桥墩采用柱式墩、薄壁墩及门架墩，墩台采用桩基础，桩基采用嵌岩桩。本桥平面分别位于圆曲线（起始桩号：K31+380.8、终止桩号：K31+514.81、半径：1500m、左偏）、缓和曲线（起始桩号：K31+514.81、终止桩号：K31+694.81、参数A：519.615、左偏）、缓和曲线（起始桩号：K31+694.81、终止桩号：K31+869.81、参数A：418.33、右偏）和圆曲线（起始桩号：K31+869.81、终止桩号：K32+337.2、半径：1000m、右偏）上，纵断面位于$R=10000$m的竖曲线上，墩台径向布置。高架桥桥型布置图如图12-5所示。

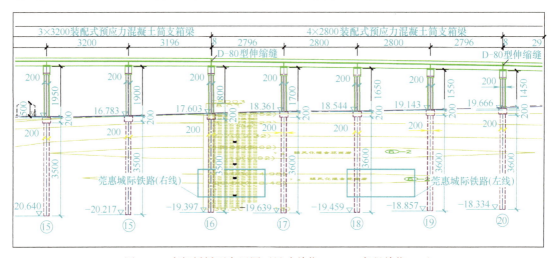

图12-5 高架桥桥型布置图（尺寸单位：mm，高程单位：m）

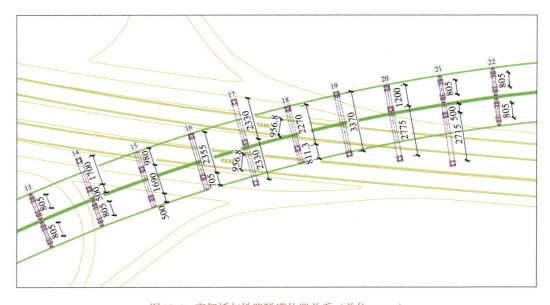

图12-6 高架桥与铁路隧道位置关系（单位：mm）

高架桥桥梁14号至21号桥墩邻近铁路隧道。各桥墩桩基与铁路隧道初期支护结构之间的最小净距为4.42m。上跨段桥梁采用单桩承台，桩基直径为2m，14~16号承台桩长为35m，17~20号承台桩长为36m，21号承台桩长为37m。承台为正方形承台，边长3.2m，高2m。高架桥与铁路隧道位置关系如图12-6所示。

12.2 工程风险源及控制指标

基于现场调查、经验分析，本近接工程实例的主要风险源为隧道结构变形风险，包括仰拱上鼓和拱顶沉降超限。既有城际铁路隧道变形风险控制指标见表9-1。该工程实例变形风险控指标为3mm。

12.3 隧道近接高速铁路隧道力学分析

12.3.1 计算模型及参数选取

本节将隧道上跨段、并行段分开建模计算。上跨段铁路隧道拱顶覆土层厚21.4m，并行段隧道拱顶覆土层厚8.3m。

1. 上跨段计算模型

模型以高速公路隧道轴线方向为Y轴（195m），垂直隧道轴线方向为X轴（100m），竖直方向为Z轴（60m），铁路隧道顶部距离高速公路底板约7.42m。根据铁路隧道和高速公路隧道空间位置关系，建立的三维计算模型及计算模型网格划分如图12-7和图12-8所示，模型共划分为187838个单元、33929个节点。

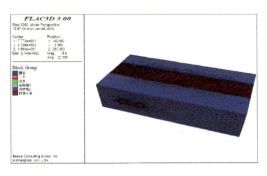
图12-7 数值模型图

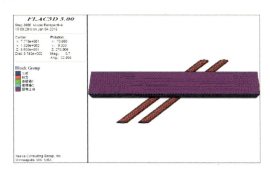
图12-8 高速公路隧道与铁路隧道模型图

2. 并行段计算模型

模型以高速公路隧道轴线方向为Y轴（120m），垂直隧道轴线为X轴（150m），竖直方向为Z轴（60m），铁路隧道距离高速公路隧道最小净距约13.6m，高速隧道走向与铁路隧道平行。根据铁路隧道和高速公路隧道空间位置关系，建立的三维计算模型及计算模型网格划分如图12-9和图12-10所示，模型共划分为230879个单元、41466个节点。

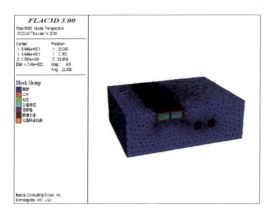

图12-9 数值模型图

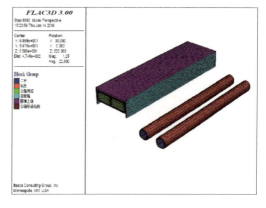

图12-10 高速公路隧道与铁路隧道模型图

根据设计院提供的资料选取模型地层材料计算参数，铁路隧道结构初期支护按C25钢筋混凝土考虑，二次衬砌按C35钢筋混凝土考虑，高速公路隧道结构按C35钢筋混凝土考虑，连续墙按C30钢筋混凝土考虑。

根据上跨段实际情况，计算模型中施加的主要荷载包括围岩和结构的自重荷载、莞番高速公路的行车荷载。围岩和结构的自重荷载由软件自动施加。

根据《公路工程技术标准》JTG B01—2014规定，桥梁结构整体计算应采用车道荷载，桥梁局部加载及涵洞、桥台台后汽车引起的土压力和挡土墙上汽车引起的土压力等的计算应采用车辆荷载。因此，本工程采用的车辆荷载标准值为550kN，考虑行车最不利工况，即重型车辆首尾相连，左右并排，转化为均布荷载后，则车辆荷载为14.67kPa，假设重型车辆超载百分之百，则车辆荷载为29.33kPa。

根据实际施工情况，主要计算以下5种工况：

（1）工况1：高速公路隧道施工前初始工况。指高速公路基坑开挖施工前铁路隧道结构及周围土层自重作用下的初始状态。

（2）工况2：高速公路隧道施工期基坑开挖。基坑采用连续墙支护，基坑开挖将引起下部岩土体产生卸载作用，铁路隧道结构在卸载作用下将出现回弹变形和受力状态的改变，分析铁路隧道轨面变化情况。

（3）工况3：高速公路隧道施工期隧道结构混凝土浇筑。高速公路隧道施工期浇筑隧道结构，结构自重将引起该处荷载增大，铁路隧道结构在加载作用下将出现变形和受力状态的改变，分析城际铁路隧道轨面变化情况。

（4）工况4：高速公路施工期隧道上部土体回填。隧道上部土体回填将引起该处荷载增大，铁路隧道结构在加载作用下此处将出现变形和受力状态的改变，分析铁路隧道轨面变化情况。

（5）工况5：高速公路隧道运营期。高速公路隧道建成后开始运营，周围土层在人行荷载和汽车荷载的加载作用下变形和应力重新调整，进而引起铁路隧道结构产生新的变形，分析城际铁路隧道轨面变化情况。公路运营期隧道考虑行车最不利工况，即重型车辆首尾相连，左右并排，车辆超载百分之百，则车辆荷载取值为29.33kPa。

12.3.2 上跨高速铁路隧道力学特性

高速公路隧道上跨铁路隧道不同工况下地层与铁路隧道模拟计算结果，如图 12-11~图 12-24 所示。

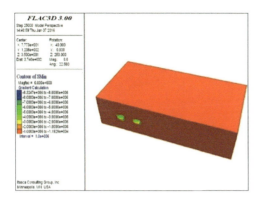

图 12-11　地层初始最大主应力

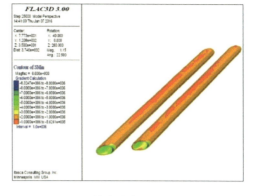

图 12-12　铁路隧道初始最大主应力

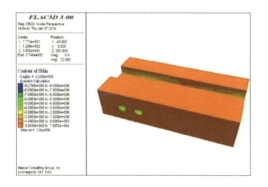

图 12-13　基坑开挖工况地层最大主应力

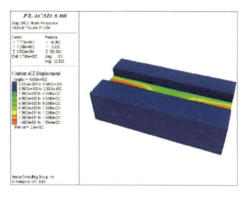

图 12-14　基坑开挖工况地层沉降变形

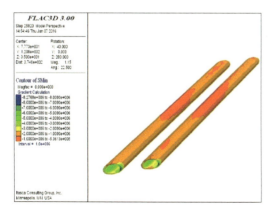

图 12-15　基坑开挖工况铁路隧道最大主应力

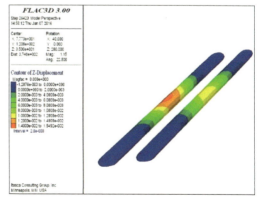

图 12-16　基坑开挖工况铁路隧道沉降变形

图 12-17　隧道施作工况地层最大主应力

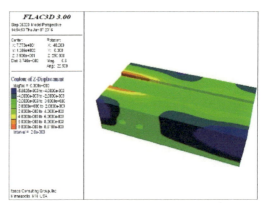

图 12-18　隧道施作工况地层沉降变形

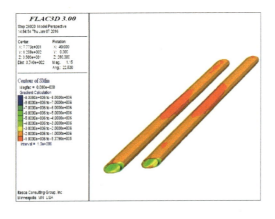

图 12-19　隧道施作工况铁路隧道最大主应力

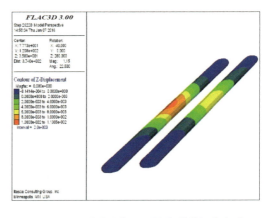

图 12-20　隧道施作工况铁路隧道沉降变形

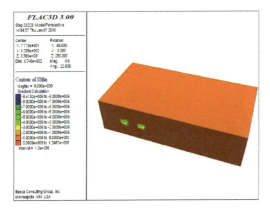

图 12-21　回填土体工况地层最大主应力

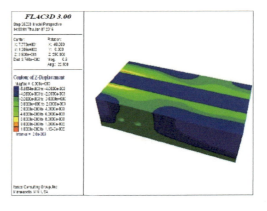

图 12-22　回填土体工况地层沉降变形

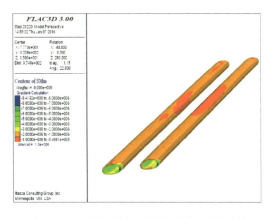 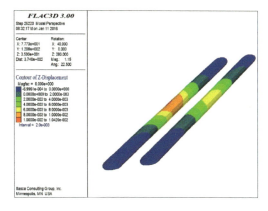

图 12-23　回填土体工况铁路隧道最大主应力　　图 12-24　回填土体工况铁路隧道沉降变形

初始状态计算结果表明，铁路隧道的初始最大压应力为 8.32MPa，最大拉应力为 1.36MPa。

高速公路基坑开挖卸载作用下，铁路隧道结构的最大压应力为 8.28MPa，最大拉应力为 1.34MPa；铁路隧道拱顶最大隆起变形为 15.49mm，仰拱最大隆起变形为 9.53mm。

在高速公路隧道结构混凝土浇筑加载作用下，铁路隧道结构的最大压应力为 8.34MPa，最大拉应力为 1.49MPa；铁路隧道拱顶最大隆起变形为 11.31mm，仰拱最大隆起变形为 7.94mm。

在高速公路隧道上部回填土体自重加载作用下，铁路隧道结构的最大压应力为 8.41MPa，最大拉应力为 1.81MPa；铁路隧道拱顶最大隆起变形为 10.42mm，仰拱最大隆起变形为 5.88mm。

在高速公路运营期车辆荷载加载作用下，铁路隧道结构的最大压应力为 8.84MPa，最大拉应力为 2.14MPa；铁路隧道拱顶最大隆起变形为 8.88mm，仰拱最大隆起变形为 4.79mm。

不同工况下铁路隧道拱顶、仰拱位置沉降变形如图 12-25 所示。

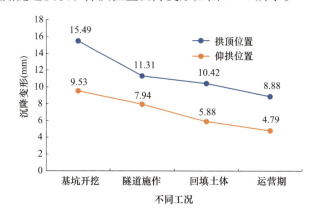

图 12-25　不同工况下铁路隧道拱顶、仰拱位置沉降变形曲线

12.3.3　并行高速铁路隧道力学特性

高速公路隧道并行铁路隧道不同工况下地层与铁路隧道模拟计算结果，如图 12-26~ 图 12-43 所示。

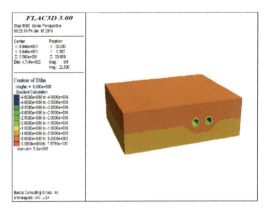

图 12-26　地层初始最大主应力

图 12-27　铁路隧道初始最大主应力

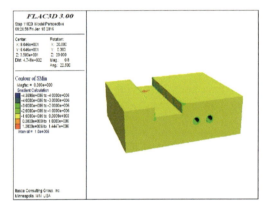

图 12-28　基坑开挖工况地层最大主应力

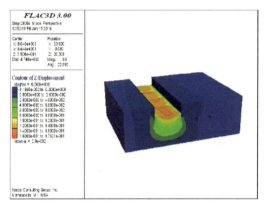

图 12-29　基坑开挖工况地层沉降变形

图 12-30　基坑开挖工况铁路隧道最大主应力

图 12-31　基坑开挖工况铁路隧道沉降变形

第12章 莞番高速公路近接莞惠城际铁路隧道工程实例

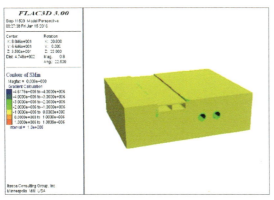

图12-32 隧道施作工况地层最大主应力　　　图12-33 隧道施作工况地层沉降变形

图12-34 隧道施作工况铁路隧道最大主应力　　图12-35 隧道施作工况铁路隧道沉降变形

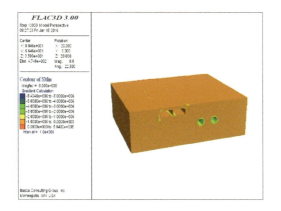
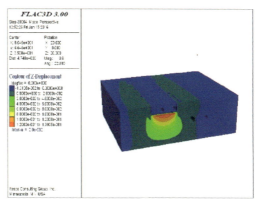

图12-36 回填土体工况地层最大主应力　　　图12-37 回填土体工况地层沉降变形

· 205 ·

图 12-38　回填土体工况铁路隧道最大主应力

图 12-39　回填土体工况铁路隧道沉降变形

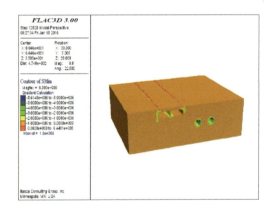

图 12-40　运营期地层最大主应力

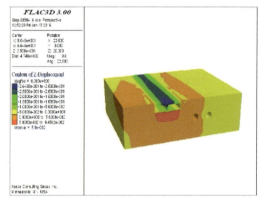

图 12-41　运营期地层沉降变形

图 12-42　运营期铁路隧道最大主应力

图 12-43　运营期铁路隧道沉降变形

初始状态计算结果表明，铁路隧道的初始最大压应力为 4.03MPa，最大拉应力为 1.92MPa。

高速公路基坑开挖卸载作用下，铁路隧道结构的最大压应力为 4.37MPa，最大拉应力为 1.92MPa；铁路隧道拱顶最大隆起变形为 4.79mm，仰拱最大隆起变形为 4.36mm。

在高速公路隧道结构混凝土浇筑加载作用下，铁路隧道结构的最大压应力为4.62MPa，最大拉应力为1.78MPa；铁路隧道拱顶最大隆起变形为4.21mm，仰拱最大隆起变形为4.13mm。

在高速公路隧道上部回填土体自重加载作用下，铁路隧道结构的最大压应力为5.40MPa，最大拉应力为1.98MPa；铁路隧道拱顶最大隆起变形为3.95mm，仰拱最大隆起变形为3.64mm。

在高速公路运营期车辆荷载加载作用下，铁路隧道结构的最大压应力为5.61MPa，最大拉应力为1.92MPa；铁路隧道拱顶最大隆起变形为2.82mm，仰拱最大隆起变形为2.17mm。

不同工况下铁路隧道拱顶、仰拱位置沉降变形如图12-44所示。

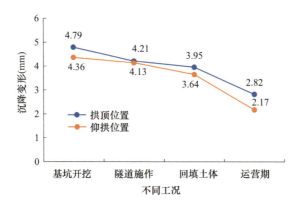

图12-44　不同工况下铁路隧道拱顶、仰拱位置沉降变形图

综上所述，上跨段隧道施工和运营期各工况引起的铁路隧道最大竖直向（Z方向）变形为15.49mm，垂直于高速公路线路方向（X方向）的最大水平变形为3.61mm，平行于高速公路线路方向（Y方向）的最大水平变形为2.03mm。并行段隧道施工和运营期各工况引起的铁路隧道最大竖直向（Z方向）变形为4.79mm，垂直于高速公路线路方向（X方向）的最大水平变形为4.88mm，平行于高速公路线路方向（Y方向）的最大水平变形为0.44mm。

12.4　高架桥近接高速铁路隧道力学分析

12.4.1　计算模型及参数选取

模型以铁路隧道轴线方向为Y轴（220m），垂直隧道轴线方向为X轴（160m），竖直方向为Z轴（80m）。根据铁路隧道和高速公路桥梁空间位置关系，建立的三维计算模型及计算模型网格划分如图12-45和图12-46所示，模型共划分为192548个单元、45783个节点。

根据设计院提供的资料，莞惠城际铁路隧道结构初期支护按C25钢筋混凝土考虑，二次衬砌按C35钢筋混凝土考虑，莞番高速公路桥梁桩基结构按C35钢筋混凝土考虑。根据实际情况，计算模型中施加的主要荷载包括围岩和结构的自重荷载、高速公路的行车荷载。围岩和结构的自重荷载由软件自动施加。根据设计资料，上跨段各桥墩支座反力见表12-1。

图12-45 数值模型图

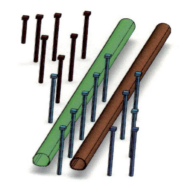

图12-46 隧道与桥桩的位置关系模型图

上跨段各桥墩支座反力　　　表12-1

桥墩编号	支座反力(kN)
14号	17858.0
15号	17858.0
16号	16548.2
17号	15182.6
18号	15182.6
19号	15182.6
21号	15771.3
21号	16332.1

根据实际施工情况，主要模拟了以下6种工况：

（1）工况1：莞番高速公路施工前的初始工况。
（2）工况2：莞番高速公路14号桥墩桩基承台施工。
（3）工况3：莞番高速公路15号桥墩桩基承台施工。
（4）工况4：莞番高速公路16~21号桥墩桩基承台施工。
（5）工况5：桥梁上部结构施工。
（6）工况6：莞番高速公路运营期。

12.4.2　高速铁路隧道力学特性

高速公路隧道上跨铁路隧道不同工况下地层与铁路隧道模拟计算结果，如图12-47~图12-58所示。

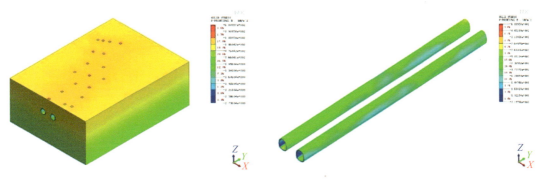

图12-47　地层初始最大主应力　　　　图12-48　铁路隧道初始最大主应力

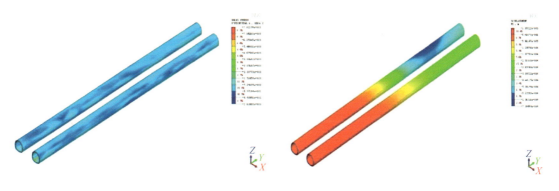

图12-49　14号桥墩桩基承台施工铁路隧道　　图12-50　14号桥墩桩基承台施工铁路
　　　　　最大主应力　　　　　　　　　　　　　　　　隧道沉降变形

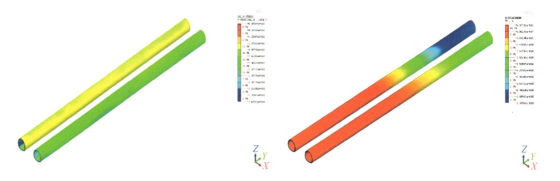

图12-51　15号桥墩桩基承台施工铁路隧道　　图12-52　15号桥墩桩基承台施工铁路
　　　　　最大主应力　　　　　　　　　　　　　　　　隧道沉降变形

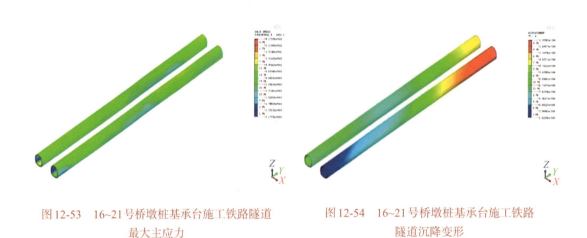

图12-53　16~21号桥墩桩基承台施工铁路隧道最大主应力

图12-54　16~21号桥墩桩基承台施工铁路隧道沉降变形

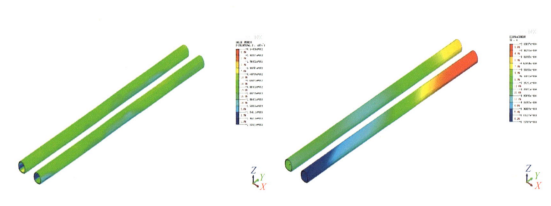

图12-55　桥梁上部结构施工铁路隧道最大主应力

图12-56　桥梁上部结构施工铁路隧道沉降变形

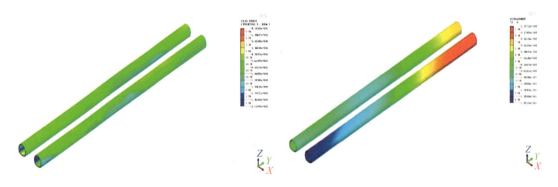

图12-57　高速公路运营期铁路隧道最大主应力

图12-58　高速公路运营期铁路隧道沉降变形

各工况引起铁路隧道变形计算结果见表12-2。

各工况引起的铁路隧道变形计算结果汇总表（单位：mm）　　表12-2

工况	X方向变形量		Y方向变形量		Z方向变形量	
	拱顶	仰拱	拱顶	仰拱	拱顶	仰拱
工况1	0	0	0	0	0	0
工况2	0.43	0.41	0.10	0.08	−0.70	−0.69
工况3	0.56	0.52	0.14	0.11	−0.77	−0.72
工况4	0.53	0.48	0.23	0.18	−1.02	−0.99
工况5	0.53	0.49	0.23	0.17	−1.24	−1.05
工况6	0.54	0.52	0.23	0.18	−1.45	−1.33

注：X方向为垂直于莞惠城际铁路隧道轴线方向；Y方向为平行于莞惠城际铁路隧道轴线方向；Z方向为竖直方向，正值为隆起变形，负值为沉降变形。

12.5　工程风险评价

采用隧道形式和高架桥形式近接铁路隧道的两种近接方案，在近接工程施工期以及运营期，铁路隧道沉降变形均未超过铁路隧道风险控制标准限制值。因此，采用上述两种近接方案，均对既有铁路隧道变形影响较小，可以满足铁路隧道变形控制标准。

12.6　本章小结

本章选取了相应的近接隧道工程实例，首先，采用前文提出的风险评估方法，确定了隧道工程实例的风险源及相应风险控制指标；其次，采用数值模拟方法，明确近接高速公路施工对铁路隧道变形、受力影响规律；最后，基于风险评估方法，对工程实例近接施工风险进行评价，验证该工程实例近接工程设计方法及控制措施的合理性。主要结论如下：

（1）在高速公路施工及列车荷载作用下，铁路隧道结构的最大压应力为8.28~8.84MPa，最大拉应力为1.34~2.19MPa；铁路隧道拱顶最大隆起变形为8.88~15.49mm，仰拱最大隆起变形为4.79~9.53mm。

（2）上跨段隧道施工和运营期各工况引起的铁路隧道最大竖直向（Z方向）变形为15.49mm，垂直于高速公路线路方向（X方向）的最大水平变形为3.61mm，平行于高速公路线路方向（Y方向）的最大水平变形为2.03mm。并行段隧道施工和运营期各工况引起的铁路隧道最大竖直向（Z方向）变形为4.79mm，垂直于高速公路线路方向（X方向）的最大水平变形为4.88mm，平行于高速公路线路方向（Y方向）的最大水平变形为0.44mm。

（3）桥梁施工和运营期引起的莞惠城际铁路隧道最大竖直向（Z方向）变形为−1.45mm，垂直于莞惠城际铁路隧道轴线方向（X方向）的最大水平变形为0.54mm，平行于莞惠城际铁路隧道轴线方向（Y方向）的最大水平变形为0.23mm。

第 13 章

深圳市惠州古塘坳东风立交桥上跨莞惠城际铁路隧道工程实例

13.1 工程概况

13.1.1 工程简介

惠州市东风立交项目（下文简称立交桥）为改扩建项目，拟加宽原惠深公路互通立交路面，在莞惠城际铁路隧道（下文简称铁路隧道）上方新建2座（900m+1300m+900m）的三跨桥梁，桥梁采用扩大基础，其中一座桥梁位于右线隧道正上方并行设置，另一座桥梁位于左线隧道北侧上方并行设置。桥梁扩大基础距离隧道最小净距约8m。立交桥在原有旧桥的基础上扩建新桥，新桥采用6.0m搭板，新桥上部采用左幅9.1m+13m+8.95m现浇板梁，桥宽10.5m，设置2%单面坡；右幅9m+13m+9m现浇板梁，桥宽9.3m，设置2%单面坡；下部采用重力桥台、矩形扁墩，桥梁基础形式为扩大基础，扩大基础底换填级配碎石50cm且基底地基承载力不小于120kPa。0号、3号桥台处设置D40伸缩缝装置，新建桥与旧桥之间设置D40纵向伸缩缝。立交桥结构剖面图如图13-1所示。莞惠城际铁路隧道工程概况见第9.1节，此处不再赘述。

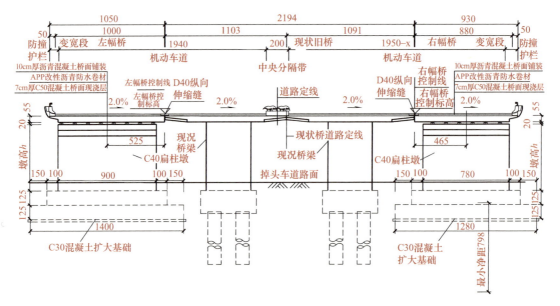

图 13-1 铁路隧道和立交桥扩大基础位置剖面图（单位：mm）

13.1.2 工程地质与水文地质情况

1. 工程地质

该段上覆第四系全新统人工堆积层、冲积层,下伏基岩为侏罗系下统泥质砂岩。

(1) 第四系全新统人工堆积层

素填土:杂色,主要成分为黏性土、碎石等,顶部为混凝土,厚0.80~4.50m,层底高程12.170~15.880m。所有钻孔均有揭露。

(2) 第四系全新统冲积层

粉质黏土:硬塑,黄褐色,手搓可成条带,切面光滑,土质均匀,厚1.90~3.10m,层底高程9.630~13.780m。粉砂:稍密,黄褐~棕红色,砂质均匀,矿物成分以石英为主,厚0.9~3.7m,层底高程10.080~11.630m。

(3) 侏罗系下统

全风化泥质砂岩:棕红色,岩原结构已破坏,残余结构尚可辨认,岩芯呈土状,局部夹块状,厚3.9~8.9m,层底高程:2.330~8.270m,全场地分布有揭露。强风化泥质砂岩:棕红色,粉细粒结构,薄层状构造,节理裂隙非常发育,泥质胶结,岩质软,岩芯呈碎块状、块状,厚3.10~12.50m,层底高程-1.370~1.580m,全场地分布有揭露。弱风化泥质砂岩:棕红色,粉细粒结构,中厚层状构造,节理裂隙较发育,泥质胶结,岩质较软,岩芯呈柱状,全场地分布有揭露。

2. 水文地质

孔隙水主要赋存于第四系冲积层,受大气降水及地表水补给,随季节变化较大,主要表现为上层滞水。基岩裂隙水主要赋存于强风化泥质砂岩节理裂隙中,水量不大,埋深较

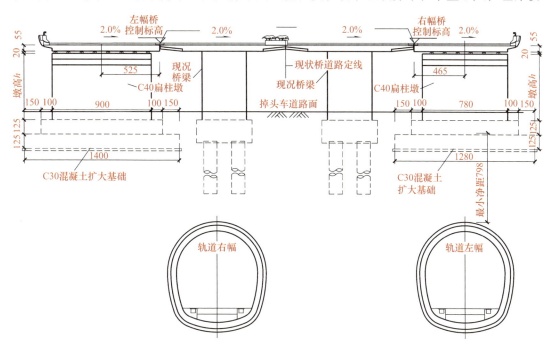

图13-2 城际铁路隧道与立交桥扩大基础位置剖面图(单位:mm)

大。勘察期间所测钻孔地下水位为浅部土层潜水水位，地下水稳定，水位埋深2.40~2.80m。岩石富水性和透水性与节理裂隙发育情况关系密切，节理裂隙发育的不均匀性导致其富水性和透水性也不均匀。

13.1.3 设计方案

铁路隧道距地面约10m，隧道顶面距扩大基础底面最小净距约为7.98m，城际铁路隧道与立交桥扩大基础位置剖面、平面图如图13-2和图13-3所示。

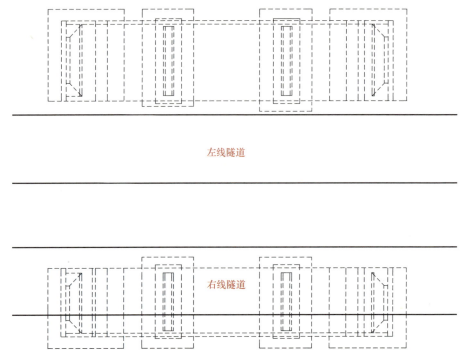

图13-3 城际铁路隧道与立交桥扩大基础位置平面图

13.2 工程风险源及控制指标

基于现场调查、经验分析，本近接工程实例的主要风险源为隧道结构变形风险，包括仰拱上鼓和拱顶沉降超限。既有城际铁路隧道变形风险控制指标见表9-1。该工程变形风险控制指标为3mm。

13.3 莞惠城际铁路隧道安全性评价

13.3.1 计算模型及参数选取

模型以铁路隧道轴线方向为Y轴（100m），垂直隧道轴线为X轴（100m），竖直方向为Z轴（80m），隧道顶部距离路面为10m，距桥基底面最近处为7.79m。根据铁路隧道和立交桥扩大基础结构的空间位置关系，建立的三维计算模型及计算模型网格划分如图13-4和图13-5所示，模型共划分为140574个单元、25623个节点。

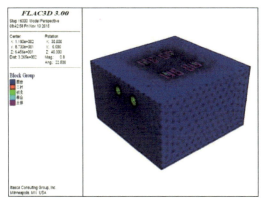

图13-4　数值模型图

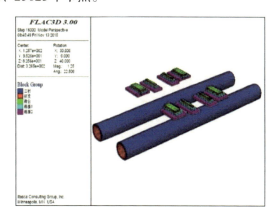

图13-5　结构模型图

根据设计院提供的资料选取模型地层材料计算参数，桥基扩大基础为C30钢筋混凝土，桥台结构按C40考虑；莞惠城际铁路区间隧道衬砌结构按C40混凝土考虑。

根据设计说明文件，模型计算荷载主要包括：围岩自重及土压力，此荷载由软件自重施加；东风立交桥扩大基础、墩台及上部梁体自重荷载，此荷载根据桥梁结构的体积计算；桥梁运营期汽车荷载。

根据《公路工程技术标准》JTG B01—2014规定，桥梁结构整体计算应采用车道荷载；桥梁局部加载及涵洞、桥台台后汽车引起的土压力和挡土墙上汽车引起的土压力等的计算应采用车辆荷载。公路车道荷载模式如图13-6所示。

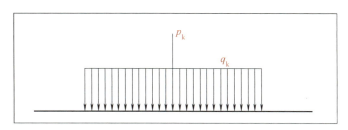

图13-6　公路车道荷载模式

车道荷载由均布荷载和集中荷载组成，集中荷载标准值按以下规定选取：桥梁计算跨径小于5m时，取180kN；桥梁计算跨径大于50m时，取360kN；桥梁计算跨径为5~50m时，采用直线内插求得取值。

根据实际施工情况，本节主要模拟以下5种工况，各工况的主要荷载及施工阶段如下所述：

（1）工况1：立交桥扩大基础开挖前的初始工况。指立交桥施工前铁路隧道结构及周围土层自重作用下的初始状态。

（2）工况2：立交桥施工期扩大基础基坑开挖。基坑底部为自由面，基坑处荷载减小，铁路区间隧道结构在卸载作用下在该处将出现变形和受力状态的改变。

（3）工况3：立交桥施工期扩大基础浇筑。浇筑桥基结构后该处荷载增大，铁路隧道结构在加载作用下此处将出现变形和受力状态的改变。

（4）工况4：立交桥施工期浇筑立交桥上部墩台及梁体结构。浇筑立交桥上部结构后该处荷载增大，铁路隧道结构在加载作用下此处将出现变形和受力状态的改变。

（5）工况5：立交桥施工后的运营状态。立交桥建成后开始运营，周围土层在桥面人行、汽车荷载作用下变形和应力重新调整，进而引起铁路隧道结构产生新的变形。

13.3.2 隧道力学特性

立交桥近接铁路隧道不同工况下地层与铁路隧道模拟计算结果，如图13-7~图13-24所示。

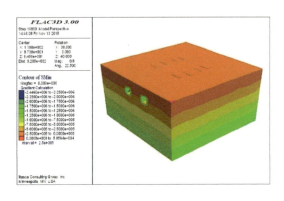

图13-7　地层初始最大主应力　　　　图13-8　铁路隧道初始最大主应力

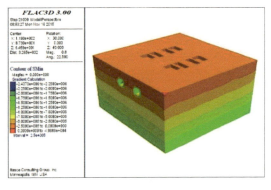 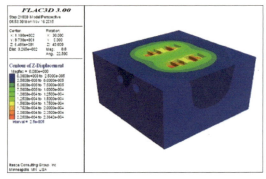

图13-9　扩大基础开挖工况地层最大主应力　　　图13-10　扩大基础开挖工况地层沉降变形

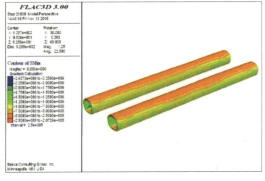

图13-11　扩大基础开挖工况铁路隧道最大主应力　　图13-12　扩大基础开挖工况铁路隧道沉降变形

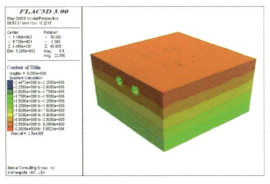

图13-13　扩大基础施作工况地层最大主应力

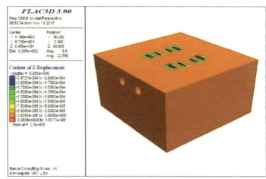

图13-14　扩大基础施作工况地层沉降变形

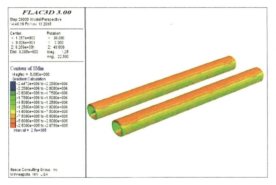

图13-15　扩大基础施作工况铁路隧道最大主应力

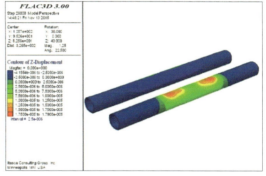

图13-16　扩大基础施作工况铁路隧道沉降变形

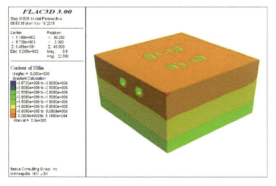

图13-17　桥墩浇筑工况地层最大主应力

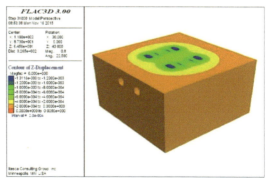

图13-18　桥墩浇筑工况地层沉降变形

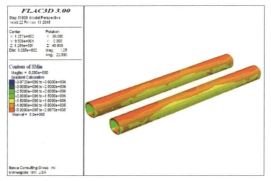

图13-19　桥墩浇筑工况铁路隧道最大主应力　　图13-20　桥墩浇筑工况铁路隧道沉降变形

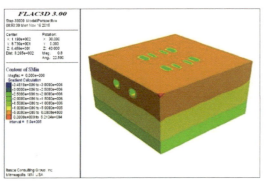

图13-21　运营期地层最大主应力　　图13-22　运营期地层沉降变形

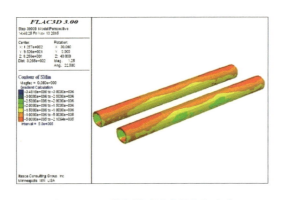
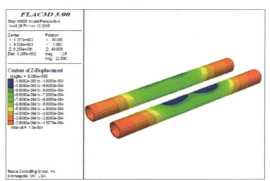

图13-23　运营期铁路隧道最大主应力　　图13-24　运营期铁路隧道沉降变形

通过对立交桥施工过程的数值模拟，可计算得到各工况下铁路隧道的变形值，见表13-1。

不同工况下铁路隧道变形计算结果汇总表（单位：mm）　　表13-1

工况	X方向	Y方向	Z方向
工况1	0	0	0
工况2	0.28	0.46	3.60
工况3	0.30	0.43	3.22
工况4	0.34	0.39	2.95

13.4 工程风险评价

通过对立交桥施工过程的数值模拟计算，结果表明，立交桥施工前的初始状态，最大压应力为2.45MPa，最大拉应力为0.32MPa，结构状态良好，受力和变形满足规范要求。立交桥扩大基础基坑开挖完成时，铁路隧道结构最大隆起变形为0.18mm，隧道结构最大压应力为2.44MPa，最大拉应力为0.32MPa。立交桥桥基结构浇筑完成时，铁路隧道结构最大隆起变形为0.02mm。隧道结构最大压应力为2.45MPa，最大拉应力为0.32MPa。立交施工期桥墩台及上部梁体结构浇筑完成时，铁路隧道结构最大沉降变形为0.71mm。隧道结构最大压应力为3.07MPa，最大拉应力为0.44MPa。立交桥运营期人行、车辆荷载作用下，铁路隧道结构最大沉降变形为1.07mm。隧道结构最大压应力为3.49MPa，最大拉应力为0.53MPa。经计算，立交桥施工全过程对铁路隧道结构变形沉降影响均小于风险控制值；立交桥运营期对铁路隧道结构变形影响也小于风险控制值。因此，立交桥近接设计施工方案合理。

13.5 本章小结

本章选取了相应的近接隧道工程实例，首先，采用前文提出的风险评估方法，确定了隧道工程实例的风险源及相应风险控制指标；其次，采用数值模拟方法，明确近接立交桥施工对铁路隧道变形、受力影响规律；最后，基于风险评估方法，对工程实例近接施工风险进行评价，验证该工程实例近接工程设计方法及控制措施的合理性。主要结论如下：

（1）立交桥施工前的初始状态，最大压应力为2.45MPa，最大拉应力为0.32MPa，结构状态良好，受力和变形满足规范要求。

（2）立交施工期桥墩台及上部梁体结构浇筑完成时，铁路隧道结构最大沉降变形为0.71mm。隧道结构最大压应力为3.07MPa，最大拉应力为0.44MPa。

（3）立交桥运营期人行、车辆荷载作用下，铁路隧道结构最大沉降变形为1.07mm。隧道结构最大压应力为3.49MPa，最大拉应力为0.53MPa。

参 考 文 献

[1] 马坤. 近接工程对既有高铁隧道的影响及监测方法研究 [D]. 北京：北京科技大学，2012.
[2] 睢忠强. 城轨近接暗挖工程对高铁盾构隧道的变形影响研究 [D]. 北京：北京交通大学，2020.
[3] 关宝树. 隧道工程设计要点集 [M]. 北京：人民交通出版社，2003.
[4] MUIR WOOD M M A. The circular tunnel in elastic ground [J]. Geotechnique, 1975, 25（1）: 115-127.
[5] CARTER J P, BOOKER J R, YEUNG S K. Cavity expansion in cohesive frictional soils [J]. Geotechnique, 1986, 36（3）: 349-358.
[6] 徐永福，孙钧，傅德明，等. 外滩观光隧道盾构施工的扰动分析 [J]. 土木工程学报，2002，35（2）：70-85.
[7] SAGASETA C. Discussion: Analysis of undrained soil deformation due to ground loss [J]. Geotechnique, 1987, 37（3）: 301-320.
[8] VERRUIJT A, BOOKER J R. Surface settlements due to deformation of a tunnel in an elastic half plane [J]. Geotechnique, 1996, 46（4）: 753-756.
[9] 曾小清，张庆贺. 隧道施工过程的解析与数值结合方法 [J]. 岩土工程学报，1998，20（1）：14-17.
[10] XU L, HUANG H W. Time effects in rock-support interaction: a case study in the construction of two road tunnels [J]. International journal of rock mechanics and mining sciences, 2004, 41（3）: 1-6.
[11] SOLIMAN E, DUDDECK H, AHRENS H. Two-and three-dimensional analysis of closely spaced double-tube tunnels [J]. Tunnelling and underground space technology, 1993, 8（1）: 13-18.
[12] JIN D L, SHEN X, YUAN D J. Theoretical analysis of threedimensional ground displacements induced by shield tunneling [J]. Applied mathematical modelling, 2020, 79: 85-105.
[13] 华珊珊. 新建隧道上跨或下穿施工对既有隧道力学响应研究 [D]. 北京：中国矿业大学，2018.
[14] 仇文革. 地下工程近接施工力学原理与对策的研究 [D]. 成都：西南交通大学，2003.
[15] 张凤祥，朱合华，傅德明. 盾构隧道（精）[M]. 北京：人民交通出版社，2004.
[16] 冷彪，仇文革，龚伦. 新建下穿隧道对既有隧道影响的可拓学分析 [J]. 西南交通大学学报，2014，49（4）：637-641.
[17] 郭宏博. 上下交叉隧道近接施工影响分区研究 [D]. 成都：西南交通大学，2008.
[18] 牌立芳，吴红刚. 地震作用下立体交叉下穿隧道动力响应振动台试验研究 [J]. 岩石力学与工程学报，2021，40（1）：88-100.
[19] 王京涛. 盾构施工对地表及既有隧道位移变化模型试验研究 [D]. 合肥：安徽建筑大学，2018.
[20] 汪洋，何川，曾东洋，等. 盾构隧道正交下穿施工对既有隧道影响的模型试验与数值模拟 [J]. 铁道学报，2010，32（2）：79-85.
[21] 龚伦，马相峰，敖维林，等. 既有隧道上方挖方承载拱效应模型试验研究 [J]. 中国铁道科学，2019，4（1）：55-62.
[22] 刘新荣，郭子红. 交错既有隧道次生力学效应三维模型试验 [J]. 岩土力学，2011，32（9）：2609-2616.
[23] 贺美德. 浅埋暗挖法隧道上穿既有盾构隧道的变形控制研究 [D]. 北京：北京交通大学，2015.
[24] 李卓. 浅埋隧道近接施工引起既有地下管线变形机理模型试验研究 [D]. 重庆：重庆大学，2019.
[25] 黄德中，马险峰，王俊淞，等. 软土地区盾构上穿越既有隧道的离心模拟研究 [J]. 岩土工程学报，2012，34（3）：520-527.
[26] 马险峰，何蔺荞，王俊淞. 软土地区新建盾构隧道下穿越既有隧道的离心模拟研究 [J]. 长江科学院院报，2012，29（1）：79-84.
[27] 王希元，龚伦，吴金霖，等. 砂质黄土地层中既有隧道上方挖方离心模型试验研究 [J]. 岩土工程学报，2018，40（8）：1556-1562.
[28] 李从安，李波，王志鹏，等. 新建隧洞下穿既有隧道离心模型试验研究 [J]. 中国水利水电科学研究院学报，

2017, 15（4）：286-290.
- [29] 富马加利.静力学模型与地力学模型［M］.蒋彭年，彭光履，赵欣，译.北京：水利电力出版社，1979.
- [30] 金大龙，袁大军，韦家昕，等.小净距隧道群下穿既有运营隧道离心模型试验研究［J］.岩土工程学报，2018，40（8）：1507-1514.
- [31] 阿卜杜拉，雷春明，田雨，等.盾构下穿对既有隧道影响的模型试验研究［J］.地下空间与工程学报，2020，16（S2）：540-545.
- [32] LO K W, CHANG L K, LEUNG C F, et al. Field instrumentation of a multiple tunnel interaction problem［J］. International journal of rock mechanics，1989，26（3）：305-308.
- [33] 郑余朝，蔡佳良，袁竹，等.地铁隧道下穿既有铁路近接影响分区和施工控制研究［J］.现代隧道技术，2016，53（6）：202-209.
- [34] 周斌.近接盾构隧道力学行为与近接分区研究［D］.成都：西南交通大学，2009.
- [35] 于鹤然.立体交叉铁路隧道结构静、动力力学特性及其工程应用研究［D］.成都：西南交通大学，2013.
- [36] 李辉.上跨隧道对既有隧道的变形影响及控制研究［D］.重庆：重庆交通大学，2014.
- [37] 陈建刚.上下交叉隧道近接施工对既有隧道的影响研究［D］.广州：华南理工大学，2017.
- [38] 贺美德.浅埋暗挖法隧道上穿既有盾构隧道的变形控制研究［D］.北京：北京交通大学，2015.
- [39] 王宁.既有隧道两侧新建近接隧道施工力学行为及影响分区研究［D］.成都：西南交通大学，2017.
- [40] 王志杰，李振，蒋新政，等.新建隧道双侧近接既有隧道施工风险评价研究［J］.铁道工程学报，2020，37（5）：47-53.
- [41] 关笑.新建隧道爆破施工对既有隧道的振动影响研究［D］.成都：西南交通大学，2019.
- [42] 柯鹤新.新建隧道施工对既有隧道影响的三维数值模拟研究［J］.科技通报，2015，31（1）：116-120.
- [43] 陈卫忠，郑东，于建新，等.交叉隧道施工对已有隧道稳定性影响研究［J］.岩石力学与工程学报，2015，34（S1）：3097-3105.
- [44] 龚伦，仇文革.既有铁路隧道受下穿引水隧洞近接施工影响预测［J］.中国铁道科学，2007，28（4）：29-33.
- [45] 张志强，何川.南京地铁区间盾构隧道"下穿"玄武湖公路隧道施工的关键技术研究［J］.岩土力学，2005，26（11）：1711-1716.
- [46] 胥俊玮.新建隧道正交下穿施工对既有隧道的影响［J］.路基工程，2017（1）：169-173.
- [47] 国家铁路局发布《公路与市政工程下穿高速铁路技术规程》［J］.建筑技术开发，2018，45（2）：14.
- [48] MEASOR E O, NEW D H. The design and construction of the Royal Festival Hall, South Bank［J］. Journal of the institution of civil engineerings，1951，36：241-318.
- [49] 上海市建设委员会科学技术委员会.地铁一号线工程［M］.上海：上海科学技术出版社，1998.
- [50] 林永国，周正茂，刘国彬.桩基沉降引起地铁隧道位移的治理［J］.建筑技术，2001，32（4）：233-234.
- [51] 杨岑.建筑桩基对重庆黄泥磅浅埋轻轨车站影响研究［D］.重庆：重庆交通大学，2013.
- [52] 付艳斌，杨志银.近邻地铁隧道深基坑的流变效应研究［J］.岩土工程学报，2013，35（S2）：834-838.
- [53] 王强.盾构隧道穿越邻近建筑黄土复合地基的相互作用研究［D］.西安：西安理工大学，2014.
- [54] 林丽芬.高层建筑群对其下既有隧道的影响分析［D］.广州：华南理工大学，2010.
- [55] 薛武强，孙九春.紧邻地铁区间隧道的钻孔灌注桩施工技术［J］.建筑施工，2010，32（4）：294-296.
- [56] 黄大维，周顺华，刘重庆，等.护壁套管钻孔灌注桩微扰动施工分析［J］.岩土力学，2013，34（4）：1103-1108.
- [57] 庄妍，牟凡，崔晓艳，等.全套管灌注桩在临近地铁隧道的暗桥桩基工程中的应用［J］.岩土工程学报，2015，37（S2）：41-45.
- [58] 徐云福，王立峰.近邻桩基施工对城市地铁隧道的影响分析［J］.岩土力学，2015，36（S2）：577-582.
- [59] 张戈.软土地区桩基施工对紧邻运营地铁隧道的位移控制［J］.都市快轨交通，2016，29（6）：93-98.
- [60] 丁智，王永安，虞兴福，等.近距离桥桩施工对地铁隧道影响监测分析［J］.现代隧道技术，2016，53（1）：173-179.
- [61] 谢小山，陈彦恒，赵春彦.桩基施工对近邻地铁隧道的影响分析［J］.施工技术，2018，47（13）：32-35.
- [62] SCHROEDER F C. The influence of bored piles on existing tunnels：a case study［J］. Ground engineering,

2002, 35 (7): 32-34.

[63] SCHROEDER F C. The influence of bored piles on existing tunnels [D]. Imperial College, University of London, 2003.

[64] SCHROEDER F C, POTTS D M, ADDENBROOKE I T. The influence of pile group loading on existing tunels [J]. Geotechnique, 2004, 54 (6): 351-362.

[65] 刘浩. 既有隧道上新建高层建筑对其影响的测试分析 [D]. 长沙：中南大学，2009.

[66] 楼晓明，金志靖. 钻孔灌注桩基础对紧邻地铁隧道产生竖向附加应力和变形的计算分析 [J]. 岩土力学，1996，17 (3): 48-53.

[67] 安关峰. 桩基础对邻近隧道变形长期影响研究 [D]. 上海：同济大学，2000.

[68] 楼晓明，刘建航. 高层建筑桩基础对邻近隧道影响的监测与分析 [J]. 同济大学学报（自然科学版），2003，31 (9): 1014-1018.

[69] 刘力英，莫海鸿，周汉香，等. 桩对隧道影响的分析模型比较 [J]. 广东土木与建筑，2004，2: 18-20.

[70] 赵伟力. 周边建筑桩基队地铁隧道的影响分析 [D]. 天津：天津大学，2005.

[71] 闫静雅. 桩基础全寿命期对邻近已有隧道的影响研究 [D]. 上海：同济大学，2007.

[72] 王卫东. 房屋桩基础对既有隧道结构的影响分析 [J]. 科技创业月刊，2007，7: 185-186.

[73] 练健飞. 某地铁上盖建筑桩基础对地铁隧道影响分析 [J]. 科技创新导报，2008，21: 102-104.

[74] 赵建军. 基坑开挖卸载及桩基沉降对运营地铁隧道影响的探讨 [J]. 地下工程与隧道，2008，2: 13-15.

[75] 闫静雅，张子新，黄宏伟，等. 桩基础荷载对邻近已有隧道影响的有限元分析 [J]. 岩土力学，2008，29 (9): 2508-2514.

[76] 徐而进，陈伟，褚峰. 桩基沉降对紧邻地铁隧道的影响分析 [J]. 结构工程师，2009，25 (4): 119-123.

[77] 黄晓阳. 桩基础荷载对既有地铁隧道的受力和变形的影响分析 [D]. 长沙：中南大学，2010.

[78] 李镜培，王昆. 超深群桩对邻近已有隧道的影响研究 [J]. 岩土工程学报，2011，33 (S2): 128-134.

[79] 路平，郑刚. 立交桥桩基础施工及运营期对既有隧道影响的研究 [J]. 岩土工程学报，2013，35 (S2): 923-927.

[80] 程斌，刘国彬. 基坑工程施工对邻近建筑物及隧道的相互影响 [J]. 工程力学，2000，3 (A03): 486-491.

[81] 刘国彬，黄院雄，侯学渊. 基坑工程下已运行地铁区间隧道上抬变形的控制研究与实践 [J]. 岩石力学与工程学报，2001，2 (2): 202-207.

[82] 吉茂杰，刘国彬. 开挖卸荷引起地铁隧道位移预测方法 [J]. 同济大学学报（自然科学版），2001，5: 531-535.

[83] GE X. Response of a shield-driven tunnel to deep excavations in soft clay [D]. Hong Kong: Hong Kong University of Science and Technology, 2002.

[84] 蒋洪胜，侯学渊. 基坑开挖对临近软土地铁隧道的影响 [J]. 工业建筑，2002，32 (5): 53-56.

[85] 陈郁，李永盛. 基坑开挖卸荷引起下卧隧道隆起的计算方法 [J]. 地下空间与工程学报，2005，1 (1): 91-94.

[86] 戚科骏，王旭东，蒋刚，等. 临近地铁隧道的深基坑开挖分析 [J]. 岩石力学与工程学报，2005，S2: 5485-5489.

[87] 刘燕，刘国彬，刘涛. 大型综合地铁换乘车站施工对周围环境影响分析 [J]. 建筑结构，2008，38 (4): 94-98.

[88] 艾鸿涛. 临近地铁隧道的深基坑开挖分析 [D]. 上海：同济大学，2008.

[89] 王路. 基坑开挖对邻近既有隧道的影响分析 [D]. 北京：北京交通大学，2009.

[90] 张少林. 深基坑施工过程对临近地铁区间作用研究 [D]. 沈阳：东北大学，2009.

[91] 高广运，高盟，杨成斌，等. 基坑施工对运营地铁隧道的变形影响及控制研究 [J]. 岩土工程学报，2010，32 (3): 453-459.

[92] 万鹏，魏刚，朱蕾，等. 邻近运营地铁隧道的超深基坑开挖实测数据分析 [C]. 2010城市轨道交通关键技术论坛暨第二十届地铁学术交流会，上海，2010.

[93] 杜东阁. 既有隧道对邻近深基坑开挖影响分析 [D]. 重庆：重庆大学，2011.

[94] 吴加武. 基坑开挖对紧邻地铁隧道的影响分析及变形控制研究 [D]. 广州：广东工业大学，2012.

[95] 姜兆华. 基坑开挖时邻近既有隧道的力学响应规律研究 [D]. 重庆：重庆大学，2013.

[96] 白云波. 临近地铁隧道深基坑开挖影响规律研究 [D]. 阜新：辽宁工程技术大学，2013.

[97] 戚长军，刘争宏，余武术，等. 基坑开挖对既有盾构隧道与地层的影响分析[J]. 水利与建筑工程学报，2014，12（5）：142-146.

[98] 唐仁，林本海. 基坑工程施工对邻近地铁盾构隧道的影响分析[J]. 地下空间与工程学报，2014，10（S1）：1629-1634.

[99] 刘继强，欧雪峰，张学民，等. 基坑群开挖对近接运营地铁隧道隆沉变形的影响研究[J]. 现代隧道技术，2014，51（04）：81-87.

[100] 曹顺，钱德玲，魏雪云，等. 隧道基坑开挖卸载对既有地铁的影响与变形控制[J]. 合肥工业大学学报（自然科学版），2014，37（12）：1479-1482.

[101] 陈仁朋，叶跃鸿，王诚杰，等. 大型地下通道开挖对下卧地铁隧道上浮影响[J]. 浙江大学学报（工学版），2017，51（7）：1269-1277.

[102] 宗翔. 基坑开挖卸载引起下卧已建隧道的纵向变形研究[J]. 岩土力学，2016，37（S2）：571-577.

[103] 朱正峰，陶学梅，谢弘帅. 基坑施工对运营地铁隧道变形影响及控制研究[J]. 地下空间与工程学报，2006，1：128-131.

[104] 张俊峰. 软土地区基坑对下卧隧道变形的影响与控制研究[D]. 上海：上海交通大学，2013.

[105] 颜天成，张庆彬，陈敏. 新建隧道爆破对下部近接运营高铁隧道影响分析[J]. 爆破，2023，40（1）：185-193.

[106] 钱阳. 大断面公路隧道与高铁隧道近接施工爆破控制技术研究[D]. 成都：西南交通大学，2021.

[107] 卓松. 近接运营高铁隧道爆破振动模型及新建隧道钻爆技术研究[D]. 北京：北京交通大学，2021.

[108] 曲强，眭忠强，王婷，等. 城轨矿山法近接对高铁盾构隧道变形影响研究[J]. 铁道标准设计，2021，65（6）：100-108.

[109] 杨秋贵. 金钟河桥桩基施工对既有临近地铁隧道的影响研究[D]. 贵阳：贵州大学，2021.

[110] 刘毅. 跨线桥桩基施工对既有高铁隧道的影响研究[D]. 湘潭：湖南科技大学，2016.

[111] 毕博. 新建桩基近接施工对邻近地铁隧道及旧桥桩基影响研究[D]. 沈阳：沈阳工业大学，2020.

[112] 李睿哲. 公路桥梁上跨对运营高铁隧道的影响分析[J]. 交通世界，2023，7：163-165.

[113] 郑强. 隧道上方填挖方近接施工影响分区研究[D]. 成都：西南交通大学，2017.

[114] 刘辉. 基于压力拱的基坑开挖对邻近隧道稳定性影响研究[D]. 北京：中国矿业大学，2016.